Shosha

Der Kib

WIRTSCHAFTSWISSENSCHAFT

Shoshana Feingold-Studnik

Der Kibbuz im Wandel

Wirtschaftliche und politische Grundlagen

Mit einem Geleitwort von Prof. Dr. Klaus-Peter Kisker

Deutscher Universitäts-Verlag

Bibliografische Information Der Deutschen Bibliothek
Die Deutsche Bibliothek verzeichnet diese Publikation in der Deutschen Nationalbibliografie; detaillierte bibliografische Daten sind im Internet über <http://dnb.ddb.de> abrufbar.

Aktuelle und überarbeitete Version der Dissertation Freie Universität Berlin, 1994

1. Auflage Dezember 2002

Lektorat: Ute Wrasmann / Britta Göhrisch-Radmacher

Der Deutsche Universitäts-Verlag ist ein Unternehmen der Fachverlagsgruppe BertelsmannSpringer.
www.duv.de

Umschlaggestaltung: Regine Zimmer, Dipl.-Designerin, Frankfurt/Main
Satz: WTD – A. Zierer-Kuhnle

Gedruckt auf säurefreiem und chlorfrei gebleichtem Papier

ISBN-13:978-3-8244-0672-2 e-ISBN-13:978-3-322-81071-7
DOI: 10.1007/978-3-322-81071-7

Für meinen Mann Joshua
nd meine Töchter Nadine und Shirel

Geleitwort

Warum ein Buch über Kibbuzim angesichts der existenzbedrohenden Auseinandersetzung zwischen Israelis und Palästinenser? Unbestreitbar stehen heute andere Probleme im Mittelpunkt der Diskussionen um die Zukunft Israels. Aber gerade die Sorge um die Zukunft macht es notwendig, sich auf die Wurzeln zu besinnen. Die Geschichte Israels unterscheidet sich wesentlich von der anderer Staaten, und die Zahl derer wächst, die glauben, dass nur eine Rückbesinnung auf die spezifischen Gründungsideen einen Weg in die Zukunft öffnet.

Israel ist als eine Schicksalsgemeinschaft entstanden, die tief durch kollektivistisches Gedankengut geprägt war. Der Grundgedanke »Jedem das, was er leisten kann, für jeden das, was er braucht« verband sozialistische Ideen mit grundlegenden Lehren des Alten Testamentes und denen der Propheten. Dem vielfach beschworenen Untergang dieser Ideen setzt Shoshana Feingold-Studnik mit ihrer Analyse der Entwicklungs- und Sozialgeschichte sowie des Strukturwandels des Kibbuz ein hoffnungsvolles Zeichen entgegen. Sie zeigt, dass trotz notwendiger Anpassungen und trotz starker Spannungen zwischen technologisch-ökonomischem Fortschritt einerseits und dem kommunitären Gedanken andererseits in den meisten Kibbuzim die Vorstellung des gemeinschaftlichen Miteinander lebendig und entwicklungsfähig ist. Durch Rückbesinnung auf die Wurzeln und die Weiterentwicklung dieser Ideen ist der Nahostkonflikt zu überwinden und der globalisierten Welt ein humanes Modell solidarischen Wirtschaftens entgegenzusetzen.

Das ist die wichtige Botschaft dieses Buches. Jeder, der sich ernsthaft mit dem Nahostkonflikt befasst, und jeder, der nach neuen Wegen des gesellschaftlichen Zusammenlebens sucht, wird an dieser Veröffentlichung nicht vorbeigehen können.

Klaus Peter Kisker

Vorwort

Erkenntnisinteresse der vorliegenden Arbeit ist es zu klären, ob trotz der beträchtlichen Wandlungen des Kibbuz dessen Idee maßgeblich und tragend erhalten geblieben ist: Anhand der Beschreibung der Kibbuz-Idee und der Kibbuz-Entwicklung auf der einen und einer empirischen Untersuchung auf der anderen Seite wird die Normenadäquanz heutiger Kibbuzim getestet, d. h. Entwicklungen und Grundwerte werden einander gegenübergestellt.

Eine solche Untersuchung erscheint vor allem heute, angesichts der Tatsache, dass weltweit mehr und mehr sozialistische Staaten zusammenbrechen bzw. bereits untergegangen sind, von eminenter Bedeutung – ist doch das Modell Kibbuz ursprünglich auch dem sozialistischen Prinzip verpflichtet.

Um den Kibbuz von seiner Idee und seinen Strukturen her besser verstehen zu können, müssen seine mittlerweile hundert Jahre zurückliegenden Wurzeln freigelegt werden: Wesentlich geprägt durch den Zionismus und traditionell-religiöse Werte und nicht zuletzt durch die Theorien und Beiträge bedeutender Protagonisten, impliziert der ursprüngliche Leitgedanke des Kibbuz – mehr oder weniger – die Realisierung der sozialistischen Weltanschauung. Auf diesen Säulen baut die Konzeption einer »anderen« Art von Gesellschaftsform auf, in der gemeinsames Leben und Arbeiten praktiziert wird und die bis heute einzigartig geblieben ist.

Der Kibbuz kann somit als ein Mix von heterogenen Elementen verstanden werden, die sich zwar verbunden haben, aber nie substituieren. Um dies zu verdeutlichen, wird in einem Exkurs (S. VIII ff.) kurz auf die verschiedenen Konzepte eingegangen – Schwerpunkt der vorliegenden Arbeit bleibt jedoch die Frage nach dem Strukturwandel hinsichtlich der Arbeitsorganisation im Kibbuz.

Der Begriff »Kibbuz« leitet sich vom hebräischen Wort »Kwuza« ab, was übersetzt »intim-kommunitäre Versammlung« und »Gruppe« heißt; in den zwanziger Jahren wurde die »Kwuza« durch »Kibbuz« abgelöst (vgl. Near 1986, I, S. 31). Auch »Kibbuz« meint in seiner Übersetzung »Versammlung«, unterscheidet sich aber von der ehemaligen »Kwuza« durch eine höhere Mitgliederzahl. Inzwischen hat man sich als Bezeichnung für eine »planmäßige, kollektive ländliche Siedlung in Israel, heute vielfach mit angegliederten Gewerbebetrieben« (dtv-Lexikon 1992, Bd. 2, S. 292) auf den Begriff »Kibbuz« geeinigt.

Der erste Kibbuz (»Degania«) wurde im Jahre 1909 am See Genezareth gegründet. Seither hat der Kibbuz viele Entwicklungen und Krisen durchlaufen, in denen er immer wieder seine (Über-)Lebensfähigkeit bewiesen hat: Er vermochte sich den wandelnden Bedürfnissen seiner Mitglieder ebenso wie den politisch-ökonomischen Erfordernissen anzupassen. So gleicht der heutige Kibbuz kaum noch dem der Anfangszeit; vor allem die Arbeitswelt war und ist immer noch großen Veränderungen ausgesetzt: Aus einem ehemals rein landwirtschaftliche Arbeit betreibenden Kollektiv – typisch für die Pionierzeit – ist der »moderne« Kibbuz entstanden: ein hochgradig industrialisiertes Industrieunternehmen.

Darüber hinaus haben sich die großen, 20 bis 60 Jahre alten Kibbuzim von einer eng – auch emotional – verbundenen Gemeinschaft zu vorwiegend rational geprägten Organisationsformen entwickelt, in denen Gemeinschaftserfahrungen in die (Groß-)Familie oder andere »Subsysteme« verlagert werden. Nur die »jungen« Kibbuzim erinnern bezüglich ihrer Strukturen, Wertvorstellungen und Visionen noch an die Frühzeit des Kibbuz.

Nach wie vor aktuell ist der oberste Leitgedanke, der sämtlichen Mitgliedern eines Kibbuz Gleichheit zusichert: »Jedem das, was er leisten kann, für jeden das, was er braucht« – ein Prinzip, das sich trotz unterschiedlicher Entwicklungen in allen Kibbuzim erhalten hat

Diesen differenten Entwicklungstendenzen ist der Aufbau der vorliegenden Arbeit geschuldet: Sie gliedert sich (a) in einen – eher aus historischer Perspektive betrachteten – *theoretischen Teil*, der sich, ausgehend von seinen ideologischen Wurzeln, mit der allgemeinen Entwicklung des Kibbuz befasst, und (b) in einen *empirischen Teil*, der die Veränderungen des Kibbuz anhand einer exemplarischen Darstellung eines etablierten Kibbuz (»Givat Haim Ichud«[1]) sowie eines jungen Kibbuz (»Tuval«) beschreibt. Hierbei sollen vor allem die Einstellungen der Chawerim bezüglich ihrer Arbeitswelt herauskristallisiert werden, um einen etwaigen Wandel in den Grundwerten feststellen und analysieren zu können. Besonderes Interesse gilt dabei der Frage, ob sowohl die pragmatischen Beweggründe als auch die ideellen Orientierungen, die einst zur Kibbuz-Gründung führten und die im theoretischen Teil eingehend beschrieben werden, heute noch von Bedeutung sind.

Exkurs

Auf Anraten verschiedener Experten aus Fachkreisen und nach intensiver Recherche habe ich mich entschlossen, die vorliegende Dissertation, die ursprünglich in der Zeit von 1992 bis 1994 entstand, im Jahre 2002 als Buch zu veröffentlichen. Obwohl meine Feldforschung (siehe empirischer Teil) bereits einige Jahren zurückliegt, ist diese Arbeit immer noch hochaktuell, da es kaum entsprechende neuere Fachliteratur gibt. Die Thematik der Veränderungen im Kibbuz, die im Folgenden umrissen wird, ist also weiterhin äußerst brisant.

Das Zahlenmaterial auf den heutigen Stand zu bringen stellte sich als äußerst schwierig heraus, da ich nicht vor Ort, also in Israel, sein konnte und somit auf die Mithilfe der Kibbuz-Mitglieder angewiesen war. Die demographischen Daten wurden aktualisiert, die der Empirie hingegen gleich belassen, da sie in keinem Zusammenhang mit den demographischen Daten stehen.

Die Ergebnisse der Empirie, Fragebögen und Tiefeninterviews liefern nach wie vor einen aktuellen Querschnitt über die Stand der Kibbuz-Idee. Auch wenn hier einige Jahre

* Im Folgenden wird zur Vereinfachung der Name des Kibbuz »Givat Haim Ichud« mit »G. H. I.« abgekürzt.

dazwischen liegen, gibt es bezüglich des Forschungsgebietes – Strukturwandel des Kibbuz – keine Neuerungen. Hiervon konnte ich mich durch viele Gespräche mit meinen damaligen Interviewpartnern, Instanzen aus der Kibbuz-Bewegung und nicht zuletzt durch wiederholte intensive Literaturrecherchen überzeugen.

Somit zeigt die vorliegende Arbeit immer noch ein Basisstück der Kibbuz-Geschichte auf, zumal in den vergangenen Jahren keine gravierenden neuen Entwicklungen in der Kibbuz-Idee zu verzeichnen sind (vgl. Gatz 2000, S. 15). Eher kann man davon sprechen, dass sich Veränderungen hinsichtlich Struktur und Organisation des Kibbuz, die zum Zeitpunkt meiner Feldforschung bereits im Gange waren, seit Anfang der neunziger Jahre verfestigt haben (vgl. Feun 2001, S. 22).

So wird heute beispielsweise in 70 % der Speisesäle der Kibbuzim kein Frühstück und Abendbrot mehr angeboten, lediglich mittags kann man im gemeinsamen Speisesaal essen. Für die Mahlzeiten wird meist individuell gezahlt.

Auch Dienstleistungen wie die Nutzung von Schwimmbädern, Sportanlagen und Schulen werden vermehrt Nicht-Kibbuz-Mitgliedern von außerhalb angeboten, die hierfür Nutzungsgebühren bzw. Schuldgeld entrichten.

Hieran wird deutlich, dass der Kibbuz sich mehr und mehr zu einer Wirtschaftseinheit mit einem gemeinschaftlichen Charakter verändert hat. Dies liegt nicht zuletzt auch im Wandel der Zeit begründet, dem sich auch der Kibbuz stellen musste (Wegfall von Subventionen, Weggang von Mitgliedern, schlechte wirtschaftliche Ausgangslage des Kibbuz und auch Israels).

38 % der Kibbuzim werden inzwischen wirtschaftlich von Nicht-Mitgliedern, der Kibbuz als Ganzes wird zu 21 % von angeworbenen Beratern professionell geleitet (vgl. Gatz 2000, S. 5).

Auch der autarke Arbeitsmarkt im Kibbuz hat sich geändert. 86 % der Kibbuzniks müssen sich selbständig Arbeit suchen, sei es im Kibbuz oder auch außerhalb. Es wird niemandem mehr Arbeit oder das Recht auf Arbeit garantiert.

Um sich finanziell und wirtschaftlich abzusichern, haben 86 % der Kibbuz-Mitglieder Zusatzversicherungen abgeschlossen (vgl. ebenda, S. 6). In vielen Kibbuzim müssen die Mitglieder Kosten und Ausgaben für Universität, Auslandsreisen, Zusatzkurse (Hobbys), Elektrizität oder Wäscherei von ihrem Budget besteiten, das sie jedoch weiterhin gleichermaßen vom Kibbuz zugeteilt bekommen.

All diese Veränderungen sind nicht neu, sondern haben sich seit Mitte der achtziger Jahre stetig weiterentwickelt: Wurde bis dahin noch die totale gleiche Verteilung der Güter an die Mitglieder praktiziert und galt im Übergang (bis ca. Mitte der neunziger Jahre): »Jeder erhält gemäß seiner Bedürfnisse«, so besteht heute individuelle wirtschaftliche Unabhängigkeit von der Gemeinschaft.

Ähnlich verlief die Entwicklung im Arbeitswesen. Bis in die achtziger Jahre hatte die Kibbuz-Leitung Entscheidungsgewalt über die Art der Arbeit eines Mitglieds, das umgekehrt auf einen Arbeitsplatz, entsprechend seiner Wünsche und Fähigkeiten, Anspruch hatte; alle Kibbuz-Mitglieder erhielten den gleichen Lohn. Im Übergang konnte ein Kibbuz-Mitglied sich seine Arbeit selbst aussuchen, auch außerhalb des Kibbuz; die Kibbuz-

Leitung hatten dabei lediglich beratende Funktionen. Heute gibt es auch im Kibbuz differenzierte Gehälter, und ein Mitglied kann seine Arbeit selbst wählen, ohne Sanktionen seitens der Leitung zu fürchten.

Auch die Besitzverhältnisse im Kibbuz haben sich gewandelt, indem das vormals gemeinschaftliche Eigentum teilweise abgeschafft wurde, beispielsweise dann, wenn der Kibbuz sich aus wirtschaftlichen Gründen nicht mehr tragen konnte und daher Kooperationen einging. Der gemeinsame Charakter bliebt jedoch grundsätzlich bestehen. Heutzutage sind die Konsumbereiche privatisiert, und dementsprechend erhält das Mitglied seinen Anteil.

Aufbau der Arbeit

Im *theoretischen Teil* wird im ersten Kapitel die Entwicklung des Kibbuz unter besonderer Berücksichtigung der verschiedenen Einwanderungswellen im zeitlichen Verlauf seines Bestehens aufgezeigt.

Das zweite Kapitel beleuchtet die sozialgeschichtlichen Hintergründe des Kibbuz; des Weiteren werden hier die prominentesten Theoretiker der Kibbuz-Idee vorgestellt.

Die politischen und wirtschaftlichen Rahmenbedingungen des Kibbuz sind Thema des dritten Kapitels.

Das vierte Kapitel beschreibt die allgemeine Strukturentwicklung des Kibbuz, vor allem unter dem Aspekt der Arbeitsorganisation.

Als Überleitung zum empirischen Teil dient das fünfte Kapitel, das sich den »Phasen des Wandels« im Kibbuz widmet und Unterschiede zwischen den etablierten und jungen Kibbuzim aufzeigt.

Der *empirische Teil* – eine Darstellung der Situation der Kibbuzim G. H. I. und Tuval im Zeitraum März bis Juni 1992 – beginnt mit dem sechsten Kapitel, in dem einige zu untersuchende Thesen vorgestellt werden.

Das siebte Kapitel erläutert die Hintergründe für die Wahl der beiden Kibbuzim.

Im achten Kapitel werden die gewählten Untersuchungsverfahren, die Dokumentenanalyse, die mündliche und schriftliche Befragung sowie der Ablauf der Untersuchung beschrieben.

Eine Bestandsaufnahme beider Kibbuzim auf Basis einer Dokumentenanalyse hinsichtlich ihrer geographischen Lage, demographischen Struktur und ihrer Arbeitsgebiete liefert das neunte Kapitel.

Im zehnten Kapitel werden die Ergebnisse der Untersuchung vorgestellt; hier werden die befragten Experten und die Mitglieder der Kibbuzim G. H. I. und Tuval bezüglich ihrer Vorstellungen vom Kibbuz, vor allem hinsichtlich seiner Arbeitswelt, einander gegenübergestellt. Die anschließende Darstellung der schriftlichen Befragung der Mitglieder beider Kibbuzim beinhaltet ebenfalls vorwiegend Fragen zu Einstellungen gegenüber der Arbeitsorganisation und Struktur im Kibbuz und dient der Abrundung der mündlichen Befragung. Ferner werden Lösungswege aus der wirtschaftlichen Krise aufgezeigt.

Der Gesprächsleitfaden der Interviews, der Fragebogen und die Auswertungen desselben befinden sich im Anhang.

Die gesamte Untersuchung habe ich in hebräischer Sprache durchgeführt. Um inhaltliche Verzerrungen zu vermeiden, habe ich teilweise wortgetreu aus der hebräischen in die deutsche Sprache übersetzt und dabei bewusst darauf verzichtet, Sprachstrukturen, die wiederum aus spezifischen Denk- und Erfahrungsstrukturen resultieren, an das deutsche Sprachempfinden anzugleichen.

Danksagung

Ich möchte all jenen danken, die mich dabei unterstützten, diese Arbeit zu schreiben.

Zuallererst möchte ich mich bei meinem Mann Joshua bedanken. Immer steht er mir mit Rat und Tat zur Seite. Sein Verständnis und seine Liebe halfen mir noch kurz vor der Geburt unseres Kindes, dieses Buch zu veröffentlichen. Ich danke vor allem meiner Tochter Nadine, für die es sicher schwer war, Verständnis für die »ewige Lernerei« aufzubringen, aber mir trotz allem die nötige Kraft gab, dieses Projekt zu vollenden. Uch meiner Tochter Shirel, unserem Neuankömmling, möchte ich natürlich von ganzem Herzen danken.

Besonderer Dank gilt Angelika Zierer-Kuhnle, die meine Arbeit nun schon seit Jahren begleitet und ohne deren Hilfe ich heute mit Sicherheit nicht diese Worte schreiben könnte.

Ich danke meinen Eltern, die mich ermutigten, Begonnenes zu Ende zu führen.

Danken möchte ich auch den Chawerim aus Tuval und Givat Haim Ichud, den Mitarbeiterinnen und Mitarbeitern des »Takam« sowie Prof. Dr. Amir Hellman für ihre kooperative Zusammenarbeit.

Last but not least ein großes Dankeschön an Prof. Dr. Klaus Peter Kisker, der mich sehr verständnisvoll unterstützte, sowie an Prof. Dr. Jakob Allerhand.

Shoshana Feingold-Studnik

Inhaltsverzeichnis

Seite

Abbildungsverzeichnis

Tabellenverzeichnis

Seite

I. Theoretischer Teil

1. Die Entwicklung des Kibbuz

Die Entwicklung der Kibbuzim hängt eng zusammen mit mehreren seit 1882 einsetzenden »Aliyot« (= Einwanderungswellen), anhand derer sich die über achtzigjährige Geschichte des Kibbuz in verschiedene Phasen einteilen lässt. Busch-Lüty (1989, S. 36) nimmt eine periodische Unterteilung in Bezug auf die jeweiligen politischen Umstände vor; Melzer/Neubauer (1988, S. 40 ff.) differenzieren hinsichtlich der verschiedenen Einwanderungswellen. Darin-Drabkin (1967) wiederum betrachtet bei der Entwicklung der Kibbuzim die unterschiedlichen Zeitabschnitte auf nationaler Ebene Palästinas bzw. später Israels.

Im Folgenden versuche ich, diese drei unterschiedlichen Verfahren miteinander zu verbinden, indem ich die Entwicklung der Kibbuzim in vier Phasen einteile:

(a) die Gründerphase
(b) die Aufbauphase
(c) die Expansionsphase
(d) die Industrialisierungsphase.

Gleichzeitig soll sowohl die jeweilige politische Situation in Palästina/Israel als auch die entsprechende Bevölkerungsstruktur berücksichtigt werden.

(a) Die Gründerphase (1890–1919)[1]

- Aliyah:
  - 1. Aliyah (1882–1903): 20 000 bis 30 000 Menschen
  - 2. Aliyah (1904–1914): 35 000 bis 40 000 Menschen
- Herkunftsland: Russland
- Kennzeichen der Aliyah:
  - rudimentäre landwirtschaftliche Kenntnisse
  - hoher Bildungsstand
  - Ablehnung familiärer und religiöser Bindungen
- Politische Situation im Herkunftsland: Herrschaft der Zaren
- Politische Situation in Palästina:
  - Teil des Osmanischen Reiches
  - feudale Wirtschaftsstruktur
- Anteil der Kibbuznikim an der jüdischen Bevölkerung: 0,21 %

---

1 Vgl. Melzer/Neubauer (1998, S. 40 ff.); Busch-Lüty (1989, S. 36).

- Anzahl der Kibbuzim:
  - 1909: Gründung des ersten Kibbuz
  - 1914: 14 Kibbuzim
- Durchschnittliche Mitgliederzahl in einem Kibbuz: 15 Personen
- Aufgabe des Kibbuz:
  - Besiedlung des Landes
  - Schaffung von Arbeitsplätzen
  - Eingliederung der Neueinwanderer
  - Sicherung des Existenzminimums

(b) Die Aufbauphase (1919–1948)[2]

- Aliyah:
  - 3. Aliyah (1919–1923): 35 000 Menschen
  - 4. Aliyah (1924–1931): 82 000 Menschen
  - 5. Aliyah (1932–1948): 335 000 Menschen
- Herkunftsland:
  - 3. Aliyah: Polen und Rumänien
  - 4. Aliyah: Polen und Russland
  - 5. Aliyah: Polen und Deutschland
- Kennzeichen der Aliyah:
  - rudimentäre landwirtschaftliche Kenntnisse
  - hoher Bildungsstand
  - Ablehnung familiärer und religiöser Bindungen
- Politische Situation in den Herkunftsländern:
  - Balfour-Deklaration (1917)[3]
  - Pogrome in Osteuropa
  - Nationalsozialismus
  - Ausbruch des Zweiten Weltkrieges
- Politische Situation in Palästina (1920):
  - Übertragung Palästinas an das britische Mandat
  - Wirtschaftskrise: Großhandelsindex sinkt von 100 % (1920) auf 31 % (1931)
  - Einwanderungsstopp durch das britische Mandat; illegale Einwanderung (»Exodus«)

---

2 Vgl. hierzu Pallmann (1966, S. 26 ff.); Darin-Drabkin (1967, S. 66); Melzer/ Neubauer (1988, S. 42).

3 Die Balfour-Deklaration vom 2. November 1917 ist die erste offizielle Erklärung seitens der britschen Regierung, die das Recht des jüdischen Volkes auf Palästina anerkennt (vgl. Israel Pocket Library 1973, S. 269).

- Anteil der Kibbuznikim an der jüdischen Bevölkerung:
  - 1931: 2,5 %
  - 1949: 7,5 %
- Anzahl der Kibbuzim:
  - 1931: 31
  - 1945: 97
- Durchschnittliche Mitgliederzahl in einem Kibbuz: 60 Personen
- Aufgabe des Kibbuz:
  - militärische Stützpunkte
  - Integration von Emigranten
  - nationale Aufgaben (Verteidigung, Besiedlung)

(c) Die Expansionsphase (1948–1960)[4]

- Aliyah/Herkunftsland: hauptsächlich asiatische und ostafrikanische Juden
- Kennzeichen der Aliyah: zogen die Stadt meist dem Kibbuz vor
- Politische Situation in Israel:
  - Proklamation des Staates Israel (1948)
  - Einschränkungen des britischen Mandats fallen weg
  - Expansion der Kibbuzim
  - schlechte wirtschaftliche Situation
- Anteil der Kibbuznikim an der jüdischen Bevölkerung: 3,5 % (relative Abnahme trotz Vergrößerung der Kibbuz-Population)
- Anzahl der Kibbuzim: 33 Neugründungen
- Durchschnittliche Mitgliederzahl in einem Kibbuz: steigend, bis zu 500 Personen
- Aufgabe des Kibbuz:
  Keine Verteidigungs- und Eingliederungsfunktion mehr, diese werden jetzt von staatlichen Institutionen übernommen; ferner obliegt dem Kibbuz nicht mehr die »Lösung des jüdischen Problems«, dafür aber die
  - Festigung des Staates in seiner wirtschaftlichen Struktur sowie die
  - Neuanwerbung von Mitgliedern (Zuwanderungsproblem)

4 Vgl. hierzu Kanovsky (1966, S. 20); Pallmann (1966, S. 45); Busch-Lüty (1989, S. 35).

Abbildung 1: Geographische Verteilung der Kibbuzim nach Gründungszeiträumen (Quelle: Busch-Lüty 1989, S. 33).

(d) Die Industrialisierungsphase (1960 bis heute)

Heute (2001) gibt es 267 Kibbuzim in Israel; 127 000 Menschen, d. h. 2 % der jüdischen Bevölkerung leben dort (Feun 2001, S. 36). Ein Kibbuz wird durchschnittlich von 350 Mitgliedern bewohnt, wobei die Bewohnerzahl zwischen 100 und 2 000 variiert.

Aufgrund des Anwachsens der Kibbuz-Bevölkerung, der Mechanisierung und Rationalisierung in der Landwirtschaft sowie des ökonomischen Wachstums in Israel waren die Kibbuzim gezwungen, in ihren Arbeits- und Produktionsweisen dieser Entwicklung gerecht zu werden. Ein grundlegendes Problem sollte hierbei die schleppende Anpassung bis dahin herrschender Strukturen und Arbeitsorganisationen an die neuen Produktionsweisen sein (vgl. Maron 1989, S. 11). Gleichzeitig jedoch boten die Industrialisierung und die mit ihr einhergehenden Veränderungen insbesondere für junge Leute die Möglichkeit, in teilweise hoch qualifizierten Berufen zu arbeiten. Für die älteren Kibbuznikim waren mit der Mechanisierung große Arbeitserleichterungen verbunden.

Bedeutenden Einfluss auf die ökonomischen Entscheidungen der Kibbuzim haben darüber hinaus die Regeln des Marktes, z. B. Sättigung an landwirtschaftlichen Gütern, Mangel an Boden und Wasser, Konkurrenzdruck und Konzentration auf die wirtschaftliche Entwicklung, aber auch die steigenden Ansprüche der Chawerim. Sie zwingen die Kibbuzim dazu umzudenken, um nicht in noch größere wirtschaftliche Schwierigkeiten zu gelangen.

> »During the last sixties and the seventies the founders of many Kibbuz had passed the conventional age-limit for agricultural work, and only industry could give them full occupation ... every Kibbuz over the age of 15 years of semority, had established a factory ...« (Rosner/Leviatan 1980, S. 11)

So entschied man sich in vielen Kibbuzim für den Bau von Fabriken, und ein großer Teil ihres heutigen Nettoeinkommens begründet sich aus den dort für den Binnenmarkt und Export gefertigten Gütern. Die bedeutendsten Wirtschaftszweige der Kibbuzim sind:

- Holz und Möbel, Lebensmittel;
- Metall- und Textilverarbeitung;
- Kunststoff und Gummi, Elektronik und Energieversorgung.

Die drei Wirtschaftszweige unterscheiden sich hinsichtlich der Dauer ihres Bestehens, ihrer Ausdehnung, der Anzahl der Arbeiter und ihres Investitionsvolumens. So ist die dritte (Kunststoff- und Gummierzeugnisse, elektronisches Zubehör) die kapitalintensivste, die jüngste und am wenigsten arbeitsintensive Branche. Benötigt werden hier besonders qualifizierte Facharbeiter; daher ist es absehbar, dass das Interesse der Kibbuznikim zunehmend diesem Bereich gelten wird. Außerdem kann aufgrund der geringen Arbeitsintensität mehr und mehr auf die Rekrutierung von Lohnarbeitern verzichtet werden.

Im Verhältnis zur gesamten Industrie Israels stellt der Kibbuz einen wichtigen Wirtschaftsfaktor dar. Im Jahre 1999 gehen 7,2 % des gesamten industriellen israelischen Exports (100 Millionen US-Dollar) auf die Kibbuzim zurück, wobei aber nur 4 % aller israelischen Industriearbeiter Kibbuznikim sind (Rosner/Leviatan 1980, S. 16). Insgesamt sind 31 400 Menschen in der Kibbuz-Industrie beschäftigt, dies entspricht 34% der arbeitenden Bevölkerung aller Kibbuzim. Die Zukunftsperspektiven für die Kibbuz-Industrie können in der Expansion auf dem Hightech-Gebiet und der Zusammenarbeit zwischen den verschiedenen Kibbuzim liegen.

Zusammenfassend kann festgehalten werden, dass aufgrund der Industrialisierung und der zunehmenden wirtschaftlichen Expansion die ideologischen Orientierungen, die die Gründerjahre bestimmten, in den Hintergrund getreten sind. Diese Entwicklung veränderte letztendlich auch das Leben im Kibbuz selbst. Individuelle Bedürfnisse und Ansprüche werden mehr als früher berücksichtigt. Die Tendenzen zur Privatisierung und ideellen Umorientierung lassen sich zudem auch dadurch erklären, dass nunmehr die zweite Generation der Siedler bereits ein Drittel der Kibbuz-Bevölkerung ausmacht.

Allerdings muss betont werden, dass trotz der verstärkten Ausrichtung der Kibbuzim auf die Industrie die landwirtschaftliche Produktion nicht vernachlässigt wird. So liegt die Produktivität der Kibbuzim im Agrarsektor weit über dem Landesdurchschnitt: Etwa 70 % der Landwirtschaftsproduktion Israels gehen auf den Kibbuz und den Moshav zurück (Vilmar 1990, S. 15).

2. Zur Sozialgeschichte der Kibbuz-Idee

2.1 Der Kibbuz: der Versuch einer »klassenlosen Gemeinschaft«

Die Idee des Kibbuz hat sich im ersten Drittel des 20. Jahrhunderts aus sehr verschiedenen Wertvorstellungen und Entwicklungen der Juden in der Diaspora entwickelt. Hierbei sind von besonderer Bedeutung einerseits die praktischen Organisations- und vor allem Genossenschaftsgründungen jüdischer Landarbeiter seit Beginn des Jahrhunderts und andererseits die sozialistischen und zionistischen Denkrichtungen, die im Wesentlichen zur Entstehung der landwirtschaftlichen Gemeinschaftssiedlungen beitrugen.

Die Entstehung des ersten Kibbuz wird 1909 mit der Gründung Deganias datiert; die eigentlichen Anfänge der Idee des Kibbuz müssen weiter zurückverfolgt werden. Einflüsse der Zeit zu Beginn des 20. Jahrhunderts sind von größter Bedeutung für die Entstehung des Kibbuz und wurden zum einen durch Personen wie Martin Buber, Moses Hess, Nahman Syrkin, Beer Borochow und Theodor Herzl in ihren sozialistischen und zionistischen Ideen entscheidend mitgeprägt; zum anderen durch die herrschenden Umstände, in denen die Juden seit jeher in der Diaspora lebten (Pogrome, Verfolgung, Festlegung auf bestimmte Berufszweige, kein Verrichten von Landarbeit).

Für die Entstehung der Kibbuz-Idee können somit sowohl reale als auch ideelle Faktoren genannt werden. Als die realen Faktoren werden diejenigen verstanden, die die Situation der Juden in der Diaspora dieses Jahrhunderts beschreiben (Kriege, Pogrome) und zu den Einwanderungswellen führten (vgl. Kapitel 1), sowie jene, die das Überleben der Juden als Landarbeiter bestimmten. Zu den ideellen Faktoren, die im Anschluss näher beleuchtet werden sollen (vgl. Exkurs, S. 10), gehören im Wesentlichen der Sozialismus und der Zionismus.

Die zionistische Orientierung der Kibbuz-Mitglieder war humanistischer Art, in der eine friedliche Koexistenz von Juden und Arabern angestrebt wird (vgl. Busch-Lüty 1989, S. 119). Der Traum, ein gleichberechtigtes Leben miteinander zu führen, spiegelt sich im Grundprinzip des Kibbuz wider, dass jeder der Gemeinschaft sein Bestes gibt und im Austausch hierfür von der Gemeinschaft Dienstleistungen und materielle Güter erhält. Es gibt keine Einkommens- und Leistungshierarchie.

Das Kibbuz-Ideal einer humaneren Lebens- und Arbeitsgemeinschaft ist beispiellos in den westlichen Industriegesellschaften. Obwohl viele Kritiker der Meinung sind, dass im Kibbuz heutzutage effizienzorientiertes Denken das Prinzip der Egalität abgelöst hat, ist es dem Kibbuz doch gelungen, »Ökonomie und Technik im Einklang mit der natürlichen und sozialen Umwelt zu entwickeln«, wobei hier auch die Verantwortung für nachfolgende Generationen übernommen wird (vgl. Busch-Lüty 1989, S. 138). Zunehmende Industrialisierung und Automatisierung haben in den westlichen Industrienationen zu Phänomenen sozialer Verarmung der Menschen geführt. Derartigen Entfremdungserscheinungen versucht man im Kibbuz durch Vermeidung der Fließbandarbeit, gutes Kooperationsklima und niedrige Stressanforderungen zu begegnen.

Exkurs: Sozialismus und Zionismus

Um die Sozialgeschichte des Kibbuz besser verstehen zu können, muss man sich den Hintergrund und die Entwicklungsgeschichte sowohl des Sozialismus (in Palästina/Israel) als auch des Zionismus vergegenwärtigen.

Unter *Sozialismus* wird im Allgemeinen die Idee einer Gesellschaftsordnung verstanden, in der Gleichheit, Solidarität und Gerechtigkeit zwischen allen Menschen gewährleistet sind. Die Art der Gesellschaftsordnung sowie der Weg zu deren Realisierung sind je nach sozialistischer Schule verschieden, sie verfolgen alle aber in etwa dieselbe Zielrichtung (vgl. dtv-Lexikon, Bd. 17, 1992):

- Beseitigung des arbeitslosen Einkommens durch Änderung der Eigentumsordnung;
- Umgestaltung des Erbrechts;
- vollständige bzw. teilweise Überführung der Produktionsmittel und Produktionsgrundlagen in Gemein-/Staatseigentum;
- Schutzmaßnahmen gegen Arbeitslosigkeit;
- Beseitigung der Kinderarbeit;
- Familien- und Wohnfürsorge;
- zentrale Wirtschaftsleitung, eine Kontrolle von Konzernen und Unternehmen;
- staatlicher Schutz der Schwächeren (Wohlfahrtstaat).

Grob kann zwischen zwei Richtungen von Sozialismus unterschieden werden, die im Folgenden näher beleuchtet werden: Die erste Richtung wird der »klassische« oder »marxistische Sozialismus« genannt, die zweite Richtung dementsprechend der »nichtmarxistische« oder auch »anarchistische Sozialismus«.

Den klassischen Sozialismus charakterisieren folgende Merkmale:

- Der Kapitalismus wird als »positives« Element betrachtet, ohne den ein Sozialismus nicht entstanden wäre.
- Die Industrialisierung bedeutet einen außerordentlichen Fortschritt für die Menschheit, aufgrund dessen sich das Proletariat gebildet hat.
- Der sozialistische Staat orientiert sich idealerweise an den Bedürfnissen der Allgemeinheit und wird entsprechend zentralistisch geführt.
- Das Individuum wird als Teil des Ganzen betrachtet, und mit der Zeit werden sämtliche materiellen Unterschiede zwischen den einzelnen Individuen aufgelöst werden.

Der nichtmarxistische Sozialismus, der für Palästina und die Kibbuz-Gründung maßgeblich war, weist entgegengesetzte Merkmale auf (vgl. Harael 1993, S. 146):

- Der Kapitalismus ist rein negativ besetzt; er zerstört die Gesellschaftsstrukturen und verhindert die Autonomie des Individuums.
- Die Industrialisierung hatte zur Folge, dass die Menschen durch die Technisierung von ihrer Arbeit entfremdet wurden und Arbeitsunzufriedenheit entstand.

- Im Gegensatz zum Kollektiv wird beim nichtmarxistischen Sozialismus Wert auf die Individualisierung und liberale Vereinigung von ähnlich denkenden Menschen gelegt.
- Da eben nur »freie« Menschen eine funktionierende Gemeinschaft bilden können, müssen Staatseingriffe so weit wie möglich vermieden werden; Dezentralisierung von Funktionen ist hier maßgeblich.

Von Beginn der zweiten Aliyah (1909–1914) bis Mitte der zwanziger Jahre war der nichtmarxistische Sozialismus dominierend in der Arbeiterbewegung in Palästina (vgl. Harael 1993, S. 158). Diese setzte sich aus drei Strömungen zusammen:

1. der Partei »Poal Hazair«, die sich als nichtmarxistische Arbeiterbewegung bezeichnete und sich hauptsächlich mit Themen wie Erziehung, Einführung der hebräischen Sprache oder landwirtschaftlicher Entwicklung beschäftigte. An ihrer Spitze stand Aharon David Gordon, der mit der zweiten Aliyah ins Land gekommen und im Kibbuz Degania wohnte. Zeitweise sehr stark an Martin Buber orientiert, legte diese Bewegung großen Wert auf ihre pazifistische, konstruktive, teilweise aber auch anarchische Arbeit.
2. Die zweite Richtung ist die »parteilose«; ihr wichtigster Vertreter war Yizhak Tabenkin.
3. Die dritte Richtung ist die einzige, die marxistisch beeinflusst war und sich aus der Partei der »Poalei Zion« gebildet hatte, deren Führung bei David Ben-Gurion und Yizhak Ben-Zwi lag.

Entscheidend beigetragen zur anfänglichen Dominanz des nichtmarxistischen Sozialismus – was für das 20. Jahrhundert ziemlich unüblich war – haben die jungen intellektuellen Einwanderer der zweiten Aliyah, die stark von der aus ihrer Heimat mitgebrachten nichtmarxistischen sozialistischen Anschauung beeinflusst waren. Außerdem war die Arbeiterbewegung, die Yizhak Tabenkin unterstand, der von sich behauptete, ein Schüler Nahman Syrkins zu sein, von der nichtmarxistischen Doktrin beeinflusst.

1919/20, mit Beginn der dritten Aliyah und dem Ende des osmanischen Reiches, gab es zwei wichtige Ereignisse für die Arbeiterbewegung: zum einen die Gründung von »Ahdut Haavoda«, die Arbeit für alle schaffen und bei der Errichtung von Siedlungen helfen sollte; zum anderen die Gründung der »Gesandtschaft von Poalei Zion«. Ihre Aufgabe bestand darin, nach der Balfour-Erklärung im Jahre 1917 die Bedingungen des Landes Palästina zu überprüfen und einen Plan für die Ansiedlung von einer Million Juden innerhalb der folgenden zehn Jahre zu erstellen.

Der Übergang zum so genannten staatlichen Sozialismus begann 1925 und fand seinen Höhepunkt mit der Staatsgründung Israels im Jahre 1948.

Zionismus wird als eine national-jüdische Bewegung auf internationaler Ebene angesehen, die zum Ziel hatte, das »jüdische Problem« nicht durch Assimilation, sondern durch die Gründung eines eigenen Staates in Palästina zu lösen. Die Wurzeln der Sehnsucht nach »Zion«[1] liegen im osteuropäischen Judentum und erfuhren besondere Prä-

1 Zion = ursprünglich die Stadt der Jebusiter auf dem südöstlichen Hügel von Jerusalem; vgl. Altes Testament, 2. Buch, Samuel, 5,7; später die Bezeichnung für den von David und Salomon erbauten Palast- und Tempelbezirk und letztendlich auf Gesamt-Jerusalem übertragen.

gung durch Theodor Herzl (»Der Judenstaat«), der dem Zionismus politisches Gewicht gab, indem er die ersten Zionisten-Kongresse initiierte. Diesen stand er von 1897 bis 1903 als Präsident vor, und seinem Engagement ist es zu verdanken, dass dem Zionismus weltweit Aufmerksamkeit zuteil wurde.

Im Zuge der verschiedenen Einwanderungswellen nach Palästina bzw. später Israel kamen mit den immigrierenden Juden, die aus ihren Heimatländern geflohen waren (Pogrome in Russland, Judenverfolgung in Nazi-Deutschland), unterschiedliche Einflüsse bzw. Mentalitäten ins Land bzw. in die Kibbuzim. Im Zeitraum von 1880 bis 1904 hatte Palästina eine große Einwanderungswelle von ca. 25 000 Juden aus meist osteuropäischen Ländern erfahren, die sich in den heiligen Stätten wie Tiberias, Safed, Hebron und Jerusalem ansiedelten. Politische Motive waren bei dieser Einwanderungswelle noch nicht vordergründig: »… and hasten the coming of the Messias by their piety« (Near 1988, S. 2).

Die zweite Einwanderungswelle, die Anfang des 20. Jahrhunderts datiert, war bereits durch politische Motive geprägt, die stark von Herzls »praktizierendem Zionismus« beeinflusst waren, wonach »the key to the redemption of the jewish people was in the political recognition of their right to Palestine … and the major task of Zionism was the settlement of jews on the land« (ebenda, S. 5).

Diese ersten beiden Einwanderungswellen waren maßgeblich für die erste niedergelassene Gemeinschaftssiedlung »Degania« am See Genezareth.

Einen großen Einfluss auf die Kibbuz-Idee hatte auch die Jugendbewegung, vor allem die aus Deutschland. Ihre Lebenseinstellung glich denen der Pfadfinder: campen und wandern, gemeinsam Volkslieder singen[2]; gleichzeitig aber waren sie vom jüdischen Glauben und dem Zionismus bestimmt. Ihre Vorstellung vom Leben beinhaltete eine Verbindung der Gedanken Martin Bubers und Theodor Herzls sowie deren praktische Umsetzung: »The view that general principles such as Zionism and Socialism must be translated into terms of personal action – immigration to Palestine, and communal life« (Near 1986, S. 85).

Im Folgenden werden nun einige bedeutende Denker der sozialistisch-zionistischen Bewegung vorgestellt, die die Kibbuz-Bewegung entscheidend beeinflusst haben.

2.2 Theoretiker der Kibbuz-Idee

2.2.1 Wegbereiter

Moses Hess war einer der ersten Denker im 19. Jahrhundert, der sich mit jüdischem Nationalismus auseinander setzte, und einer der ersten Fürsprecher der sozialistischen Be-

2 Die sich etablierende »Hechaluz«-Bewegung, der sich besonders Jugendliche anschlossen, unterschied sich von den sonstigen zionistischen Bewegungen dadurch, dass sie Personen auffing, die noch nicht im Arbeitsleben standen und den Zionismus als eine Lösung für ihre persönlichen Probleme ansahen. »They preferred to join an organization with clearly defined aims, at a time in their life when they could define their own future.« (Near 1988, S. 71)

wegung in Europa. Ihm schwebte eine Wiederbelebung der nationalen Idee für die Juden vor. In seinem Buch »Rome and Jerusalem« (1962) beschrieb er, dass nationale Freiheit eine der Voraussetzungen für soziale Emanzipation sei, und proklamierte Israel als Möglichkeit für die Realisierung des »jüdisch-nationalen Traums«.

Jehuda Leb (Leon) Pinsker (1821–1882) war neben Moses Hess und später Theodor Herzl einer der wichtigsten Wegbereiter für die Idee der Einwanderung nach Palästina bzw. der Schaffung eines eigenen Staates. Pinsker, mehrfach ausgezeichneter Nikolaever Offizier und Arzt, gab im Jahre 1882 seine Aufsehen erregende Schrift »Autoemanzipation – Ein Mahnruf an seine Stammesgenossen von einem russischen Juden« heraus. Das Wesentliche dieser Schrift lag darin, die Emanzipation der Juden infrage zu stellen, die die jeweiligen Rechtssysteme der einzelnen Staaten den unter ihnen lebenden Juden gewährten, und durch die »Autoemanzipation« abzulösen. Autoemanzipation bedeutet nach Pinsker eine Emanzipation durch die Juden selbst, und zwar durch die Schaffung eines eigenständigen Lebens. Pinsker versuchte so eine Lösung für die Not der Juden in Russland (Pogrome, materielle Missstände) und die Assimilation der »emanzipierten« Juden in Westeuropa zu finden. Und diese Lösung sollte in der Auswanderung nach Palästina liegen – als der sicherste Weg zur nationalen Wiedergeburt (vgl. Allerhand 1989).

Nahman Syrkin war einer der bedeutendsten Führer der »Poalei Zion« (jüdische Arbeiterpartei) – der unter anderen auch Beer Borochow, David Ben-Gurion und Itzhak Ben-Zwi angehörten – und einer der ersten zionistisch-sozialistischen Denker. 25 Jahre nach der Veröffentlichung von Hess' »Rome and Jerusalem« wollte er zwei Ideale miteinander verknüpfen, nämlich jüdischen Nationalismus und Sozialismus in einem einzigen national-humanistischen Konzept (vgl. Borochow 1969, S. 48). Im Gegensatz zu Hess, der stark von Marx beeinflusst war und teilweise dessen Ideen übernahm, oder Borochow, der Marxismus fast mit Zionismus gleichsetzte, war Syrkins Sozialismus idealistischer Natur. Seine sozialistischen Ideen basierten weder auf dem Marxismus noch auf einer Utopie – wie später bei Martin Buber –, jedoch auf der Lehre der Propheten, und viele Elemente seiner Theorie entlehnte er sogar dem Alten Testament.

1898 veröffentlichte Syrkin den Essay »On the Jewish Problem and a Socialist Jewish State«, dessen wesentliche Aussage aus folgenden drei Punkten bestand:

1. Zionismus und Sozialismus sollten miteinander verbunden werden, damit das eine das andere vervollständige; dies sollte zum Ideal aller Juden werden.
2. Der jüdische Staat sollte ein sozialistischer werden; eine sozialistische jüdische Republik ist die einzige rationale Lösung für das »jüdische Problem«.
3. Freier Nationalismus beinhaltet Internationalismus, weil mit der Gründung eines nationalen jüdischen Staates sich freie Menschen aus unterschiedlichsten Herkunftsländern zusammenschließen (vgl. Avrahami 1989, S. 18).

Im Jahre 1919 hielt Syrkin auf einem Kongress der »Poalei Zion« in Stockholm einen Vortrag über »konstruktiven Sozialismus«, in dem er seine Vorstellungen über die Gründung von kommuneartigen Niederlassungen in Israel unterbreitete und damit ein Modell sozialistischer Ökonomie und Gesellschaft nach seinen Auffassungen beschrieb (vgl.

Avrahami 1989, S. 17). Daraufhin wurde eine Kommission nach Palästina entsandt, deren dort gemachten Beobachtungen (Arbeitslosigkeit, Übergang der ersten Dörfer in Kibbuzim etc.) für die Partei richtungsweisend wurden (vgl. ebenda, S. 31).

Der Historiker und Philologe *Beer Borochow* (1881–1917) war ein zionistisch-sozialistischer Theoretiker und Mitbegründer der Partei »Poalei Zion«; früh wurde er in der sozialdemokratischen Partei in Russland aktiv. Während Syrkin »Konstruktivismus« in den sozialistischen Zionismus einführte, neigte Borochow dem Marxismus zu. Er versuchte, eine Synthese der beiden Theorien – Zionismus und Marxismus – zu begründen. Diese Haltung bescherte ihm einen äußerst schweren Stand, da sich zum einen die Zionisten durch eine extreme antimarxistische Haltung auszeichneten, zum anderen wiederum die Haltung der Marxisten als antizionistisch bezeichnet werden kann.

Borochow beklagte unter anderem, dass sich die Arbeit der Juden in der Diaspora hauptsächlich auf Tätigkeiten in der Lebensmittel- und Bekleidungsindustrie konzentrierte, weil ihnen per Gesetz verboten war, Grundbesitz zu erwerben:

> »... je weiter ein Beruf von der Natur entfernt ist, um so mehr gerade in diesem Beruf die jüdische Arbeit konzentriert wird ... wie wenn eine bittere historische Verschwörung die jüdischen Massen in den Fesseln der ökonomischen Entwurzelung hielte und dem Boden immer mehr entfernte!« (Borochow 1932, S. 27)

Obwohl Borochow auch die marxistische Doktrin kritisch hinterfragte, indem er beispielsweise diverse Schwachstellen im Zusammenhang mit Nationalismus und Judentum feststellte (vgl. Borochow 1932, S. 49; Zollschan 1920, S. 128), übernahm er doch die historische und ökonomische Sichtweise von Marx und führte somit den »Klassenkampf«[3] in die die zionistischen Theorien ein. Er verfasste zwei Essays, die zu Eckpfeilern für die sozialistisch-zionistische Lehre wurden: »The Class Struggle and the National Problem« (1905) und »Our Platform« (1906). Darin vertrat er die Auffassung, dass der Kapitalismus die entwickelten Länder und ihre nationale Ökonomie zerstört habe. Dies würde in Palästina ebenfalls geschehen, falls dort nicht mit Hilfe von landwirtschaftlicher Arbeit, etabliert in sozial-kooperativer Form, ein jüdisches Proletariat geschaffen werden würde (vgl. Bücherei der Poalei Zion, Bd. 2, S. 42–59).

Zusammenfassend können Borochow folgende Punkte zugeschrieben werden:

- eine marxistische Annäherung an die nationale Frage und eine für alle Betroffenen gleiche Richtlinie im Kampf um die nationale und soziale Unabhängigkeit;
- eine Analyse des jüdischen Proletariats und des Zustandes, der eine jüdische Emigration nach Israel zur Folge hätte;
- eine klare Definition der Rolle des Klassenkampfes im real existierenden Zionismus.

---

3 Beer Borochow, stark an Marx orientiert, sieht im Sozialismus vor allem die Verwirklichung des Klassenkampfes, dem der Zionismus – als ein nationaler Kampf verstanden – nicht unähnlich ist. Der Klassenkampf und der nationale Kampf haben insofern den gleichen Ursprung, d. h. »... beim Zusammenstoß zwischen der Entwicklung der Produktivkräfte und dem Zustand der Produktionsverhältnisse, d. h. wenn der Zustand der Produktionsverhältnisse ... sich nicht den Erfordernissen der weiteren Entfaltung der Produktion anpaßt« (Borochow 1932, S. 14). Der nationationale Kampf, gemeint ist hiermit die Gründung eines eigenen Staates, tritt nach Borochow dann auf, wenn »das nationale Problem ... als ein Konflikt zwischen der Entwicklung der Produktivkräfte und dem Stand der Produktionsbedingungen aufgefaßt wird« (ebenda, S. 14; vgl. auch Borochow 1969, S. 31)

Er war ebenfalls der Meinung, dass die einzige effektive Alternative für die ökonomische Situation Palästinas der Sozialismus sei, war doch unter dem britischen Mandat die Arbeitslosigkeit extrem hoch, ganz zu schweigen von der Infrastruktur, die erhebliche Mängel aufwies.

> »Seit Jahrhunderten suchte das jüdische Volk nach einem Weg zurück zur Natur, zurück zum Boden. Endlich hat es diesen Weg gefunden. Dieser Weg ist der Zionismus. Der Zionismus ist das logische, das natürliche Ergebnis der hundertjährigen ökonomischen Umwandlung der jüdischen Massen. Schon im Globus strebt unser Volk mit allen Kräften nach der Produktivierung und Industrialisierung seiner Arbeit, seiner Berufe ... Der Zionismus ist für das jüdische Volk die wirtschaftliche und historische Notwendigkeit ...« (Borochow 1932, S. 35)

Der Zionismus war daher ein historischer Imperativ, der sich für Borochow als Alternative zur real existierenden Situation der Juden in der Diaspora zwingend ergab – ohne idealistische und romantische Attitüden, durch die sich vor allem seine damaligen Gegner auszeichneten.

Yitzhak Tabenkin (1887–1971) kann als ein »zionistisch-sozialistischer Konstruktivist« bezeichnet werden. Als Rechtsanwalt tätig im Bereich der Siedlungspolitik, vertrat er die Auffassung, dass »ideas without realization, without practice, were a disease of Zionism and of socialism as well«, d. h. er befürwortete eher ein konkretes Verfolgen praktischer, leichter umsetzbarer Ideen (vgl. Avrahmi 1989, S. 20 ff.).

Tabenkin, Mitbegründer von »Ahdut Haavod«[4] und schließlich Mitglied im Kibbuz Hameuhad – die Legitimation der beiden vorangegangenen Bewegungen –, wurde im Sommer 1918 im Auftrag des »Labor Fund« nach Galiläa entsandt.[5] Sein Brief an die Arbeiterorganisation zeugt vom ersten konstruktiven Sozialismus im »Erez Israel«:

> »Our target is to create a society of jewish workers. This labor society must be freely based on Jewish work without any form of exploitation and will thus express the class struggle. Our cardinal problem is how to settle the working people who have no private means and this is where the ›Labor Fund‹ comes in ... they must ensure their independence and the freedom of their movement ... the general public realizes the importance of work and therefore we can achieve a situation in which the profits are left in the workers' hands and will not be taken from them as in a capitalist society ...« (Avrahmi 1989, S. 26)

Diese Ideen wurden später in die Grundverfassung der »Ahdut Haavoda« aufgenommen. Auf dem weltweiten »Poalei-Zion«-Kongress proklamierte er, dass die sozialistische Annäherung eine unabdingbare Voraussetzung für die Realisierung des Zionismus sei:

> »There are two cardinal proposals on the agenda, national land and national capital. Our socialist struggle within the Zionist movement means a different approach to Zionism and not its rejection because Zionism is our life ...« (ebenda, S. 19; vgl. auch Borochow 1969, S. 25)

4 »Ahdut Havooda« war eine ökonomische und politische Vereinigung, die sich aus »Poalei Zion« herauskristallisiert hatte.

5 Sein Hauptanliegen galt jedoch der Selbstverteidigung der jüdischen Siedler, beeinflusst durch die zunehmenden Angriffe von arabischer Seite (besonders in den Jahren nach 1936): »everyone with one of his hands wraught in the work and with the other hand held a weapon« (Near 1988, S. 11).

2.2.2 *Die ersten Kibbuzim*

Die zionistischen Organisationen konnten den Siedlern und Neueinwanderern anfangs keinerlei finanzielle Hilfe geben. Es gab zwar die jüdischen Nationalfonds, die »Ölbaumspende« und die PLDC (Palestine Land Development Company), aber auch sie verfügten lediglich über zweckgebundene Gelder. Die »Ölbaumspende« verwandte ihre Gelder für Baumbepflanzungen, und die PLDC war für den Erwerb und Weiterverkauf von Boden zuständig. Der jüdische Nationalfonds stellte beiden Organisationen Land in Form von Erbpacht zur Verfügung. Daraufhin gründeten der PLDC am See Genezareth und die »Ölbaumspende« in Benshemen landwirtschaftliche Siedlungen, die einem jüdischen Verwalter unterstanden und in denen ausschließlich jüdische Arbeiter beschäftigt wurden.

Es gab große Probleme, diese Siedlungen aufrechtzuerhalten, zum Teil wegen finanzieller Engpässe, fehlender qualifizierter Agronomen und der Unzufriedenheit der jüdischen Arbeiter, die sich über zu wenig Mitspracherecht beklagten. Dies führte zu einem Streik in der Siedlung am See Genezareth mit dem Ziel, Mitbestimmung im Betrieb zu erhalten. Ein Resultat des Streikes war die Gründung des Kibbuz Degania (vgl. Near 1986, S. 30–31).

1910 erweiterte *Franz Oppenheimer* die Idee des Kibbuz (Degania bestand zu diesem Zeitpunkt seit einem Jahr). Ihm schwebte die Errichtung von Großbetrieben vor, die seiner Meinung nach wirtschaftlich effizienter arbeiten würden (vgl. Krupp 1992, S. 60). In diesen Großbetrieben sollten die Chawerim gänzlich auf Lohnarbeit verzichten und dafür Eigentümer werden.[6] Die erste Siedlung, die nach Oppenheimers Konzeption errichtet wurde, war »Merchavia«, die anfangs noch von einem externen Fachmann geleitet wurde. Dieser sollte sowohl für die wirtschaftlichen Belange verantwortlich sein als auch die Arbeiter befähigen, später den Kibbuz eigenverantwortlich genossenschaftlich zu führen; ferner sollte ein qualifikationsgebundener Lohn eingeführt werden, den die Genossen, sich an dem Gesamtlohn orientierend, selbst einteilen sollten. Oppenheimer wollte einen dritten Weg zwischen Kapitalismus und Kommunismus finden, »einen freiheitlichen Sozialismus auf der Basis der Genossenschaft« (Meyer-Cronemeyer 1969, S. 11).

Anfang des 20. Jahrhunderts gab es zahlreiche kontroverse Auseinandersetzungen sowohl über Oppenheimers Theorie der Genossenschaftsbetriebe, von der auch Buber, Tabenkin und Herzl beeinflusst waren, als auch der Idee des Kibbuz mit Degania als Vorreiter. Entgegen den Erwartungen Oppenheimers, der dem Kibbuz Degania für die nahe Zukunft Existenzprobleme prognostizierte, da die Gründer die Familie als Institution ablehnten und »unbewußt kommunistisch miteinander lebten« (ebenda, S. 42), entwickelte sich Degania erfreulich gut: Der anfängs zufällig zusammengewürfelt anmutender »Haufen« besteht bis heute.

Oppenheimer musste seine Idee der Genossenschaftssiedlung revidieren, da aufgrund der gestaffelten Löhne in Merchavia ein solcher Zusammenhalt, wie er in Degania

6 Bei Einarbeitung und ersten Gewinnüberschüssen (4 % vom investierten Kapital) sollten die Arbeiter sowohl am Gewinn beteiligt werden als auch die Option haben, später die Leitung des Betriebes ganz zu übernehmen.

herrschte, hier nicht gegeben war. Er verwand die Enttäuschung über die seiner Meinung nach misslungene Errichtung Merchavias nie, und die spätere Entwicklung in der Kibbuz-Bewegung (z. B. Beschäftigung von Lohnarbeitern bei Personalengpässen schon in den dreißiger Jahren) veranlasste ihn, das »gelobte Land« zu verlassen (vgl. Meyer-Cronemeyer 1969, S. 153). Die Genossenschaft Merchavia wurde 1914 ebenfalls in einen Kibbuz umgewandelt.

Tabenkins Kibbuz-Programm hingegen ähnelte bereits einem Besiedlungskonzept:

- Einflussnahme auf Siedlerbewegung;
- Werbung neuer Siedler;
- Ausdehnung der Kibbuzim;
- Aufbau einer Verteidigungsarmee;
- Erziehung zum »neuen Juden«.

Die Siedlungspolitik war einer der wichtigsten Punkte: Hierdurch würden jüdischer Sozialismus und Nationalismus erreicht werden, indem die Aspekte »Verteidigung, Sich-Niederlassen und Pionierwesen« in direktem Zusammenhang gebracht werden. Eine besondere Rolle kam dem Pionier – von Tabenkin als »haluz« bezeichnet – zu. In ihm sah man einen selbständigen Menschen, der über sein Schicksal selbst bestimmt und von der Wichtigkeit seiner Tätigkeit überzeugt ist, die Mission freiwillig erfüllt und sich zugleich seines historischen Imperativs bewusst ist (vgl. Poppel 1976, S. 43). Die Besiedlung Palästinas sollte nicht in erster Linie durch landwirtschaftliche Aktivitäten vorangetrieben werden, sondern durch jede sich bietende Erwerbstätigkeit, die ein relativ gutes Einkommen versprach. Hervorzuheben ist in diesem Zusammenhang, dass im Rahmen der Besiedlung viele Berufe erfordert wurden, die die Juden in der Diaspora nicht ausüben durften. Die Siedler verkörperten somit eine neue Arbeiterklasse in allen Berufssparten. Darüber hinaus galt es, vor allem neue Siedlungen für die Neueinwanderer zu schaffen.

Der jüdische Religionsphilosoph *Martin Buber* (1878–1965) versuchte Theorie und Praxis miteinander zu verbinden: Der Kibbuz habe seine Existenz nicht einem Dogma, sondern situationsbedingten Umständen zu verdanken; er müsse sich im Laufe der Zeit den sich ändernden Umweltbedingungen flexibel anpassen und sich somit vom Pionierwerk über die Agrarsiedlung zum Industriebetrieb verändern. »Das Ideal brachte Antriebe, aber keine Dogmen hervor, es regte an, aber es diktierte nicht« (Buber 1958, S. 223).

Nach Buber könne eine wahre Gesellschaft, in der jeder genauso viel wert wie der andere sei, nur durch eine richtige Gemeinschaft realisiert werden. Ihm schwebt dabei eine Gemeinschaft vor, in der ein jeder frei von privaten Vorteilen und Begünstigungen ist; er räumt jedoch ein, dass dies im »Zeitalter des Individualismus«, in dem wenig Verständnis füreinander aufgebracht wird, äußerst schwierig sei: »Unser Zusammenleben ist nicht mehr elementares Ineinander, sondern angepaßtes Nebeneinander …« (ebenda, S. 271). Andererseits jedoch erkennt er die Notwendigkeit der Entfaltung des Individuums an:

> »Echte Gemeinschaft und echtes Gemeinwesen werden sich nur in eben dem Maße verwirklichen, in dem der einzelne wirklich werden kann, aus deren verantwortlichem Dasein sich das öffentliche Wesen erneuert.« (ebenda, S. 290)

Für den Kibbuz heißt dies im übertragenen Sinne, dass drei Wertdimensionen von äußerster Wichtigkeit sind: Zionismus, Sozialismus und letztendlich, um an Bubers Worte anzuknüpfen, im »Zeitalter des Individuums« die individuelle Selbstverwirklichung mit humanistischen Idealen (vgl. Busch-Lüty 1989, S. 40). Martin Buber sah im Kibbuz überhaupt den einzigen erfolgreichen Verwirklichungsversuch des Sozialismus:

> »Soweit ich Geschichte und Gegenwart übersehe, darf man nur einem einzigen umfassenden Versuch, eine Volksgenossenschaft zu schaffen, ein gewisses Maß des Gelingens im sozialistischen Sinn zusprechen, das ist das hebräische Genossenschaftsdorf in Palästina in seinen verschiedenen Formen ...« (Buber 1958, S. 231)

Dieser Auffassung sind auch andere Autoren: »... preventing exploitation of the weak by the powerful, greater equality of income, wealth, status and power, and the satisfaction of basic needs« (Legrand/Estrin 1989, S. 200).

2.2.3 Die Entstehung des Staates Israel

Theodor Herzl gilt Begründer der Idee eines »Judenstaates«, als der Initiator des Zionismus. Herzls Beweggründe für einen eigenen »Judenstaat« lagen in den damaligen antisemitischen Ausschreitungen, die sich aufgrund des Dreyfuß-Prozesses zuspitzten.[7] Jedoch fand er anfangs wenig Unterstützung – weder bei seinesgleichen, geschweige denn bei den damals Regierenden in Europa oder Palästina (vgl. Herzl 1985, S. 210).

1896 verfasste Herzl sein berühmtes Buch »Der Judenstaat«, in dem er seine Ideen darlegte und erste praktische Hinweise zur Durchführung gab (vgl. Herzl 1938, S. 38). So waren die Juden seiner Meinung nach eine »Notgemeinschaft«, die sich aufgrund des Drucks von außerhalb und des immer schon dagewesenen Antisemitismus zusammenschlossen. Juden, die nicht zur Assimilation bereit seien, bräuchten einen eigenen Staat. Dies beträfe alle Länder dieser Welt, würden doch durch die Schaffung eines eigenen Staates in den betreffenden Herkunftsländern viele Probleme gelöst (vgl. ebenda, S. 24).

Zwei zu gründende Organisationen sollten seine Ziele durchsetzen, und zwar die »Society of Jews« und die »Jewish Company«. Erstere sollte als moralische Instanz des jüdischen Volkes seine Interessen gegenüber den anderen Staatsmächten vertreten, während Letztere von Herzl als Aktiengesellschaft konzipiert wurde, die alle juristischen Angelegenheiten durchführen sollte, z. B. die Organisation der Auswanderung, Bodenkäufe und die Besiedlung des Landes Palästina.

> »Die Welt wird durch unsere Freiheit befreit, durch unseren Reichtum bereichert und vergrößert durch unsere Größe. Und was wir dort nur für unser eigenes Gelingen versuchen, wirkt machtvoll und beglückend hinaus zum Wohle aller Menschen ...« (Krupp 1992, S. 39)

---

7 Alfred Dreyfuß (1859–1935), französischer Offizier jüdischer Herkunft, wurde 1894 aufgrund gefälschter Dokumente wegen angeblichen Landesverrats zu lebenslänglicher Deportation nach der Teufelsinsel verurteilt. Nachdem der Schriftsteller Emile Zola 1898 in seiner Veröffentlichung »J'accuse« öffentlich für Dreyfuß eingetreten war, kam es zu heftigen innenpolitischen Spannungen, die auch den Antisemitismus neu aufleben ließen. In einem zweiten Verfahren wurde Dreyfuß 1899 zu zehn Jahren Gefängnis verurteilt, 1906 schließlich freigesprochen und rehabilitiert.

Besonders stark war die Opposition seitens der Rabbiner, die sich in einer Erklärung eindeutig von Herzls Ideen distanzierten:

> »Die Bestrebungen sogenannter Zionisten, in Palästina einen jüdisch-nationalen Staat zu gründen, widersprechen den messianischen Verheißungen des Judentums, wie sie in der Heiligen Schrift enthalten sind ...« (ebenda, S. 40)

Allerdings ging es Herzl nicht um das heutige Territorium Israels und auch nicht so sehr um die jüdische Religion; er verfolgte die Gründung eines Staates für Juden »irgendwo«. Schwerpunkt der Arbeit Herzls waren Verhandlungen vor allem mit dem Osmanischen Reich, um einen Schutzvertrag für Palästina oder ein anderes geeignetes Land zu finden, sowie der Aufbau einer starken zionistischen Organisation (vgl. Avrahami 1989, S. 23).

1897 tagte in Basel der erste jüdische Weltkongress mit Teilnehmern aus 197 Ländern. Hier wurde beschlossen, dass Palästina die Heimat der Juden werden sollte (vgl. Herzl 1985, S. 10). Man beschloss:[8]

- Palästina mit landwirtschaftlich arbeitenden Handwerkern zu besiedeln;
- alle Juden zu organisieren;
- das jüdische Volksgefühl und -bewusstsein zu stärken;
- politische Verhandlungen über die Staatsgründung zu beginnen.

Dieser Kongress traf sich fortan jedes Jahr, später alle zwei Jahre. Auf dem fünften Kongress wurde »Keren Kayemet Leyisrael« gegründet, ein jüdischer Nationalfonds, der Land in Israel kaufen und an Juden verpachten sollte.[9] Auf diese Weise sollte die Besiedlung Palästinas – d. h. die tatsächliche Inbesitznahme des Landes – gewährleistet werden. Darüber hinaus bliebt der Boden unveräußerlich und Eigentum der Nation, so dass beispielsweise Monopolbildungen oder Bodenspekulationen, was bei privatem Grundbesitz gang und gäbe ist, ausgeschlossen werden konnten (vgl. Herzl 1938, S. 45). Das über den Nationalfonds erworbene Land wurde den Kibbuzim zur Verfügung gestellt, die es dann urbar machten und bewirtschafteten. Als Reaktion auf die beginnenden Ausschreitungen und das »Kishinew Pogrom« in Palästina entstand überall erste »jüdische Selbstwehr«. Es wurden allerorten jüdische Parteien gegründet, und die Einwanderung nach Palästina nahm erheblich zu (vgl. Kapitel 1).[10]

Die Jahre 1902 bis 1906, die Zeit der zweiten Einwanderungswelle, standen unter dem Motto »Eroberung der Arbeit«, »die Rechte, die der jüdische Arbeiter fordert, sind Menschen-, Arbeiter- und Bürgerrechte« (Ben-Gurion 1965, S. 55).

> »... The secret of our success, of our ability to create and expand ... lies in our being able to establish a united front of labour, of the whole working class ... competing types will undermine the moral and social basis of our existence.« (Ben-Gurion 1924, zit. in: Near 1986, V, S. 28)

Insofern war die »Eroberung der Arbeit« der erste Schritt zur Besiedlung Palästinas. Gemeint war damit vor allem »eine friedliche Okkupierung aller Berufszweige im Land

8 Auszug aus dem Baseler Programm.

9 Finanziell unterstützt wurde diese Organisation unter anderem auch von Baron Rothschild und Montifiori.

10 Es sollten fortan die Kapazitäten der Kibbuzim nicht nur aus Gründen der Kolonisation genutzt werden, sondern vor allen Dingen zu deren Verteidigung, »in order to turn ourselves into defenders« (Near 1988, S. 12).

durch jüdische Arbeit« (Busch-Lüty 1989, S. 41). Die Arbeit nahm fortan für die jüdische Bevölkerung einen zentralen Wert ein; sie wurde gleichgesetzt mit einer »nationalen Befreiung und Selbstfindung … und Betonung der Gleichberechtigung« (ebenda, S. 41).

Retrospektiv kann gesagt werden, dass Israel und speziell der Kibbuz ohne die Zionisten und Sozialisten des vorigen Jahrhunderts nicht möglich gewesen wären. Obwohl gerade der strenge Sozialismus die Ablehnung der Religion proklamiert, war dennoch der jüdische Glaube für den Aufbau der Kibbuzim und des Staates Israel von zentraler Bedeutung. Hierbei spielte nicht nur ein streng orthodox ausgerichteter Glaube eine große Rolle, sondern auch – durch die furchtbaren Ereignisse 20. Jahrhunderts bedingt – die enge Notgemeinschaft der Juden in der Diaspora. Eine zu Anfang des 20. Jahrhunderts weit vorangeschrittene Assimilation der Juden an ihre jeweilige kulturelle Umgebung wurde unterbrochen und von dem Wunsch und der Sehnsucht nach einem eigenen Land frei von jeder Verfolgung abgelöst (vgl. Gordon 1929, S. 62).

2.3 Der Kibbuz im Wandel: Entfaltung oder Erosion der ursprünglichen Idee?

2.3.1 Prinzipien des Kibbuz

2.3.1.1 Ökonomische Strukturen der Kibbuzim

Die Gründer des Kibbuz wollten eine neue Gesellschaft errichten, basierend auf den Prinzipien der Freiheit, Gleichheit, Solidarität und Brüderlichkeit. Gemeinsames Besitztum der Produktionsmittel, der Häuser und notwendiger Konsumgüter bildeten dabei die ökonomische Basis. Auf dieser Grundlage sollte der Kibbuz seine wirtschaftliche und finanzielle Leistungsfähigkeit gegenüber mehr konventionellen sozioökonomischen Systemen beweisen. Im Gegensatz zu einem privaten Unternehmer im kapitalistischen System, der direkt für sein wirtschaftliches Handeln verantwortlich ist, wird im Kibbuz wirtschaftlicher Erfolg bzw. Misserfolg dem Kollektiv zugeschrieben. Entsprechend lautet das wirtschaftliche Credo der Kibbuzim: »each person receives according to his needs and each contributes according to his ability« (Grundgesetz des Kibbuz«).[11]

Im Folgenden werden die ökonomischen Basisstrukturen der Kibbuzim genauer beschrieben. Es gilt dabei zu untersuchen, inwieweit die Grundnormen des Kibbuz heute noch greifen, das heißt, ob die heutigen Verhältnisse im Kibbuz und das Selbstverständnis seiner Mitglieder mit den Grundnormen noch übereinstimmen. Sollte sich herausstellen, dass einige der Grundideen nicht mehr aktuell sind, welche sind dann diejenigen, die übrig geblieben sind, ohne die die Kibbuz-Gemeinschaft strukturell nicht mehr bestehen würde.

11 Der Verpflichtung zur Arbeit entspricht das Recht eines jeden auf einen angemessenen Anteil am Gesamtprodukt zur lebenslangen Befriedigung aller anerkannten Bedürfnisse, ungeachtet der Art und Quantität seiner geleisteten Arbeit (nach F. Vilmar, Seminarvorlage).

Kollektives Eigentum und Konsum

Das gesamte Eigentum des Kibbuz gehört seinen Mitgliedern. Hiermit sind nicht nur alle Produktionsmittel gemeint, sondern auch viele Konsumgüter, über die die Allgemeinheit verfügen kann (Autos, Sportanlagen etc.; vgl. Busch-Lüty 1989, S. 46). Man versuchte, die produzierten Güter bedarfsgerecht an die Mitglieder zu verteilen, und vertraute dabei auf »eine allgemeine Bereitschaft, genügsam zu leben« (Ravid 1992, S. 33). Durch das Prinzip des kollektiven Eigentums sollte die Gleichheit unter den Mitgliedern gewahrt sowie die klassenlose Gesellschaft und soziale Gerechtigkeit erreicht werden.

In den vergangenen Jahren durchlief das egalitäre Einkommen einige Modifikationen. Inwiefern sollten Bankkonten außerhalb des Kibbuz oder Geschenke in Form von Konsumgütern als das Recht der freien Entscheidung gestattet werden? Würde hiermit das gemeinschaftliche Prinzip beschnitten werden? Die Tatsache, dass sich bei strikter Untersagung viele Kibbuznikim heimlich »bereicherten«, führte zu etlichen Diskussionen innerhalb der Kibbuzim und in Fachkreisen. Eine Untersuchung, die 1989 von Helman, Kroll und Lampert durchgeführt wurde, zeigte:

> »The amount of money members own privately is quite small and cannot change their basic standard of living, which is still dependent on the Kibbuz's income. Thus, perhaps it is the desire to have something of one's own that matters, rather than a real income need.« (Helman 1989, S. 25)

Unter kollektivem Konsum wird die gerechte Verteilung der gesamten Dienstleistungen (Wäscherei, Küche etc.), des Wohnraumes – abhängig von Familienstand, Anzahl der Kinder und Alter (vgl. Barkai 1977, S. 16) – und des Konsums schlechthin in Form eines Taschengeldes verstanden. Durch die Einführung eines individuellen Budgets, das jedem Kibbuz-Mitglied zusteht, hat sich die Lage jedoch deutlich geändert. In einigen Kibbuzim summiert sich der Betrag, der für die persönlichen Ausgaben bereitgestellt wird, auf 30 bis 40 % der Kibbuz-Ausgaben. Es gibt sogar Kibbuzim, die eine Aufstockung von bis zu 90 % für angemessen halten, um den Mitgliedern größere Freiheiten zu ermöglichen, Verschwendung zu vermeiden und Leistungsanreize zu bieten. Die eher mechanische Verteilung der Konsumgüter (alle erhalten das Gleiche, unabhängig davon, ob Bedarf vorhanden ist oder nicht) ist zunehmend einer individuellen Verteilung gewichen. Das individuelle Budget überlässt heute jedem Einzelnen die Entscheidung, »was und wieviel er braucht« (Ravid 1992, S. 33).

Die Klagen besonders der jüngeren Kibbuz-Mitglieder über ein zu geringes monatliches Budget, das ihrer Ansicht nach eine erhebliche Beschränkung der Freiheit nach sich zieht, wird jedoch zum Großteil durch den relativ hohen Lebensstandard wettgemacht, der für die meisten Israelis außerhalb des Kibbuz nur schwer zu erreichen ist. Schimon Ravid sieht im Verfügen über ein individuelles Budget eine große Gefahr, da »ein normativer Wandel von der bedarfsentsprechenden Zuteilung zu einer mechanischen Art von Gleichheit Kibbuz-Werte offensichtlich beeinflussen wird« (Ravid 1992, S. 34). Meiner Ansicht nach ist dies eher ein Resultat des Zeitgeistes, der auch nicht vor dem Kibbuz Halt macht. Schon bei der Einführung von Küchen in den Wohnräumen hatte man befürchtet, den »chadar ochel«, den gemeinsamen Speisesaal, überflüssig zu machen. Dem war aber nicht so, und heute kann ein jeder frei entscheiden, ob er im Kreise der Familie essen möchte oder aber mit den Chawerim.

Die Ausweitung des persönlich-individuellen Budgets sollte jedoch zwei klare Grenzen haben: Auf Einrichtungen, die der Integration in die Kibbuz-Gemeinschaft dienen, sollte nicht verzichtet werden. Gleichzeitig muss berücksichtigt werden, dass das Geld nicht automatisch gleich verteilt werden kann, da Bedürfnisse verschieden gelagert sind (vgl. Rosner, o. J., S. 7). Denn sie sind – im Gegensatz zu Wünschen – eher objektiv und lassen sich verallgemeinern (vgl. ebenda, S. 5). Als Gründe für die Anhebung des persönlichen Budgets sind zum einem der gestiegene Lebensstandard und zum anderen der Übergang von der homogenen zur heterogenen Gesellschaft zu nennen (vgl. ebenda, S. 7).

Altersfürsorge und medizinische Versorgung sind auch weiterhin unantastbare gemeinnützige Konsumgüter, obwohl gerade hierin ein großes Problem für viele Kibbuzim besteht, da besonders die über 60-Jährigen einen beachtlichen Anteil an der Kibbuz-Bevölkerung ausmachen. Galt früher das Prinzip »now we work for our children, and in the future they will work for us«, so ist es heute nicht mehr sicher, ob die jungen Chawerim überhaupt im Kibbuz bleiben werden. Ausgelöst durch die ökonomische Krise der achtziger Jahre sind einige Kibbuzim dazu übergegangen, eine zusätzliche Alterssicherung zu schaffen. Diese ergänzt die allgemeine staatliche Absicherung, die die Kibbuz-Wirtschaft formal ebenso wie jeder Betrieb für seine Mitglieder zahlt.

Der Kibbuz war immer durch das Prinzip der gegenseitigen Hilfe sowohl unter den einzelnen Chawerim als auch unter den verschiedenen Kibbuzim charakterisiert. Die wirtschaftliche Krise brachte Zweifel mit sich, ob das Prinzip so aufrechtzuerhalten sei. Vor allem die reicheren Kibbuzim versuchten, sich ihrer Verpflichtungen gegenüber den ärmeren zu entledigen. Ihre Rechtfertigung hierfür ist, dass ein schwacher Kibbuz seine Leistungsfähigkeit selbst steigern und sich nicht auf die Verpflichtungen anderer Kibbuzim verlassen sollte.

Zusammenfassend kann festgehalten werden, dass das Prinzip des kollektiven Eigentums und Konsums – trotz der oben beschriebenen Änderungen und Modifikationen – nach wie vor essentiell ist, da hierdurch strukturgefährdende Elemente wie Einkommensunterschiede oder Hierarchien vermieden werden. Dies wiederum hängt eng zusammen mit dem Prinzip der Egalität, d. h. der strikten Trennung von Leistung und Konsum. Nur bei Einhalten dieser Prinzipien kann man davon ausgehen, dass die Solidarität, die für die Kibbuzim charakterisierend ist, auch in Zukunft gewährleistet sein wird.

Der geschlossene Arbeitsmarkt

Der Arbeitsmarkt des Kibbuz ist in der Regel ein in sich geschlossener und autarker Arbeitsmarkt, zu dem nach Möglichkeit lediglich Mitglieder Zugang haben (vgl. Busch-Lüty 1989, S. 46). Die Chawerim werden über einen gewählten Arbeitskoordinator gemäß ihrer beruflichen Qualifikationen und individuellen Neigungen an den von ihnen gewünschten Arbeitsplätzen beschäftigt. Früher bestand eine gänzliche Verfügungsgewalt über die Arbeitskraft des Mitgliedes, d. h. bei Bedarf musste »jeder jeden Job zu jeder Zeit machen«. Heute hingegen hat fast jeder seinen Arbeitsplatz, den er eigentlich nicht (außer bei Bedarf) wechseln muss. Ab und zu müssen jedoch alle Chawerim gemäß der Rotation im »chadar ochel«, in der Küche und bei der Nachtwache arbeiten, da dies die unbeliebtesten Tätigkeiten im Kibbuz sind und es sehr schwer ist, Leute zu finden, die sie freiwillig übernehmen.

Ein relativ neues Phänomen ist in manchen Kibbuzim die Einführung von »long vacations«, d. h. jeder Kibbuznik kann sich – meist ein Jahr – vom Kibbuz freinehmen, ohne irgendwelche Verpflichtungen einzugehen. Ihm ist somit die Möglichkeit gegeben, außerhalb des Kibbuz zu leben, eine Arbeit seiner Wahl zu finden und eigenes Geld zu verdienen. Nach Ende dieses »break-off« kann er jederzeit wieder »nach Hause« kommen. Viele junge Leute begrüßen diese Entwicklung, da sie nun »in der Welt« umherreisen, eigenes Einkommen erhalten, andere Lebensstile kennen lernen, sich selbst und ihre persönlichen Lebenseinstellungen überprüfen können. Die Möglichkeit eines »Kibbuzfreien« Jahres wird jedoch meist nur in reicheren oder neueren Kibbuzim angeboten.

Eine weitere Errungenschaft des Kibbuz ist die Gleichstellung von Mann und Frau im Beruf. Um einer ganztägigen Berufstätigkeit nachgehen zu können, müssen die Kinder betreut werden, was zum Großteil aber von Frauen getan wird, da im Kibbuz die Männer nicht in der Erziehung arbeiten wollen. Das bedeutet, dass die Vollbeschäftigung der Frau nur mit Hilfe weiblicher Hilfskräfte möglich ist, da Frauen Erziehungstätigkeiten – wie sich in den Befragungen herauskristallisiert hat – meist gerne ausüben.

Generell war die Einführung der Lohnarbeit von diversen negativen Erscheinungen begleitet: Zum einen litt die Arbeitsmotivation der Kibbuznikim in Führungspositionen, die kein Entgelt erhalten (vgl. Lanir 1991, S. 23). Der Kibbuz praktiziert für seine Mitglieder »die konsequente Aufhebung des Zusammenhangs zwischen individueller Arbeitsleistung, persönlichem Beitrag zur Produktion und realer Einkommenssituation … ohne jedes materielle Anreizsystem« (Busch-Lüty 1989, S. 48). Die Einführung der Lohnarbeit behinderte in vielen Fällen sogar die Effektivität der Produktion und die Einführung der Automation sowie neuer technologischer und marktwirtschaftlicher Praktiken (vgl. Lanir 1991, S. 23).

Der Wandel hin zum Industriebetrieb führte in vielen Kibbuzim zu personellen Engpässen, die durch »Volunteers« und Lohnarbeiter ausgeglichen werden mussten. Diese Praxis verstößt aber im Grunde genommen gegen ein Kibbuz-Prinzip, indem die ursprünglich angestrebte Autarkie des Arbeitsmarktes ausgehöhlt wird. Es entstehen darüber hinaus klare Hierarchien, die eine geringere Mitentscheidung zur Folge haben.

Neue Methoden des Vertriebs, der Planung, der Automation und die Einführung neuer Produkte zwangen die Kibbuzim, ihr Management zu verändern. So sind viele der größeren Kibbuzim dazu übergegangen, in der Führungsebene ein »Board of Directors« zu etablieren, in dem oft externe Mitarbeiter die Führung und die Kontrolle über die Finanzen übernehmen. Die Idee, Fachkräfte einzustellen, über die der Kibbuz für diesen speziellen Sektor nicht verfügte, wurde von Amir Helman initiiert, der sie mit der oftmals unzulänglichen Art und Weise der Betriebsführung begründete. Der »Board of Directors« besteht aus einigen Experten, die für ihre Erfahrungen und objektiven Sichtweisen bekannt sind. Die anderen Mitglieder des »Board« sind zum Großteil Chawerim mit entsprechenden Qualifikationen, wie Ökonomen, Ingenieure und Manager, die die Eigentümer der »Firma«, nämlich die Kibbuz-Mitglieder, repräsentieren. Der »Board of Directors« sollte kein persönliches Interesse am Kibbuz haben und sich auf langfristige Planung, Investitionen, qualifiziertes Personal und die Budgetierung konzentrieren.

2.3.1.2 Kollektive Erziehung und Qualifizierung

Im Gegensatz zu anderen Wirtschaftssystemen trägt der Kibbuz die alleinige Verantwortung für die Erziehung und Ausbildung der Kinder und Jugendlichen (vgl. Seligman 1987, S. 12). Allerdings wurde die Gemeinschaftserziehung, d. h. die Kinder wohnen alle in Kinderhäusern, in allen Kibbuzim nach dem Golfkrieg 1991 abgeschafft. Dies bedeutete für viele Kibbuzim eine immense finanzielle Belastung, da die privaten Wohnräume der Chawerim ausgebaut werden mussten. Gleichzeitig wird die Abschaffung der Kinderhäuser als ein Ausdruck der höheren Bedeutung der Familie als grundsätzliche und dominierende Einheit gewertet.

Die heutige Erziehung im Kibbuz ist in eine mehr oder weniger begrenzte Tagesheimerziehung umgewandelt worden. Das Modell der gemeinschaftlichen Kindererziehung, Resultat wirtschaftlicher, sicherheitspolitischer[12] und ideologischer Faktoren in den Gründerjahren (vgl. Seligman 1987, S. 13), gewährleistete gleichzeitig, dass jede Arbeitskraft für den Aufbau des Kibbuz zur Verfügung stand, da man sich keine »Hausfrauen« leisten konnnte. Ebenfalls wollte man durch die gemeinschaftliche Erziehung den »Standardkibbuznik« schaffen, der im Sinne des Kollektivs lebt und arbeitet. Vor allem die zweite Generation war sehr unzufrieden mit der Entwicklung des Erziehungssystems, und daher begann man, die Baby- und Kinderhäuser abzuschaffen.

Zum heutigen Erziehungssystem des Kibbuz gehören im Wesentlichen: Babykrippen, Kindergärten, Grund- und weiterführende Schulen. Ab dem 13. Lebensjahr arbeiten die Jugendlichen neben der Schule zwei Stunden täglich im Kibbuz, im Landwirtschaftssektor oder im Dienstleistungsbereich (vgl. Bundeszentrale für Politische Bildung 1981, S. 46). Die weiterführenden Schulen sind meistens regional organisiert und nehmen Schüler aus verschiedenen Kibbuzim auf. Ein Großteil der pädagogischen Fachkräfte wird vom Kibbuz gestellt. Im Oberstufenbereich mangelt es jedoch oft an qualifiziertem Lehrpersonal, das deshalb von außerhalb rekrutiert werden muss. Die Schulen und Kindergärten halten sich an die Richtlinien staatlicher Lehrprogramme. Allerdings hat man die Klassen kleiner als offiziell vorgesehen angelegt, um kreative Gruppenarbeit ermöglichen zu können (Interview mit Michal Palgi vom 5.5.1992).

---

12 Aufgrund der unsicheren Situation in den Anfängen des Kibbuz waren die Kinderhäuser im Zentrum des Kibbuz konzentriert.

Die Wahl der Berufsausbildung obliegt der persönlichen Entscheidung des Einzelnen, sollte sich aber an den Bedürfnissen des Kibbuz orientieren. Die Finanzierung eines Studiums wird für jeden Chawer vom Kibbuz im Rahmen des Möglichen übernommen. Bei eventuellem späteren Austritt aus dem Kibbuz muss der Betreffende dem Kollektiv sämtliche Kosten zurückerstatten (vgl. Zimmer 1984, S. 38).

2.3.1.3 Rotation

Die Arbeitsorganisation im Kibbuz ist an fest definierten Richtlinien und zugleich an der wirtschaftlichen Maximierung mit dem Ziel der langfristigen Stabilität des Kibbuz orientiert. Das Kibbuz-Management beruht auf dem Prinzip »management by motivation« (Häusler, in Helman 1977, S. 59), da der Kibbuz eine Gesellschaftsform darstellt, in der weitgehend ohne monetäre Anreize gearbeitet wird (vgl. Pfründl 1981, S. 144). Personalkosten der Kibbuznikim werden als Fixkosten gerechnet (vgl. Rosner/Leviatan 1980, S. 4) und sind somit identisch mit den Konsumausgaben für die Mitglieder.

Folgende Kriterien sind elementar für eine effiziente Kibbuz-Führung (vgl. Leviatan 1973, S. 4):

- Führungsprinzipien basieren auf den Grundgesetzen der Demokratie und Mitbestimmung.
- Arbeitsbereiche werden gemäß Qualifikation und unter Berücksichtigung der Arbeitsplatzwünsche der Mitglieder besetzt. Bei eventuellen Engpässen wird auf das Mittel der Überzeugung (bei unbeliebten Arbeiten) zurückgegriffen oder auf Fremdarbeit.
- Letzte Instanz sind die Arbeiterversammlung (der einzelnen Bereiche; vgl. Abbildung 2) und die Generalversammlung. Die Arbeitswelt direkt betreffend, sind Fachausschüsse eingerichtet worden (vgl. Etzioni 1980, S. 246).

Ein Manager hat kraft seines Amtes formale Autorität, die jedoch nicht vergleichbar mit der herkömmlichen hierarchischen Machtausübung ist. Dies wird sowohl durch das integrative Leben im Kibbuz (vgl. Melzer/Neubauer 1988, S. 216) als auch durch die Existenz der basisdemokratischen Elemente verhindert.

Das Rotationsprinzip wurde eingeführt, um die Gleichheit der Kibbuznikim zu sichern und eine hierarchische Gesellschaftsstruktur zu vermeiden (vgl. Bundeszentrale 1981, S. 45). Die Ämterrotation soll möglichst eine qualitative Arbeitsteilung bewirken, d. h. die Trennung von planenden und leitenden Tätigkeiten einerseits und ausführenden andererseits soll überwunden werden: Sowohl Posten im Management mit hoher Verantwortung als auch Routinearbeiten sollen dem Prinzip der Rotation unterliegen. Um mehr Engagement und steigende Identifikation mit dem Kibbuz seitens der Chawerim zu erreichen, setzt man auf bessere Realisation und Ausweitung des Rotationsprinzips (vgl. Busch-Lüty 1989, S. 104).

Die durchschnittliche Amtsperiode beträgt zwei Jahre, in der Industrie ca. vier bis fünf Jahre (vgl. Heinsohn 1982, S. 96). Aufgrund der Industrialisierung und zunehmender

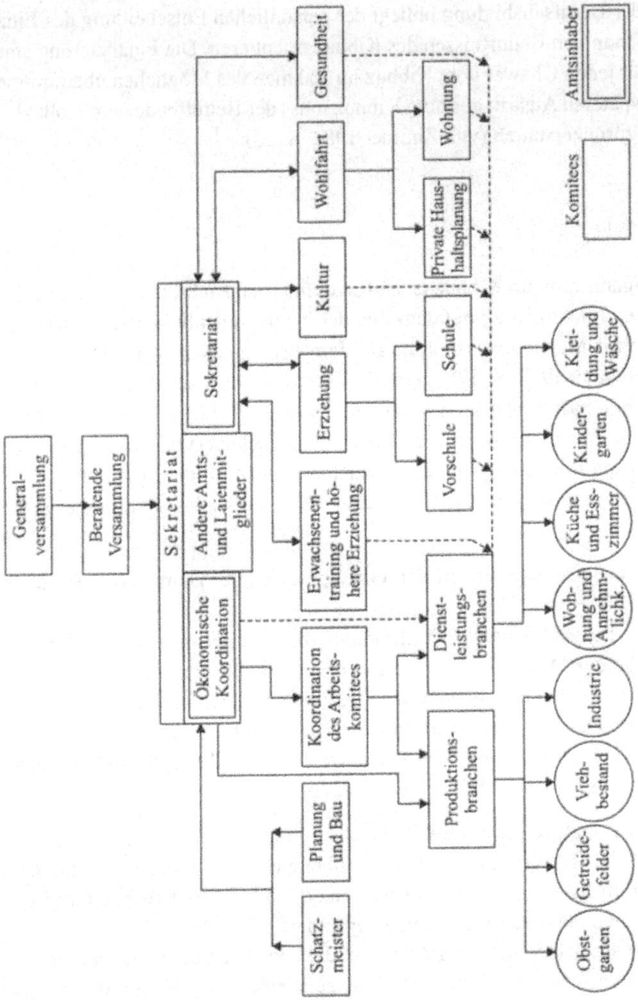

Abbildung 2: Kibbuz-Struktur und -Verwaltung (Quelle: Melzer/Neubauer 1998, S. 28).

Spezialisierung und Differenzierung unterminierte die Rotation die Effektivität der »höheren« Jobs. Im Laufe der Zeit hat sich daher in der Rotation folgendes Phänomen herauskristallisiert: Die meisten Positionen in der höheren Managementebene erfahren eine horizontale Rotation (vgl. Helman u. a. 1988) und keine vertikale, wie dies bei den ausführenden Tätigkeiten der Fall ist. Auch ist eine beispielsweise drei- bis vierjährige Amtszeit für den wirtschaftlichen Erfolg des Kibbuz nicht förderlich. Hierfür sind mittlerweile die Investitionen, die in die Ausbildung des Managers gesteckt werden müssen, zu hoch und die notwendigen Einarbeitungszeiten zu lang. Amir Helman und Jacov Gluck (Kibbuz-Forscher) beklagen darüber hinaus, dass die Kibbuzim der zweiten und dritten Generation, die einen hohen Intellektuellenanteil aufweisen, keine adäquaten Arbeitsplätze bieten können.

Jensen und Meckling (1979) sprechen sich ebenfalls gegen eine totale Rotation aus. Ihrer Ansicht nach sind die basisdemokratische Mitentscheidung und die Rotation mitverantwortlich für die Krise der Kibbuz-Gemeinschaft. Dahrendorf erscheint ganz generell für jede Gesellschaft die Funktion einer Differenzierung im Arbeitsleben wichtig, denn nur wenige könnten die erforderlichen Führungsbegabungen haben (vgl. auch Helman/Gluck/Goldberg 1988, S. 20). So werden Facharbeiter und Manager aus dem EDV-Bereich immer seltener versetzt, da man sie nicht entbehren kann. Als Ergebnis entstehen verschiedene Lebensstile; die Manager z. B. haben einen »Dienstwagen«, den sie auch privat nutzen, bzw. den Kibbuznikim, die außerhalb arbeiten, wird ebenfalls ein Auto zur Verfügung gestellt (vgl. Gaby Madar 1992, S. 14). Dies zieht unter Umständen soziale Spannungen unter den Chawerim nach sich. Trotz allem ist die Rotation nicht mehr wegzudenken, da sie elementar für das Funktionieren der Kibbuz-Demokratie ist.

Ein weiteres Manko der Kibbuz-Politik liegt begründet in dem Prinzip »jeder nach seinen Bedürfnissen«, dem zufolge der Kibbuznik nicht nach seiner Leistung, sondern gemäß seiner Anstrengung gemessen wird. Dementsprechend ist die Gemeinschaft zwar am Input des Chawer interessiert, aber nur sehr indirekt am Output. Eines der zentralen Probleme der Kibbuzim besteht daher darin, wie die Leistung bzw. das Nichterbringen einer Leistung bewertet werden soll. Joseph Lanir bringt diese Problematik auf den Punkt:

> »Today the question is not just whether leadership is necessary and on what leadership should base its authority. Today the question is how leadership and democratic decision making are integrated in a sociopolitical egalitarian system of a modern Kibbuz.« (Lanir 1991, S. 49)

2.3.1.4 Basisdemokratische Elemente

Zu Beginn der Kibbuz-Bewegung war die Generalversammlung aller Mitglieder das einzige Organ, das Entscheidungen traf. Dies reichte völlig aus, denn die Gruppen waren klein und somit überschaubar (ca. 20 Personen) und die Produktion auf die Landwirtschaft beschränkt (vgl. Bockenheim 1978, S. 52). Doch anwachsende Mitgliederzahlen und die Veränderungen der Produktionsstrukturen haben auch die Entscheidungsprozesse komplexer werden lassen.

Die Generalversammlung

Zentrales Beratungsorgan und letztendlich »Träger der Macht« (Heinsohn 1982, S. 22) ist die Generalversammlung. An der Rolle dieser höchsten Instanz in der Kibbuz-Gesellschaft zeitgt sich die demokratische Struktur, fungiert sie doch eher als Entscheidungs- denn als ausführendes Organ (vgl. Etzioni 1980, S. 248). In der Generalversammlung werden Themen aus den Bereichen Wirtschaft, Konsum, Soziales, Erziehung und Persönliches diskutiert.

Die Generalversammlung – an der alle Mitglieder über 18 Jahre, Mitglieder in der Probezeit und Volunteers teilnehmen dürfen (stimmberechtigt sind nur Vollmitglieder) – verabschiedet die jährlichen Produktions-, Investitions- und Entwicklungspläne (vgl. Darin-Drabkin 1967, S. 92). Sie wählt ebenfalls die Amtsinhaber des Sekretariats (vgl. Pfündl 1981, S. 15). Allerdings ist die direkte Kontrolle durch die Generalversammlung einer indirekten durch die verschiedenen Ausschüsse gewichen. So wird in größeren Kibbuzim vor einer Generalversammlung eine beratende Versammlung anberaumt, die bereits bestimmte Themen vordiskutiert, Empfehlungen abgibt und vorläufige Entscheidungen vornimmt (vgl. Heinsohn 1982, S. 22).

Ein großes Problem besteht jedoch im zunehmend sinkenden politischen Interesse der Kibbuz-Mitglieder. So sind viele Generalversammlungen nur spärlich frequentiert (20 bis 30 % aller Mitglieder; vgl. ebenda, S. 106), und die Möglichkeit der Mitbestimmung wird nur von wenigen genutzt. Die meisten Kibbuznikim nehmen nur noch dann an den Generalversammlungen teil, wenn ihre persönlichen Belange behandelt werden. Obwohl das Anwachsen und die Komplexität der Kibbuzim mit sinkendem Engagement am politischen Entscheidungsprozess einhergehen, ist die effektive Partizipation an entsprechenden Gremien noch weit größer als in ähnlichen Organisationen westlicher Demokratien.

Das Sekretariat

Dem Sekretariat obliegen die laufenden Verwaltungs und Koordinationsaufgaben. Einzelne Sachbereiche werden von speziellen – mit der Zeit immer zahlreicheren – Kommissionen betreut (vgl. Vilmar/Scherer 1984, S. 29). Aufgrund zunehmender Differenzierung sind die Aufgaben so stark angewachsen, dass das Sekretariat ebenfalls integrative Funktionen erfüllen muss (vgl. ebenda, S. 599). Den Gefahren informeller Hierarchie versucht man durch beschleunigte Ämterrotation entgegenzutreten (ca. alle zwei Jahre).

Als exekutives und von ihr gewähltes Organ der Generalversammlung ist ihr das Sekretariat rechenschaftspflichtig (vgl. Etzioni 1980, S. 249). Es hält sich an die Richtlinien der Vollversammlung und bereitet die dort zu beratenden Themen vor.

Das Sekretariat tagt wöchentlich und setzt sich aus dem Sekretär, dem Wirtschaftskoordinator, dem Arbeitskoordinator, dem Schatzmeister und dem Koordinator für Erziehungswesen zusammen; hinzu kommen verschiedene Nichtfachleute ohne spezielle Aufgabenbereiche (vgl. Heinsohn 1982, S. 8):

- Der *Generalsekretär* repräsentiert den Kibbuz nach außen in allen nichtwirtschaftlichen Fragen. Er hat gleichzeitig die Aufgabe, die Generalversammlung zu leiten, und ist hauptsächlich für interne Angelegenheiten, soziale Fragen und die Klärung von Unstimmigkeiten unter den verschiedenen Komitees zuständig (vgl. Darin-Drabkin 1967, S. 94).
- Der *Finanzbeauftragte* bzw. *Schatzmeister* muss das von der Generalversammlung genehmigte Budget auf die Komitees verteilen. Er ist gleichzeitig für die Einkäufe und Verkäufe des Kibbuz verantwortlich. Außerdem ist er der Chef der Buchhaltung und erstellt die Jahresbilanz (vgl. Pallmann 1966, S. 90).
- Der *Wirtschaftskoordinator* entwirft die wirtschaftlichen Jahrespläne und überwacht deren Ausführung. Weiterhin stimmt er mit dem Arbeitskomitee, dessen Vorsitzender er ist, die Arbeiten der einzelnen Branchen aufeinander ab (vgl. Heinsohn 1982, S. 22).

Die Aufgaben des Sekretariats erstrecken sich über den gesamten Dienstleistungs- und Produktionssektor. Zwischen den einzelnen Branchen besteht ein ständiger Wettbewerb um die knappen Ressourcen: qualifizierte Arbeiter, Produktionsmittel etc. (vgl. Heinsohn 1982, S. 24).

Nach Pallmann (1966, S. 88) kann zusammenfassend festgestellt werden, dass das Sekretariat als Verbindung zwischen Kibbuz und Generalversammlung eine Doppelfunktion wahrnimmt, aus der mitunter Verantwortlichkeitsdilemmata resultieren: Es repräsentiert einerseits den Kibbuz in der Generalversammlung, andererseits ist es auch deren Exekutivorgan.

Die Komitees

Detailfragen werden von den entsprechenden Komitees gelöst. So gibt es für die Dienstleistungs- und Produktionsbereiche der Kibbuzim einen Ausschuss. Die Hauptaufgaben der Komitees liegen in der Überwachung der Funktionsfähigkeit der jeweiligen Branche sowie in der Nominierung jener Mitglieder, die in dem jeweiligen Arbeitsgebiet administrative, produktive oder Managementfunktionen ausüben sollen. Die Komitees sind die Ansprechpartner bei innerbetrieblichen Problemen – seien sie fachlicher oder persönlicher Art.

Der Wirtschaftsausschuss ist dabei das einzige Komitee, das in sich in drei Unterausschüsse gegliedert ist (vgl. Abbildung 2, S. 26). Aufgrund der Komplexität und Differenzierungen seiner Aufgaben erwies sich diese Dreiteilung als am praktikabelsten. Es bedeutet aber nicht, dass der Wirtschaftsausschuss den anderen Komitees übergeordnet ist (vgl. Etzioni 1980, S. 183).

Bei eventuell auftretenden Problemen wendet sich das Komitee an den entsprechenden Koordinator im Sekretariat. Bedingt durch die Vielzahl der Gremien, in denen die Kibbuznikim ehrenamtlich arbeiten (vgl. Melzer/Neubauer 1988, S. 27) ist fast jeder einmal an der Verwaltung und Leitung des Kibbuz beteiligt. Mitunter sind bis zu 40 % aller

Kibbuz-Mitglieder mit organisatorischen Aufgaben betraut, so dass der Kibbuz trotz starker Differenzierung noch immer – und verstärkt durch das Rotationsprinzip – ein System hochgradiger Selbstverwaltung darstellt (vgl. Heinsohn 1982, S. 22). Eingeschränkt wird die theoretisch funktionierende Selbstverwaltung nur durch die Tatsache, dass für einige Ämter eine akademische Ausbildung Voraussetzung ist. Da sich besonders für die viel Verantwortung tragenden Führungspositionen nur wenige bereit finden, erfasst die Rotation auf den höheren Ebenen nur eine kleinen Kreis von Personen (vgl. Melzer/Neubauer 1988, S. 26). Hierdurch möglichen Machtmonopolisierungen kann die Generalversammlung – als letztverantwortliche Instanz – per Beschluss entgegentreten.

Die Komitees haben sich im Zuge der Industrialisierung enorm verändert. Dem Fabrikdirektor wurde zu seiner Unterstützung ein »Board of Directors« zur Seite gestellt:

»Usually Kibbuz directors of an enterprise are ›outsiders‹ and are not working in the factory. Some of them are not even Kibbuz members, but experts from other enterprises, wellknown for their past experience, who are supposed to represent the ›purely economic‹ point of view. The other members of the board are mainly Kibbuz members, economists, managers and engineers who used to work in different jobs, and are supposed to represent the owners of the enterprise – who are all Kibbuz members.« (Helman 1991, S. 17)

Eine weitere, ebenfalls von Helman initiierte Neuerung ist die Trennung der einzelnen Branchen des Kibbuz. Demnach wird in einigen Kibbuzim zwischen gewinn- und gemeinschaftsorientierten Bereichen unterschieden (»community and business pool«). Die Einführung der bereichsgetrennten Buchführung stieß auf breite Zustimmung in den Generalversammlungen.

Heftig kritisiert wurde dagegen die Einführung von Gehältern, die nach Art der Arbeit gestaffelt werden sollten. Der Arbeit der Mitglieder unterschiedliche Wertigkeiten zuzuschreiben widersprach diametral dem Gleichheitsprinzip des Kibbuz. Demnach war auch der Betrag, der an die Gemeinschaft abgeführt werden muss, von Chawer zu Chawer verschieden. Wer mehr »verdient«, muss für seinen Lebensunterhalt auch höhere Beiträge zahlen. Die Höhe der verschiedenen »Gehälter« sollte allerdings geheim bleiben. Angesichts der wirtschaftlichen Krise stimmten schließlich aber doch die meisten Kibbuzim der finanziellen und administrativen Unterteilung von »community« und »business« zu. Benötigt ein Bereich mehr finanzielle Mittel (z. B. für eine außerordendliche Anschaffung), kann er sich das Geld von einer anderen Branche leihen. Dies bedarf nicht der Erlaubnis der Generalversammlung. Auch gegen diese Praxis gab es anfänglich große Widerstände.

Die Vollversammlung bestimmt zwar die Mitglieder des in diesem Rahmen neu eingeführten »Board of Directors« sowie die Fabrikleitung, jedoch können die anstehenden Entscheidungen von Managern ohne Rücksprache getroffen werden. Der Schatzmeister des Kibbuz ist heute allein zuständig für die Finanzen; die Generalversammlung hat dabei kein Mitbestimmungsrecht mehr. Auch der Arbeitskräftebedarf wird in verschiedenen Kibbuzim autonom von den einzelnen Bereichen bestimmt und nicht mehr zentral von einem Arbeitskoordinator entschieden.

Diese Dezentralisierung der wirtschaftlichen Entscheidungsprozesse kann man mit der so genannten Profit-Center-Organisation in den Großunternehmen westlicher Industrienationen vergleichen. Die Profit-Center stellen eine wesentliche Entlastung der Führungsspitze dar und sorgen für mehr organisatorische Flexibilität (vgl. Staehle 1990, S. 697). In diesem Sinne wurde auch in den Kibbuzim organisatorische Gliederungen entlang der jeweils produzierten Produkte oder involvierten Märkte vorgenommen. An die Stelle der Mängel übermäßiger Delegation von Entscheidungen tritt hierdurch eher bereichseigenes, auf kurzfristigen Gewinn orientiertes Denken, was wiederum höhere Koordinationsleistungen zwischen den Bereichen erfordert. Daher wagten zuerst kleinere Kibbuzim den Schritt zum Profit-Center, und erst in jüngster Vergangenheit haben auch einige der etablierten Kibbuzim angefangen, ihre teilweise erstarrten Strukturen in diese Richtung zu verändern.

2.3.2 Änderungen im Kibbuz

Untersucht werden soll im Folgenden, inwiefern die Veränderungen seit der Gründung des ersten Kibbuz Degania im Jahre 1909 den Kibbuz in seinen Grundauffassungen und Prinzipien gewandelt haben und ob – wie häufig behauptet wird – der heutige Kibbuz eigentlich keiner mehr ist bzw. ob er lediglich eine andere Gewichtung erfahren hat.

Natürlich herrschen heute andere Rahmenbedingungen als zur Gründungszeit des Kibbuz. Zum einen ist die Existenzfrage Israels geklärt. Zum anderen haben sich seither auch die wirtschaftlichen und sozialen Bedingungen stark verändert, so dass der Kibbuz heute vor einer gänzlich anderen Situation als zu Anfang des 20. Jahrhunderts steht.

Der Kibbuz entwickelte sich von einer Gruppe meist allein stehender Menschen zu einer Gemeinschaft, in der mehrere Generationen zusammenleben. In der zweiten Aliyah bestand z. B. noch ein Kontrollanspruch über die Familie: Verzicht auf Hochzeitsformalitäten, Forderung nach Geburtenbeschränkung, Verzicht auf Mutter-Vater-Autorität, Einführung der Gruppenübernachtung, Namenswahl der Kinder seitens des Kibbuz (vgl. Zur 1991, S. 6). Die Kinderhäuser, die in der dritten Einwanderungswelle eingerichtet wurden, waren zur damaligen Zeit notwendig, da durch den Zweiten Weltkrieg und vor allem durch den Holocaust viele Kinder zu Waisen geworden waren. Man wollte die Kinder gleich, d. h. im Sinne der Gemeinschaft erziehen und einen zu großen Einfluss der elterlichen Vorstellungen verhindern. Etwa seit den sechziger Jahren erhielt die Familie dann mehr Bedeutung, und heute sind die Kinderhäuser abgeschafft.

Vor dem Hintergrund der Tatsache, dass sich der Kibbuz den gewandelten Werten und Strukturen seiner Umwelt und der Individuen angepasst hat, um weiterhin funktionsfähig zu bleiben, stellt sich die Frage, welche als die unveränderlichen und welche als die flexiblen Elemente des Kibbuz angesehen werden können. Besonders die ältere Generation sieht eine Gefahr für den Kibbuz darin, dass heutzutage ein Großteil des Lebens in den Familien verbracht wird und nicht mehr wie ehemals das gemeinschaftliche Leben Vorrang hat: Wie aus zahlreichen Umfragen hervorgeht, möchten Eltern ihre Kinder zu Hause aufwachsen lassen. Sie ziehen eine Mischung von Familienleben und der Gemeinschaft der totalen Gemeinsamkeit vor.

Die anfängliche Idee des Kibbuz lag darin, eine klassenlose Gesellschaft aufzubauen, in der jeder Mensch dem anderen gleich ist, frei von Ausbeutung und Herrschaft. Man wollte im Kleinen eine Gesellschaft schaffen, in der kein Mensch weniger wert sei als der andere. Nach Otto Löbl gehörte dazu:

1. Arbeitspflicht aller
2. Genossenschaftliche Arbeit und Selbstverwaltung der Arbeitsleistung
3. Kommunistisches Leben unter gleichen Lebensbedingungen in der Kwuza
4. Rechtsgleichheit in Gemeinschaft und Wirtschaft
5. Wahl der Genossen unter Bestätigung der Arbeitsorganisation
6. Verantwortlichkeit des Einzelnen und gegenseitige Verantwortlichkeit
7. Disziplin in allen Wirtschaftszweigen und im genossenschaftlichen Leben
8. Freiheit des Einzelnen in Politik, Religion, Partei etc.
9. Ausschluss der Lohnarbeit in der Wirtschaft der Kwuza
10. Gemeinschaftliche Erziehung der Kinder bis zum Arbeitsalter
11. Unterhalt der Alten und Schwachen
12. Schaffung neuer Arbeitsplätze für die Frau
13. Gleiche Verpflichtungen aller Kwuza-Mitglieder (Mann und Frau) für die Arbeit in der Hauswirtschaft (Bäckerei, Küche, Wäscherei etc.)
14. Eindringen der Genossen in die Probleme der Wirtschaft (ihres Umfanges und ihrer Arbeitszweige, Ausbildung und Facharbeit)
15. Ständiges Streben nach Wirtschaftswachstum
16. Vergrößerung der Kwuza
17. Gegenseitige Hilfe unter den Kwuzot als Fortsetzung des Gedankens der Kwuza.

Im Laufe der Zeit haben sich die Leitgedanken Löbls zwar gewandelt, jedoch sind seine Grundideen des Kibbuz erhalten geblieben. Wurde früher z. B. die Anschaffung eines Tauchsieders oder später ein kleiner Privatbesitz als das Zerstören des Prinzips der Gleichheit interpretiert, so hat sich dies heute relativiert.

Die »Arbeitspflicht aller« ist nach wie vor aktuell. Alllerdings hat die »Selbstverwaltung der Stunden« einer durchdachten Arbeitsteilung Platz gemacht, denn die Koordination der Chawerim, deren Zahl in vielen Kibbuzim bis auf 1 000 Personen und mehr angewachsen ist, wurde immer schwieriger, zumal sich neben der Landwirtschaft die Industrie und Dienstleistungen als Arbeitsbereiche stärker etabliert haben.

Zudem veränderte die allmähliche Zunahme von Lohnarbeit das Bild der Kibbuzim. So wurden erstmals in den dreißiger Jahren durch die Erschließung des Landes bedingte Personalengpässe deutlich. Damals behalf man sich damit, dass Kibbuznikim aus benachbarten Kibbuzim angeheuert wurden. Diese Praxis konnte aber langfristig nicht aufrechterhalten werden (vgl. Near 1988, S. 14), da die meisten Kibbuzim im Laufe der Zeit industrielle Produktionen aufgebaut hatten, was einen erhöhten Bedarf an Arbeitern mit sich brachte. Diese konnten meist nicht aus den eigenen Reihen rekrutiert werden, weil entweder die Kibbuzim bestimmte Arbeiten im Fertigungsbereich nicht ausführen wollten oder aber nicht genug Arbeiter im Kibbuz vorhanden waren. Demzufolge mussten

Lohnarbeiter aus den umliegenden Nachbarschaften rekrutiert werden. Arthur Ruppin, ein Kibbuz-Forscher, der sich hauptsächlich mit der Thematik der Lohnarbeit beschäftigt, ist der Auffassung, dass saisonbedingte monokulturelle Arbeit zu Engpässen in der Erntezeit führt, die durch Lohnarbeiter (meist Araber) kompensiert werden müssen. Transportwesen und Marketing (Verkauf lediglich über den lokalen Markt wäre ineffizient) erfordern ebenfalls qualifizierte Fremdarbeit (vgl. Near 1986, S. 10).

Bei der gemeinschaftlichen Erziehung und Ausbildung hat sich einiges verändert: Heute schlafen die Kinder bei den Eltern zu Hause; die letzten Kinderhäuser wurden nach dem Golfkrieg im Jahre 1991 abgeschafft. Schulische Erziehung und die Kosten diverser Freizeitaktivitäten werden aber nach wie vor vom Kibbuz getragen. Es hat sich somit ein Ausgleich zwischen Kibbuz und Familie hergestellt.

Die berufliche Gleichstellung von Mann und Frau gilt zwar nach wie vor als zentraler Leitgedanke, wird in der Realität aber meist nicht umgesetzt. Denn bis heute werden die Tätigkeiten im Dienstleistungsbereich des Kibbuz (Wäscherei, Küche, Kindergarten und Schule) hauptsächlich von Frauen verrichtet. Allerdings ist diese Tatsache meines Erachtens nicht unbedingt als Scheitern der Emanzipation zu interpretieren, denn oftmals wählen Frauen im Kibbuz selbst diese »frauentypischen« Berufe. Ist dem nicht so, besteht für Frauen auf jeden Fall die Möglichkeit, beispielsweise im Wirtschaftssektor oder in der Verwaltung zu arbeiten. Im Gegensatz zu den Anfängen werden Tätigkeiten, die nicht von den Kibbnikim übernommen werden wollen, zunehmend an Lohnarbeiter delegiert.

Der Dienstleistungssektor stellt eine Neuentwicklung des Kibbuz dar. War früher die Arbeit auf dem Feld zentral für die Kibbuzim, so beginnt man heute sogar zu überlegen, ob sich nicht z. B. Anwaltskanzleien oder Arztpraxen im Kibbuz etablieren sollten, um die Kibbuzim auf eine breitere wirtschaftliche Basis zu stellen und nicht in Abhängigkeit zur Stadt zu geraten. So dürften in Zukunft auch Berufszweige ins Kibbuz-Leben mehr und mehr integriert werden, die bis dato noch keine Beachtung gefunden hatten (vgl. Meyer-Cronemeyer 1980, S. 23); Scherer/Vilmar 1984, S. 594).

2.3.3 Fazit

Die Frage, die sich zu Anfang stellte, ab wann der Kibbuz keiner mehr sei, lässt sich nicht eindeutig beantworten. In der Vergangenheit war das Wesen des Kibbuz besonders durch die teilweise einer Ausnahmesituation ähnelnden Umstände bestimmt. Das gemeinsame Schaffen eines Traumes war bezeichnend für die »Pioniere«, beeinflusst durch sozialistische und zionistische Gedanken aus ihren Herkunftsländern.

Marglin ist der Meinung, dass der Unterschied zwischen dem damaligen und heutigen Kibbuz im Wesentlichen darin liegt, dass früher eher das »Gesamte« und heute eher das »Individuelle« Vorrang habe:

> »Holistic meaning attaches significances to one's work because it is an integral part of a whole which commands the allegiance and assets the community. Individualistic meaning, by contrast, is a significance that one creates oneself through work.« (Marglin, in Helman 1991c, S. 5)

Die Gründergeneration war durch die Vision motiviert, eine jüdische Gemeinschaft in einem neuen Land zu errichten und die früheren, traditionellen Betätigungsfelder in der Diaspora (Finanzwesen, kleine Geschäfte) hinter sich zu lassen. Mittlerweile haben sich diese Beweggründe gänzlich gewandelt. Junge Leute, in den Kibbuz hineingeboren, haben andere Vorstellungen von Arbeit und Arbeitszufriedenheit. Das Individuum ist mehr in den Vordergrund getreten, wahrscheinlich auch aufgrund der Tatsache, dass für die jüngeren Generationen das Gemeinschaftsleben schon immer existierte und nicht »erkämpft« werden musste. Um sie zufrieden zu stellen, ist der Kibbuz mit neuen Aufgaben konfrontiert. Veränderungen, die bei einer meist älteren Lobby schwer durchzusetzen waren, mussten vorgenommen werden, um dem Zeitgeist gerecht zu werden und neue Arbeitsmöglichkeiten entsprechend Ausbildung und Potential der (jüngeren) Chawerim zu schaffen. Der gewachsene individuelle Anspruch nach Selbstverwirklichung im Arbeitsleben ist auch deshalb zu berücksichtigen, damit sich das Kibbuz-Mitglied wie bisher für das Gemeinschaftliche einbringen will und kann.

Heute ist vielleicht eher die ursprüngliche Idee des Kibbuz realisiert, denn es herrscht ein relatives Gleichgewicht zwischen Individuum und Gemeinschaft. Ein ausschließlich gemeinschaftlich ausgerichtetes Leben wie in den Anfängen ist obsolet geworden, und das Grundprinzip des Kibbuz lautet nunmehr »jeder nach seinen Möglichkeiten und Fähigkeiten«. Zwar ist das familiäre Leben mehr in den Vordergrund getreten, jedoch ist dies eine zwangsläufige Erscheinung, da in den Kibbuzim heute viele Großfamilien leben, die es in den Anfängen gar nicht gegeben hat.

Der Kibbuz, dessen Grundlagen die Basisdemokratie und freie Entscheidungsmöglichkeit sind, existiert nach wie vor (vgl. Lanir 1989, S. 23). Dies wird später näher erläutert (Abschnitt 3.1; vgl. auch Abschnitte 2.3.1.3 und 2.3.1.4), da hier lediglich allgemeine gravierende Änderungen behandelt wurden.

Abschließend läßt sich festhalten, dass der Kibbuz auch heute seinen Mitgliedern solche »negativen« Gefühle, die in anderen westlichen Industrienationen häufig vorhanden sind, wie Sinnlosigkeit (z. B. durch Auflösung traditioneller Normen), gesellschaftliche Isolation (allein in der Masse) und Selbstentfremdung (durch die Arbeit), nicht vermittelt, vielmehr das Gegenteil ist der Fall. Allerdings muss eingeräumt werden, dass das Wesen des Kibbuz durch die Lohnarbeit stark gefährdet wird, da hierdurch eine Trennung von Gemeinschaft und Arbeit entsteht. Man läuft Gefahr, einer »normalen« Organisation ähnlich zu werden und somit die Gemeinschaft zu gefährden. Denn sobald in einer Gemeinschaft Faktoren wie Geld, Macht und Prestige zu greifen beginnen – selbst wenn sie (noch) nicht dominieren –, kann nicht mehr von einem Kibbuz gesprochen werden.

3. Politische und wirtschaftliche Rahmenbedingungen des Kibbuz

3.1 Dachverbände der Kibbuzim

Die Kibbuz-Bewegung ist die weltgrößte kommunitäre Bewegung (Kibbuz Facts and Figures 1988, S. 2), die sich bis in das Jahr 1920 zurückverfolgen lässt, als sie noch »Kwuza gdola« (Großkommune) genannt wurde und aus 60 Kleinkommunen bestand. Ziel des Zusammenschlusses war es, den Kibbuzim größeren politischen Einfluss zu verschaffen (vgl. Merchav 1972, S. 161). Aufgrund der Wirtschaftskrise 1929 und der durch starke Einwanderung zusätzlich erhöhten Arbeitslosigkeit zeigten sich die Differenzen innerhalb der Dachorganisation »Kwuza gdola« immer gravierender. Dies führte dazu, dass danach vier verschiedene Dachverbände entstanden, die sich zunächst ideologisch und konzeptionell stark unterschieden (vgl. Encyclopädia Judaica, Bd. 10, Sp. 969 ff.):

- »Liberale« und »Sozialdemokraten« *(Ichud hakwuzot ve hakibbuzim)*, 1951 gegründet; 1971: 83 Mitgliedskibbuzim;
- »Arbeiterblock« *(Kibbuz hameuchad)*, 1927 gegründet; 1971: 58 Mitgliedskibbuzim;
- »Radikalsozialisten« *(Kibbuz haarzti)*, 1986: 86 Mitgliedskibbuzim. In diesem Dachverband sind Zionismus, Sozialismus und »Kibbuzismus« am radikalsten ausgeprägt (vgl. Merchav 1972, S. 165). Hervorzuheben sind seine Bemühungen um die Gleichstellung jüdischer und arabischer Arbeiter schon vor der Staatsgründung;
- »Religiöse« *(Kibbuz hadati)*. Zu diesem stark religiös geprägten Dachverband zählen nur 16 Mitgliedskibbuzim (Angaben aus Melzer/Neubauer 1988, S. 14).

»Kibbuz haichud«, ab 1951 aufgrund ideologischer Auseinandersetzungen von Kibbuz Hameuchad getrennt, schloss sich nach inhaltlicher Wiederangleichung 1980 erneut mit Hameuchad zusammen. Beide Richtungen sind heute in »Takam« *(Tenuah Kibbuzit Hameuchdet)* vereinigt, der insgesamt zwei Drittel aller Kibbuzim umfasst (vgl. Busch-Lüty 1989, S. 109). 1992 belief sich die Zahl der zu Takam gehörenden Kibbuzim bereits auf 112 (vgl. Takam, Vaadat hameshek 1992). 1999 lag sie bei 160, während zu diesem Zeitpunkt Kibbuz Haartzi 85 und Kibbuz Hadati 16 Mitgliedskibbuzim umfassten (vgl. Feun 2001, S. i). Es zeigt sich also, dass sich mehr und mehr Kibbuzim dem Takam angeschlossen haben, während die Anzahl der Kibbuzim in den anderen Verbänden in etwa gleich blieb. Im Folgenden wird der Takam ausführlicher beschrieben, da beide für den empirischen Teil dieser Arbeit von mir gewählten Kibbuzim ihm angehören.

Die meisten Chawerim sind Mitglieder einer der zionistisch-sozialistischen Parteien.[1] Zudem gehören alle Kibbuz-Mitglieder der Histradut, der Gewerkschaft Israels, an. Un-

---

1 Bis 1977 bildeten die beiden sozialistischen Parteien – die Arbeiterpartei, an der sozialistischen Internationalen orientiert, und die Mapai, eine linksstehende sozialistisch-zionistische Partei, mehr klassisch marxistisch ausgerichtet – eine Regierungskoalition mit der religiösen zionistischen Partei. Nach der Machtübernahme des Likud (rechts-konservative Partei) gingen beide in die Opposition (1977). Später verblieb nur noch die Mapai in der Opposition, während die anderen Parteien mit dem Likud koalierten (vgl. Seligman/Madar 1987, S. 21).

ter diesen Voraussetzungen ergeben sich unterschiedliche Funktionen, die Dachverbände zu erfüllen haben:

- Wahlvorbereitung für die Knesseth (Parlament Israels);
- Wahlvorbereitung für die verschiedenen Gewerkschaftsgremien;
- Siedlungspolitik gemäß der jeweiligen Parteileitlinien;
- Werbung für die Kibbuz-Bewegung (vgl. Seligmann/Madar 1987, S. 21).

Von den Chawerim wird durchweg erwartet, Funktionen und Ämter in der Gewerkschaft, der Partei oder der Knesseth zu übernehmen. Bis in die achtziger Jahre hinein stammten daher viele der Knesseth-Mitglieder aus den Kibbuzim; zurzeit (1994) gibt es jedoch nur zwei Abgeordnete aus Kibbuzim (vgl. Seligman 1987, S. 21).

Dass der Dachverband der Kibbuzim auch heute noch auf der politischen Bühne aktiv ist, sei am Beispiel der israelisch-arabischen Friedensverhandlungen erläutert. 1990 hielt der Takam eine Tagung ab, um zu einem Konsens über die Friedensverhandlungen zu kommen. Am 5. und 6. Juli 1991 trat der Takam erneut zusammen und beschloss:

> »Israel hat ein lebensnotwendiges Interesse am Fortschritt von Friedensverhandlungen mit den Palästinensern. Diese sollten phasenweise abgehalten werden und sowohl auf den Sicherheitsbedürfnissen Israels wie auch auf der Anerkennung der Rechte der Palästinenser basieren, inklusive deren nationaler Rechte.« (Kameron 1992, S. 27)

Dies beinhaltet zwar nicht ein Selbstbestimmungsrecht der Palästinenser, aber die Anerkennung ihrer nationalen Rechte. Ähnlich waren auch die Ergebnisse der Tagung der Arbeiterpartei im gleichen Jahr, bei der man zu dem Schluss kam, dass über Friedensvereinbarungen ausschließlich mit Vertretern aus den besiedelten Gebieten oder – als Teil eines gemeinsamen Verhandlungsteams – auch Vertretern aus Jordanien verhandelt werden sollte. Das palästinensische Team sollte aus frei gewählten Repräsentanten bestehen. Der einzige strittige Punkte zwischen Takam und Arbeiterpartei betraf die Frage der Golan-Höhen. Der Takam befürwortete die Souveränität, die Arbeiterpartei hingegen eine Regelung entsprechend der in anderen besetzten Gebieten:

> »Der Kongreß beschließt, daß die vereinte Kibbuz-Bewegung gemeinsam mit allen anderen Gruppen, die auf einer Basis des territorialen Kompromisses für den Frieden arbeiten, eine engagierte und aktive Rolle im Friedensprozeß einnehmen wird. Die Bewegung und ihre Vertreter werden sich in den Bemühungen um die öffentliche Meinung mit Entschlossenheit und praktischer Initiative einsetzen.« (Kameron 1992, S. 28)

Diese Beschlüsse haben politische Zeichen gesetzt und vor allem Friedensorganisationen wie »Peace now«[2] den Rücken gestärkt.[3]

2 Der Kibbuz Artzi gilt als Kern der »Peace-now«-Bewegung.

3 Unter Mitwirkung des norwegischen Außenministers Johan Jörgen Holst und später des US-Präsidenten Bill Clinton fanden Anfang der neunziger Jahren erstmals Gespräche zwischen dem israelischen Ministerpräsidenten Itzhak Rabin und Palästinenserführer Yassir Arafat statt. Es wurde ein ab dem 13.12.1993 zu beginnender etappenweiser Abzug der Israelis aus den besetzten Gebieten vereinbart und einer Selbstverwaltung der Palästinenser zugestimmt. Aufgrund der nach wie vor bestehenden Problematik zwischen jüdischen Siedlern in den besetzten Gebieten und den extremen Fundamentalisten auf palästinensischer bzw. arabischer Seite bedarf es allerdings noch langer Zeit, bis Frieden eingekehrt sein wird. Die Rolle der Kibbuz-Bewegung in diesem Prozess wird weiterhin völkerverbindender Natur sein, die sich z. B. durch Treffen jüdischer und arabischer Jugendlicher auszeichnet.

Die Hauptaufgaben der Dachverbände liegen gemäß der kommunitären Kibbuz-Grundsätze in der zunehmenden organisatorischen Vernetzung, Kooperation und gegenseitigen Hilfestellung. Sie fungieren ferner als eine Art Schnittstelle zwischen der kollektiven Lebens- und Arbeitsgemeinschaft im Kibbuz und der kapitalistischen Außenwelt Israels (vgl. Busch-Lüty 1989, S. 110), indem sie sich um eine effiziente Zusammenarbeit und organisatorische Synergieeffekte bemühen (vgl. Darin-Drabkin 1967, S. 70).

Die finanzielle und personelle Seite der Dachverbände wird über zu entrichtende Abgaben durch die einzelnen Kibbuzim gewährleistet. In den Dachorganisationen, in denen Kibbuznikim arbeiten, findet man den gleichen strukturellen Aufbau und dieselbe Organisation wie bei den »normalen« Kibbuzim. Sie bestehen aus verschiedenen »Vaadot«: Finanzen, Erziehung und Ausbildung, Industrie, Landwirtschaft und den Außenvertretungen gegenüber dem Staat, Banken und anderen öffentlichen Einrichtungen. Ihre Aufgabenbereiche sind im Wesentlichen:

- Zuweisung von neuem Besiedlungsland und Hilfen bei Neugründung;
- Kreditvermittlung, finanzielle Hilfe und Beratung für wirtschaftlich schwache Kibbuzim (vgl. Vaadat Hameshek 1992, S. 5);
- Zwischenhandel und Absatz von Kibbuz-Produkten im In- und Ausland;
- Erstellung von ökonomischen Jahresplänen für die Kibbuzim;
- Großeinkauf von für die Kibbuzim benötigten Waren;
- Forschung und Entwicklung.

Die Dachverbände haben zudem Richtinienkompetenzen in Bezug auf die ideologische »Verfassung« der Mitgliedskibbuzim. Bei grober Missachtung dieser Richtlinien droht dem betreffenden Kibbuz der Ausschluss aus der Bewegung und damit der Verlust der oben beschriebenen Vorteile.

Darüber hinaus organisiert die Dachorganisation Tagungen zu wichtigen Fragen des Kibbuz-Lebens, etwa zur angesprochenen Einführung eines individuellen Budgets. Ein jährliches Zusammentreffen der Vertreter aus den Kibbuzim und der Bewegung sorgt für den ständigen Austausch und die Festlegung oder Revision erstellter Wirtschaftspläne.

3.2 Zur ökonomischen Situation der Kibbuzim

Die ökonomische Situation der Kibbuzim ist vor dem Hintergrund der enormen wirtschaftlichen Schwierigkeiten zu sehen, in denen Israel seit 1989 steckt. Die große Aliyah aus den Ländern der ehemaligen Sowjetunion bestimmt sehr entscheidend die gegenwärtige soziale und volkswirtschaftliche Situation. Im Jahre 1990 gewann Israel 250 000 neue Bürger hinzu (vgl. Zeit Magazin 21/1990, S. 68); seine Einwohnerzahl betrug zuvor 4,5 Millionen. Kennzeichnend ist hierbei, dass ca. 40 % der berufstätigen Einwanderer Akademiker sind. Für Israel bereitet die Welle russischer Emigranten große Schwierigkeiten, allein schon deshalb, weil jeder Neueinwanderer den Staat rund 30 000 US-Dollar kostet (vgl. ebenda, S. 70).

Hinzu kommt, dass Israel insbesondere seit Ausbruch der palästinensischen Aufstände – der so genannten »Intifada«[4] – immer tiefer in eine Rezession gerät, wodurch die Steuereinnahmen zunehmend sinken. Die nach wie vor aus dem Ausland fließenden Spenden sind nur Tropfen auf den heißen Stein. Marode Verkehrsinfrastruktur und überlastete Strom- und Wassernetze sind typisch für die gegenwärtige Situation. Langfristig jedoch erwartet man, dass die Wirtschaft vor allem von den hoch qualifizierten Einwanderern aus der ehemaligen Sowjetunion profitieren kann (vgl. ebenda, S. 70).

Die Kibbuzim hoffen ebenfalls, langfristig neue Mitglieder durch die Einwanderer zu gewinnen, obwohl diese »vorerst genug haben vom Kommunismus, aber wenn die Wohnungsnot größer wird, werden sie es sich anders überlegen« (ebenda, S. 70)

Diese volkswirtschaftlichen Probleme fallen für die Kibbuzim mit einer Reihe hausgemachter Probleme zusammen, d. h. aus dem während der letzten zwei Jahrzehnte nur zögerlich vorangetriebenem Strukturwandel der Kibbuzim selbst. Bis in die sechziger Jahre war die landwirtschaftliche Produktion die Haupteinnahmequelle der Kibbuzim. Obwohl sich viele Kibbuzim der Industrialisierung anfangs bewusst entgegenstellten, da man in ihr eine Art Anti-Kibbuz-Element sah, vergrößerte sich der industrielle Sektor in den Kibbuzim immens. Von 1970 bis 1985 verdoppelte sich die Anzahl der Kibbuz-Fabriken. Die Bedeutung der Landwirtschaft verringerte sich entsprechend (vgl. Melzer/ Neubauer 1988, S. 226). Der Industrialisierungstrend in den Kibbuzim wird durch die derzeitige nationale Wirtschaftskrise verstärkt, die dem reinen ökonomischen Effizienzdenken in den Kibbuzim Vorschub leistet (vgl. Busch-Lüty 1989, S. 137).

Die Industrialisierung hat zwar strukturelle Veränderungen bewirkt, doch muss man von einer »sanften Industrie« (ebenda, S. 137) sprechen, »da Ökonomie und Technik mit der natürlichen und sozialen Umwelt entwickelt werden« (ebenda, S. 138). Als Vorteil des Kibbuz gegenüber rein kapitalistischen Unternehmen wird nach wie vor die hohe organisatorische Transparenz des Mikrokosmos »Kibbuz« angesehen. Sie erlaube es, etwa bei Marktverschiebungen den Kooperationshorizont und die Kooperationsdichte zwischen den Kibbuz-Betrieben bedarfsgerecht einzustellen, um so das vorhandene Potential von Fachkräften und anderer Ressourcen effizienter einsetzen zu können (vgl. Jahresplan Vaadat Hameshek 1992, S. 6).

Menachem Rosner, einer der prominentesten Kibbuz-Forscher Israels, führt hingegen in einem Interview im Rahmen meiner Befragungen die ökonomische Krise der Kibbuzim eher auf eine zu zögerliche Öffnung gegenüber Marktmechanismen zurück:

> »Grund für die ökonomische Krise, in der sich der Kibbuz befindet, ist die ohnehin bestehende allgemeine ökonomische Krise Israels. Diese ökonomische Krise ist besonders bei der Industrie festzustellen. Trotz des Zusammenhangs zwischen der Krise des Kibbuz und Israels allgemein muss differenziert werden: So hat ein normales Unternehmen die Möglichkeit, Arbeiter zu entlassen, um Kosten zu sparen – der Kibbuz nicht, im Gegenteil: Er ist für jedes Mitglied verantwortlich, er hat keinen kündbaren Arbeitsvertrag mit dem Arbeiter. Ein zweiter Grund ist, dass die Industrie außerhalb des Kibbuz in schlechten Zeiten auf Investitionen in neue Produktionsentwicklungen verzichtet, der Kibbuz jedoch weiterhin in kapitalintensive Produktionen investiert hat (Industrieroboter zum Beispiel), weil er daran interessiert ist, die Arbeitsbedingungen zu

4 Seit Dezember 1987; die Aufstände der Palästinenser in den von den Israelis besetzten Gebieten Westbank und Gazastreifen werden als »Intifada« bezeichnet.

erleichtern; durch die Investitionen war der Kibbuz somit gezwungen, Schulden zu machen. Ein weiterer Grund kann in dem Missmanagement des Kibbuz gesehen werden, wobei hier eher die Fehler in den regionalen Unternehmungen als im Kibbuz selbst lagen.«

Weitere Ursachen für die wirtschaftliche Krise der Kibbuzim lassen sich einem Bericht des Dachverbandes der Kibbuzim Ichud und Meuchad, »Takam«, an die israelische Regierung aus dem Jahre 1988 entnehmen. Hierin – Anlass waren Ermittlungen zum Konkurs eines zum Dachverband gehörenden Kibbuz – werden als für die Krise entscheidende Zeiträume die Jahre 1983 bis 1987 benannt. So verzeichneten 1983/84 die Kibbuzim einen Verlust von 23 Millionen Schekel. Gleichzeitig wuchsen die Schulden der Takam-Kibbuzim auf 3,5 Milliarden Schekel an; der Realpreis für Kapital (abzüglich der Inflationsrate) stieg in der Krise als Folge der Inflation von ehemals 5 % jährlich auf 10 %.

Aufgrund der Verschuldung und weiterer bedeutender finanzieller Verluste gerieten viele Kibbuzim in ernsthafte Existenzkrisen, denen nicht selten der Konkurs folgte. Daher verließen in dieser Zeit zahlreiche Kibbuznikim den Kibbuz. Gleichzeitig wurde die Aufnahme von neuen Mitgliedern drastisch limitiert. Zur Rettung der verschuldeten Kibbuzim wurden beträchtliche Schulden erlassen und günstigere Kreditbedingungen mit den betroffenen Banken vereinbart (vgl. ebenda, S. 9).[5]

Wie überall heißt es auch für die Kibbuzim, »den Gürtel nunmehr enger zu schnallen«, obwohl 1991 bereits um 5,1 % niedrigere Einkommen erzielt wurden, und dies bei einer durchschnittlichen Inflationsrate von 15 %. Weitere Mittel zur Krisenbewältigung sind:

- bessere Qualifikation des Managements bzw. größerer Mut für die Nutzung externer Expertise;
- mehr kooperative Zusammenarbeit als Konkurrenz unter den Kibbuzim (z. B. gemeinsame Nutzung von Ressourcen wie Wasser, Maschinen etc.);
- Zusammenlegung kleinerer Kibbuzim zu größeren und effizienteren Einheiten;
- Nutzung von Marktnischen;
- betriebswirtschaftlich orientierte Reorganisation der Kibbuzim;
- Einführung des »Board of Directors« und getrennter »Living and Economy Pools«.

3.3 Branchenspezifische Krisenphänomene

Um die Ursachen der wirtschaftlichen Krise besser verstehen zu können, muss man sich die einzelnen Branchen bezüglich ihrer Produktionsverfahren und -mittel sowie hinsichtlich ihrer Kapitalflüsse vergegenwärtigen.

Die *landwirtschaftliche Krise* wurde hauptsächlich durch Exportschwierigkeiten, aber auch durch klimatisch bedingte Veränderungen (Dürre) verursacht. Besonders die 1991 erfolgte Verknappung des Wassers um 60 % führte zu gravierenden Schäden im landwirtschaftlichen Sektor. Das Einfrieren der staatlichen Subventionen für landwirtschaftliche

5 Aufgrund günstigerer Konditionen seitens der Banken werden längerfristige Kredite empfohlen: bei einer Laufzeit von ein bis fünf Jahren mit einem Zinssatz von 4,5 %, bei über fünf Jahren mit einem Zinssatz von 5 %.

Erzeugnisse spielte ebenfalls eine große Rolle (vgl. Vaadat Hameshek, Jahresplan 1992, S. 16). Hohe Investitionen in Rationalisierungsmaßnahmen, die bislang noch nicht abgeschrieben werden konnten, verschärften zusätzlich die wirtschaftliche Situation. Von 1982 bis 1988 sanken die Einnahmen der Landwirtschaft Israels um 5 %, der Landwirtschaftsertrag der Kibbuzim um 2,5 % jährlich. Als Lösungsansätze für Wege aus der Krise werden auch hier die Verbesserung des Managements, mehr qualitatives Fachwissen, eine optimale Größe der betreffenden Landwirtschaftszweige (Minimierung bzw. Maximierung von Branchen) und natürlich die geeignete Zusammensetzung des Arbeitsteams betrachtet (vgl. Vaadat Hameshek, Jahresplan 1992, S. 17).

Die wichtigsten Produkte der Kibbuz-basierten Landwirtschaft sind Baumwolle, Avocados, Zitrusfrüchte, Milch, Geflügelfleisch und Fisch. Im Jahre 1991 belief sich die Milchproduktion auf 900 Millionen Liter; für das Jahr 1992 wurde eine Erhöhung der Produktion auf 920 bis 930 Millionen Liter angestrebt. Die Milchproduktion stellt die Kibbuzim vor ein Problem, da sie an Vorgaben des Staates gebunden sind und sich demzufolge wie in den meisten landwirtschaftlichen Branchen sowohl mengen- als auch preismäßig in sehr engem Rahmen bewegen. Für Geflügel und Fisch lassen sich keine gravierenden Veränderungen feststellen; Angebot und Preisverhältnis verhalten sich der Entwicklung entsprechend gut.

Der Landwirtschaftszweig Baumwolle leidet besonders unter dem allgemeinen Preisverfall, ohne dass alternative Anbaufrüchte in Aussicht wären. So erhielten die Kibbuzim 1981 noch 123 Millionen Schekel pro Dunam, 1985 waren es nur noch 60 Millionen Schekel pro Dunam. Der Verlust liegt hier bei 38 Millionen Schekel.

Der Preisindex von Avocados ist von 1981 bis 1987 um 61 % gesunken; trotz Hilfe des Staates beträgt 1988 der Verlust 12 Millionen Schekel.

Es wird empfohlen, verstärkt Kooperationen mit Privatfirmen einzugehen, besonders für die Gemüsesorten Tomaten und Mohrrüben sowie Zwiebeln und Kartoffeln, die für den Ex- und Import von erheblicher Bedeutung sind. Stärkere Koordination wird vor allem mit Blick auf die Bewässerung empfohlen, um der Wasserknappheit zu begegnen.

Bei den Südfrüchten ist durch die Konkurrenz anderer Exportländer (insbesondere bei Orangen) im Jahre 1988 ein Verlust von 6 Millionen Schekel zu verzeichnen; 1984 war noch ein Gewinn von 28 Millionen Schekel erzielt worden.

Die hohen Investitionen von 225 Millionen Schekel und gleichzeitig verminderte Einnahmen sind demnach der Grund für die landwirtschaftliche Krise, die den Schuldenberg der Kibbuzim auf insgesamt 435 Millionen Schekel hat anwachsen lassen. Dies entspricht 17 % des Gesamtschuldenbetrages Israels.[6]

Anders als die Landwirtschaft erfuhr der *Industriesektor* der Kibbuzim in den achtziger Jahren einen bedeutenden Zuwachs. In diesem Bereich erhöhte sich von 1983 bis 1988 in der Stadt die Anzahl der Arbeitstage um 28 %. Gleichzeitig stieg der Anteil von Kibbuznikim an der Gesamtzahl der in diesem Bereich Beschäftigten um 5 %.

6 Im Folgenden wird auf die Schulden des Dachverbandes Takam eingegangen, die 86 % der Schulden aller Kibbuzim im Jahre 1988 ausmachten. In seinem Bericht gibt Takam keine Angaben über den Anteil der anderen Kibbuz-Verbände an den Gesamtschulden Israels.

Trugen im Jahre 1988 die Kibbuzim noch zu 5,9 % zum Gesamtumsatz Israels aus industrieller Produktion bei, so hat sich dieser Anteil auf 7,2 % im Jahre 1999 erhöht (vgl. Feun 2001, S. 51).

Auch der Anteil der arbeitenden Bevölkerung im Kibbuz stieg im Verhältnis zu jener des übrigen Israel stark an: Der industrielle Bereich im Kibbuz erfuhr einen Zuwachs um 52 %, im restlichen Israel dagegen nur um 21 % (vgl. ebenda, S. 53).

Der Zahl der Nicht-Kibbuz-Mitgliedern, die in Kibbuzim arbeiten, wächst weiterhin: von 10800 Beschäftigten im Jahre 1991 auf 26400 im Jahre 1999. Sie wurden hauptsächlich für den Industriebereich rekrutiert, und ihr Anteil an den Gesamtbeschäftigten der Kibbuzim ist von 30 % (1990) auf 62 % im Jahre 1999 angestiegen (vgl. ebenda, S. iii).

Ungefähr die Hälfte der Kibbuz-Fabriken verbucht jährlich einen Ertrag von weniger als 3 Millionen Schekel. Lediglich die Einnahmen aus 30 Fabriken (meist in den älteren Kibbuzim) übersteigen 10 Millionen Schekel. Diese Kibbuzim erwirtschaften zu über 50 % den Gesamterlös aller Kibbuz-Fabriken des Dachverbandes »Takam« (Stand 1999).

Die Umsätze der Kibbuz-Fabriken im industriellen Bereich sind in den vergangenen Jahren allerdings drastisch gestiegen. Während im Jahre 1999 in 49 % aller Kibbuz-Fabriken der Umsatz unter 20 Millionen Schekel lag, betrug er bei 41 % immerhin 20 bis 100 Millionen Schekel; bei 10 % erreichte er sogar mehr als 100 Millionen Schekel. 80 % der Fabriken produzieren für den Export, von denen wiederum 60 % für mehr als 2 Millionen US-Dollar jährlich exportieren (vgl. ebenda, S. 45).

Obwohl die Kibbuzim auch zwischen 1986 und 1988 deutliche Gewinne erzielten, vermehrten sich ihre Schulden, da in den Anfängen der Krise zu viel investiert worden war. Diese Investitionen in Höhe von 494 Millionen Schekel verursachten einen Anstieg der Schulden auf 332 Millionen Schekel, die 13 % der Gesamtschulden der Takam-Kibbuzim entsprechen.

Ein besseres Bild als die Landwirtschaft zeigt auch der *Dienstleistungssektor* der Kibbuzim. Um die Lebensqualität im Kibbuz allgemein zu verbessern, wurden für den Ausbau des Dienstleistungssektors (Speisesaal, Schwimmbad, Tennisplätze, Kino, kulturelle Aktivitäten etc.) nicht nur enorme Investitionen getätigt, sondern gleichzeitig auch Arbeitskräfte gebunden, die dann allerdings in der Produktion fehlten. Daher mussten teilweise verstärkt Lohnarbeiter eingestellt werden. Hinzu kamen zu erbringende finanzielle Unterstützungen, die als Starthilfe für jene Kibbuznikim geleistet werden mussten, die aufgrund der wirtschaftlichen Krise, insbesondere in den Jahren 1987/88, den Kibbuz verlassen wollten. Insgesamt belaufen sich im Bereich Dienstleistungen die Schulden auf 288 Millionen Schekel bzw. 11 % des Schuldenberges der Takam-Kibbuzim.

Ein weiterer Ausbau der Dienstleistungen im Bereich Tourismus wäre wünschenswert, da dieser ebenfalls gesamtwirtschaftlich für Israel von enormer Bedeutung ist. Während des Golfkrieges 1991 mussten die Kibbuzim im Tourismus erhebliche Einbußen hinnehmen, konnten ihn danach aber stetig ausbauen: Heute bieten 130 Kibbuzim insgesamt 5500 Zimmer mit 18500 Betten (vgl. Kibbutzim 2000, Statistical 6). Aufgrund der seit dem Jahre 2000 erneut begonnenen Intifada sowie zahlreicher Terroranschläge befindet sich jedoch der Tourismus derzeit nicht nur im Kibbuz, sondern im gesamten Israel in einer eklatanten Krise und muss daher hohe wirtschaftliche Verluste verbuchen.

Zum Dienstleistungssektor gehörig sind schließlich die Investitionen von Takam sowohl in neue Kibbuzim in Krisenzeiten als auch die Kosten für die Integration von Neumitgliedern (Bereitstellen von Wohnraum, Arbeit) zu zählen. 379 Millionen Schekel bzw. 15 % der Schulden der Takam-Kibbuzim sind hier zu verzeichnen.

Die Abschaffung der Kinderhäuser hatte zur Konsequenz, dass die Wohnräume in den Kibbuzim vergrößert werden mussten. Zudem stiegen die Ansprüche bezüglich der Wohnqualität allgemein an. Die Investitionen in diesem Bereich machen 18 % bzw. 471 Millionen Schekel der Schulden der Takam-Kibbuzim aus.

Zusammenfassend kann festgehalten werden, dass sich die Ertragssituation der Landwirtschaft im Vergleich zu den neunziger Jahren zwischenzeitlich zwar etwas verbessert hatte, in den jüngst vergangenen Jahren jedoch erneut drastische Rückgänge zu verbuchen sind: 1999 lag der Ertrag pro Kibbuz-Arbeiter im Vergleich zum Vorjahr bei –35 % (vgl. Feun 2001, S. 60). Für das übrige Israel musste sogar ein Rückgang von 44 % verbucht werden (vgl. ebenda, S. 56). Dennoch arbeitet die Landwirtschaft insgesamt ohne Verluste und erzielt sogar Gewinne von etwa 790 Millionen Schekel (vgl. ebenda, S. 57). Dies ist zwar sehr wenig, aber ein Phänomen, das nicht allein Israel, sondern auch andere westliche Länder betrifft. Die Bedeutung und der Umsatz der Landwirtschaft nehmen im Verhältnis zur Industrie und zum Dienstleistungssektor immer weiter ab, was einerseits durch billige Importe, andererseits durch hohe Produktionskosten begründet ist.

Der Industrie- und der Dienstleistungssektor dagegen erfahren zunehmende Bedeutung, so dass die Kibbuzim bis zur Jahrtausendwende nahezu gänzlich ihre Schulden abbauen konnten. Dazu beigetragen haben darüber hinaus die Umstrukturierung der Kibbuzim (u. a. Abschaffung zahlreicher gemeinnütziger Ausgaben) sowie die Tatsache, dass ihre Bevölkerungszahl seit Jahren konstant geblieben ist.

3.4 Volkswirtschaftspolitische Ursachen der Krise

Das Ansteigen des Preisindex als Folge der Inflation, vor allem seit Juli 1985, sowie die Anhebung der Zinsen seitens der Banken und Regierung taten ein Übriges zur Verschärfung der wirtschaftlichen Situation der Kibbuzim. Hier lag der Hauptanteil der Schulden der Takam-Kibbuzim begründet: 750 Millionen Schekel (1993), d. h. 29 % des Gesamtschuldenberges.

Erschwerend wirkte die Tatsache, dass die weiter oben aufgeführten Ausgaben allesamt im annähernd gleichen Zeitraum getätigt bzw. fällig wurden. Jair Shepon, Direktor der Bank Hapoalim in Tel Aviv, äußerte im Interview hierzu folgende Ansicht:

> »Anfang der achtziger Jahre gab es in Israel eine große ökonomische Krise und einen Anstieg der Inflation auf 480 % jährlich. Dies hängt mit der Regierungsübernahme des Likuds zusammen [Konservative Partei Israels; SF-S]. Die wirtschaftliche Krise ist meiner Meinung nach ein Resultat ihres wirtschaftlichen Programms.

Zum einen ist der Likud an den Kibbuzim nicht in dem Maße interessiert wie der Maarach [Sozialistische Partei Israels; SF-S], zum anderen beschloss die Regierung, die bisherige Unterstützung der Landwirtschaft zu streichen, d. h. keine Produkte mehr zu minimalen Preisen den Kibbuzim abzukaufen und anschließend subsidiert zum Verkauf anzubieten; ein Prinzip, das auf der ganzen Welt zur Erhaltung der Landwirtschaft angewandt wird.
Ebenfalls wurden besondere Zuschüsse für weiter vom Markt entfernt liegende Kibbuzim, die höhere Transportkosten haben oder an Grenzen gelegen sind (Sicherheitszuschuss), gestrichen. Von nun an waren alle Kibbuzim gleichwertig – egal, ob der Kibbuz 20 Kilometer von Tel Aviv entfernt liegt oder im Negev [Wüste im Süden Israels; SF-S].«

Ein weiteres Problem für den Kibbuz stellt die politische Situation in Israel dar. 90 % der Chawerim sind Anhänger der linken Arbeiterpartei Mapai, an der Regierung stand jedoch bis 1992 die rechte Partei, der Likud. Deswegen war vonseiten der Regierung keine Hilfe zu erwarten. So gab es z. B. vom Staat keinen Zuschuss (früher 17 bis 18 % Zuschuß seitens des Staates) für die Krankenkasse, obwohl 75 % der Chawerim der Krankenkasse der Histadrut angehören. Die Kibbuzim erwarteten sich 1994 von der neuen Regierung der Arbeiterpartei positive Zeichen für ihre Bewegung.

Hierzu Nachum Ginzburg, Außenministerium a. D.:

»Es gab immer einen Anteil von Chawerim in der Knesseth; ca. 2 % der jüdischen Bevölkerung Israels leben im Kibbuz, aber weitaus mehr waren als Knessethmitglieder vertreten. Igal Alon [Außenminister a. D.], Chaim Givati [Landwirtschaftsminister], der Präsident Kadisch waren alles Kibbuznikim, daher war die Einflussnahme in Israel viel größer. Der Kibbuz hat nur noch zwei Sitze im Parlament, das Interessante hierbei ist, dass sie sogar nicht von ihren eigenen Leuten gestellt werden.
Das Problem beim Absetzen der Inflation (1986) war, dass der Kibbuz mit diesen frei gewordenen Geldern alte Schulden begleichen musste und keine neuen Investitionen tätigen konnte.«

Um die derzeitigen (1993) Schuldenbeträge annähernd exakt zu ermitteln, müssen laut Analyse von Gidon Rappaport, dem Industriebeauftragten des Takam, die zuvor beschriebenen jeweiligen Schulden mit der Inflationsrate von 1,56 % multipliziert werden. Nähere Angaben waren nicht zu ermitteln.

4. Realisierung der Idee

4.1 Demographische Daten

Die meisten Kibbuzim sind von Gruppen junger Menschen mit ähnlicher Lebenseinstellung gegründet worden. Eine gleiche ideologische Weltanschauung verband sie in dem Willen, gemeinsam zu leben und zu arbeiten. Dies gilt sowohl für die Gründung des ersten Kibbuz 1909 (Degania) als auch für heute entstehende Kibbuzim (vgl. Busch-Lüty 1989, S. 70).

Ältere Kibbuzim, wie z. B. Givat Haim Ichud, der schon seit 80 Jahren besteht und Chawerim aus mittlerweile vier Generationen beherbergt, sehen sich mit gänzlich anderen Problemen als junge Kibbuzim konfrontiert. So haben viele der älteren etablierten Kibbuzim z. B. einen hohen Anteil an über 60-Jährigen.

Population

Die Kibbuz-Bevölkerung wächst gegenüber der israelischen Bevölkerung überproportional an. Im Zeitraum von 1976 bis 1986 erfuhren die Kibbuzim ein Bevölkerungswachstum von 28,2 %, die israelische Bevölkerung hingegen wuchs in der gleichen Zeitspanne lediglich um 17,9 %. Dies liegt zum einen an der höheren Geburtenrate im Kibbuz, zum anderen aber auch an der Zuwanderung von Menschen in die Kibbuzim (vgl. Busch-Lüty 1989, S. 38).

Die Kibbuz-Bewegung ist bezüglich ihrer Zu- und Abwanderungen durch extreme Hochs und Tiefs gekennzeichnet; in den beiden Dekaden 1936 bis 1956 erfuhr der Kibbuz ein rapides Wachstum um 572 %, in den darauf folgenden Jahren 1956 bis 1966 ebbte die Zuwanderung auf 3 % jährlich ab, in den Jahren 1966 bis 1986 war ein gemäßigtes Wachstum von 55 % zu verbuchen (alle Daten vom Zentralbüro der Statistik, Israel). 1986 wurde eine weitere Nettoabwanderung von 730 Personen (0,58 %) aus den Kibbuzim festgestellt, die insbesondere auf die finanzielle Krise zurückzuführen ist (vgl. Busch-Lüty 1989, S. 39). Seit 1989 erfährt Israel eine immense Einwanderung von Juden aus der ehemaligen UdSSR, jedoch wird sich erst im Laufe der Zeit zeigen, wie viele von ihnen Vollmitglieder eines Kibbuz werden. Gerade bei dieser Einwanderungswelle wird mit einem geringen Zustrom gerechnet, da diese Menschen in der Regel ein Leben im Kollektiv ablehnen.

Tabelle 1 gibt Aufschluss über die Kibbuz-Bevölkerung im Verhältnis zur übrigen israelischen Bevölkerung gemäß der Altersgruppen und zeigt, dass quer durch alle Altersgruppen die Kibbuz-Bevölkerung bis 1986 stets einen Vorsprung gegenüber der israelischen Bevölkerung hatte. Dies gilt besonders für die jüngeren Jahrgänge (0 bis 44 Jahre). Die Altersgruppen 45 bis über 65 Jahre waren im Verhältnis stärker außerhalb des Kibbuz vertreten.

Altersgruppe (Jahre)	1972 Prozent der Kibbuz-Bevölkerung	1986 Prozent der Kibbuz-Bevölkerung	1986 Prozent der jüdischen Bevölkerung Israels	1999 Prozent der Kibbuz-Bevölkerung
0 bis 14	28,8	30,3	30,1	25,8
15 bis 24	23,9	19,3	15,8	19,4
25 bis 44	24,7	28,7	27,3	23,5
45 bis 64	18,7	12,5	16,9	20,2
über 65	4,2	9,2	9,9	11,5

Tabelle 1: Die Kibbuz-Bevölkerung (Quellen: Busch-Lüty 1989, S. 38; Feun 2001, S. 22).

Tabelle 1 zeigt ferner, dass die Geburtenrate im Kibbuz seit Mitte der achtziger Jahre gesunken ist, während der Anteil Älterer erheblich zunahm. Zahlen über die gesamtisraelische Bevölkerungsentwicklung sind nicht verhanden. Es ist jedoch allgemein bekannt, dass die Geburtenrate – wie in den meisten Industrienationen – abnimmt und daher der Anteil der älteren Bevölkerung stetig wächst.

Zwischen 1992 und 1998 verringerte sich die Kibbuz-Bevölkerung um rund 14 000 Personen bzw. 11 %. Allerdings stieg im gesamten Israel im gleichen Zeitraum die Zahl der Einwohner um 15 % (vgl. Kibbutzim 2000, Statistical 6), was vor allem auf die Einwanderung aus den Ländern der ehemaligen Sowjetunion zurückgeführt werden kann. Von 1998 auf 1999 lässt sich aber auch in den Kibbuzim ein Anstieg der Mitglieder um 2 300 Personen verzeichnen (vgl. Feun 2001, S. 14).

Die Herkunftsländer der Kibbuznikim und die Altersstruktur des Kibbuz haben sich im Laufe der Zeit ebenfalls stark gewandelt. In den vierziger Jahren waren drei Viertel der Chawerim zwischen 21 und 35 Jahre alt und meist allein stehend. 70 % der Kibbuznikim kamen aus Deutschland und Polen, die übrigen 30 % verteilten sich auf osteuropäische Länder. Heute sind 70 % der Kibbuznikim »Sabres« (in Israel geboren); 40 % dieser Chawerim sind sogar im Kibbuz geboren. Der Rest stammt aus Europa und Amerika; 4 % der Kibbuzniks kommen aus Südafrika und Asian.

Tabelle 2 verzeichnet die Zahl der Kibbuzim sowie deren Mitgliederzahl. Dabei fallen besonders zwei Dekaden auf: Zum einen hat sich im Zeitraum von 1930 bis 1940 die Kibbuz-Bevölkerung mehr als verdoppelt, und es wurden nahezu 200 Kibbuzim neu gegründet. Hier schlägt sich die große Einwanderungswelle aus Europa aufgrund der Verfolgung durch die Nationalsozialisten nieder. Einen interessanten Zeitraum für die Kibbuz-Bewegung stellen außerdem die Jahre von 1960 bis 1970 dar, denn erstmalig ist eine Stagnation bei der Gründung von Kibbuzim zu verzeichnen. Die Ursachen hängen eng mit der allgemeinen Kibbuz-Bewegung zusammen: »Ichud« und »Meuchad« trennten sich aufgrund ideologischer Differenzen, und viele der Chawerim sahen im Kibbuz ihre politischen Ideale nicht verwirklicht.

Mit der Gründung des Staates Israel waren viele Mitglieder der Überzeugung, dass der Kibbuz seine Funktion erfüllt habe (vgl. Maron 1989, S. 9). Zeitgleich mit der verstärkten Abwanderung aus den Kibbuzim verbesserte sich durch die beginnende Industriali-

Jahr	Zahl der Kibbuzim	Zahl der Mitglieder
1906	Gründung des ersten Kibbuz	
1920	12	805
1930	29	3 900
1940	82	26 550
1950	214	67 550
1960	229	77 950
1970	229	85 100
1980	255	111 200
1990	270	125 100
1991	270	129 300
1992	269	128 000
1993	270	129 300
1994	269	124 600
1995	268	118 900
1996	267	116 800
1997	267	116 500
1998	267	115 500
1999	267	117 400
2000	267	117 400

Tabelle 2: Entwicklung der Kibbuzim (Quellen: Busch-Lüty 1989, S. 39; Kibbutzim 2000, Statistical 6; Feun 2001, S. 14).

sierung ihre wirtschaftliche Lage immens, was dann wiederum eine verstärkte Zuwanderung in den Kibbuz zur Folge hatte (vgl. ebenda). Ein ähnlicher Zyklus lässt sich für den Zeitraum 1980 bis 1986 beschreiben: Von 1980 bis 1985 erreichten die Kibbuzim ein Nettowachstum von 18,1 %, wovon 11,8 % auf »natürliches Wachstum« zurückzuführen sind; lediglich 6,3 % verließen in diesem Zeitraum den Kibbuz. 1986 erlebten die Kibbuzim eine gravierende wirtschaftliche Krise, weshalb zahlreiche Mitglieder abwanderten.

Wie Tabelle 3 verdeutlicht, hat sich die Größe der Kibbuzim im Laufe der Zeit sehr verändert: Während in den dreißiger Jahren 75 % der Kibbuzim weniger als 300 Menschen umfassten, liegt heute bei zwei Drittel der Kibbuzim die Mitgliederzahl zwischen

Bevölkerungszahl	Anzahl der Kibbuzim
0 bis 199	41
200 bis 299	21
300 bis 399	43
400 bis 499	46
500 bis 599	41
600 bis 699	33
700 bis 799	23
800 bis 899	8
900 bis 999	3
1 000 bis 1 500	9

Tabelle 3: Größenstruktur der Kibbuzim (Quelle: Zentralbüro der Statistik, Tel Aviv, Israel).

300 bis 700 Personen. Allerdings gibt es heute auch lediglich neun Kibbuzim mit 1 000 Chawerim (vgl. Busch-Lüty 1989, S. 72). Die meisten Kibbuzim sind von kleiner bis mittlerer Größe. Die großen Kibbuzim, die man in gesellschaftlicher, wirtschaftlicher und kultureller Hinsicht fast mit kleinen Städten vergleichen kann, sind in der Minderheit. Die kleinen Kibbuzim sind meist noch jung, viele von ihnen wurden nach dem Sechstagekrieg gegründet (vgl. Kapitel 5).

Geographische Daten

Die Kibbuzim sind über ganz Israel verteilt, die meisten haben sich jedoch in den nördlichen Gebieten und im Süden Israels in der Negev-Wüste angesiedelt.

Gebiet	Zahl der Kibbuzim	Bevölkerungszahl	
		1990	1991
Galiläa	57	27 300	28 400
Golan-Höhen	9	2 100	3 300
Jordan-Tal	20	10 600	10 600
Jezreel-Tal	48	26 900	28 200
Zentralisrael	52	27 500	28 400
Negev	66	25 500	26 100
Judäisches Gebirge	8	3 400	3 500
Besetzte Gebiete	10	1 800	1 800
Insgesamt	270	125 100	129 300

Tabelle 4a: Anzahl der Kibbuzim und Bevölkerungszahl nach geographischer Verteilung, 1990 und 1991 (Quelle: Yad Tabenkin, Research and Documentation Center of the United Kibbuz Movement, Facts and Figures, 1992).

Die geographische Verteilung im Jahre 1998 stellt sich wie folgt dar:

Gebiet	Zahl der Kibbuzim	Bevölkerungszahl
Tel Aviv	1	300
Jerusalem	8	3 300
Haifa	23	11 500
Zentralisrael	31	16 900
Südisrael	65	23 700
Norden	130	57 900
Judäa, Samaria und Gaza	9	1 900
Insgesamt	267	115 500

Tabelle 4b: Anzahl der Kibbuzim und Bevölkerungszahl nach geographischer Verteilung, 1998 (Quellen: Kibbutzim, Statistical 6; Feun 2001, S. 12).

Von 270 Kibbuzim bzw. deren insgesamt 129 300 Bewohnern im Jahre 1993 hat sich die Zahl der Kibbuzim auf 267 bzw. auf 117 400 Bewohner im Jahre 1999 verringert (vgl. Feun 2001, S. 14). Zwar kann ein Anstieg der Mitgliederzahl zwischen 1998 und 1999 verzeichnet werden, der aber – wie oben bereits erwähnt – der Einwanderung aus den Staaten der ehemaligen Sowjetunion geschuldet ist.

Arbeitsmarkt

Trotz Industrialisierung und weitestgehender Automatisierung war bis Anfang der neunziger Jahre immer noch ein Viertel der Chawerim in der Landwirtschaft und Fischerei tätig. Erst an zweiter Stelle kam die Industrie mit 22,7 % aller im Kibbuz Beschäftigten; an dritter Stelle folgten öffentliche und personelle Dienstleistungen. Hier haben sich vor allem seit Anfang der neunziger Jahre gravierende Änderungen ergeben. Inzwischen bildet die Industrie den Haupterwerbszweig, die Landwirtschaft steht an zweiter und Erziehung und Dienstleistungen wie gehabt an dritter Stelle (vgl. Kibbutzim 2000, Statistical 6).

Der Durchschnittslohn eines Kibbuznik im Industriesektor betrug 1999 rund 76 400 Schekel und liegt damit weit unter dem eines Beschäftigten im restlichen Israel, der durchschnittlich 89 700 Schekel erhielt. 1999 arbeiteten 72 400 Personen in den Kibbuzim, das entspricht zwei Dritteln deren Gesamtbevölkerung; das verbleibende Drittel setzt sich aus Kindern, Soldaten und älteren Leuten zusammen.

Branche	Anzahl der Beschäftigten			
	1991		1999	
	absolut	in Prozent	absolut	in Prozent
Landwirtschaft und Fischerei	19 200	25,5	13 200	14,3
Industrie	17 100	22,7	31 400	34,0
Tourismus, Handel und Finanzen	7 600	10,1	6 300	6,8
Transport und Kommunikation	4 300	5,7	1 600	1,7
Bauwesen	600	0,8	1 800	1,9
»Öffentliche« Dienstleistungen (= administrative Abteilungen des Kibbuz)	13 200	17,4	16 000	17,3
»Personelle« Dienstleistungen (– Wäscherei, Kochen etc.)	13 400	17,8	22 100	24,0
Insgesamt	75 400	100,0	92 700	100,0

Tabelle 5: Verteilung der Arbeitskräfte auf Branchen, 1991 und 1999 (Quellen: Jahresbericht der United Kibbuz Movements 1992, S. 10/11; Feun 2001, S. 39).

Wie sich in Tabelle 5 zeigt, hat der Anteil des Industrie- und Dienstleistungsbereiches seit Anfang der neunziger Jahre erheblich zu-, der der Landwirtschaft stark abgenommen – wie überhaupt sowohl in Gesamtisrael als auch in allen westlichen Industriestaaten (vgl. Abschnitt 3.3, S. 42).

Wirtschaftssektoren

Im Folgenden werden die Haupteinnahmequellen des Kibbuz nach Branchen geordnet aufgelistet. Wie aus Tabelle 6 zu ersehen ist, ist die Anzahl der Fabriken nicht maßgeblich für hohe Umsatzzahlen. Die *Metallbranche*, die 1999 über 72 Fabriken verfügte, exportiert bedeutend weniger (178 Millionen US-Dollar) als die *Lebensmittelbranche* (201 Millionen US-Dollar), die aber nur in 33 Fabriken produziert.

Ähnlich erfolgreich ist die *Plastik- und Kunststoffbranche*, der 80 Fabriken zugehören und die absolut gesehen am meisten exportiert (596 Millionen US-Dollar) und den höchsten Umsatz verzeichnet (5 450 Millionen Schekel).

Die *Industrie* befindet sich seit 1998 im Aufstieg, 41 % aller Gewinne der Kibbuzim werden hier erwirtschaftet: insgesamt 1,25 Milliarden US-Dollar (vgl. Feun 2001, S. 41).

Für die *Textilbranche* ist die Situation relativ problematisch, da in zahlreichen Fabriken (27) zwar noch produziert wird, die Investitionen aber unverhältnismäßig hoch sind und der Umsatz pro Fabrik (693 Millionen Schekel) daher nicht mehr rentabel ist.

Im Jahre 1999 beliefen sich die Erlöse der Kibbuz-Fabriken auf insgesamt 17,6 Milliarden Schekel, die der Industrieexporte auf 1,25 Milliarden US-Dollar. 38 % der Umsatz der Kibbuzim stammten aus der Fabrikation (vgl. Feun 2001, S. iii). 1999 war das zweite Jahr, in dem die Kibbuzim erfolgreich wirtschafteten, was zu einem nicht unwesentlichen Teil auf die gesteigerte Arbeitsintensität zurückzuführen ist, vor allem im Vergleich zur Industrie im restlichen Israel, die äußerst kapitalintensiv arbeitet. 75 % ihrer Umsätze erzielen die Kibbuzim in den Bereichen Plastik, Metall und Lebensmittel, während Gesamtisrael hier lediglich 50% erreicht (vgl. ebenda).

Branche	Anzahl der Fabriken	Umsatz	Export	Investitionen	
		in Mio. NIS	in Mio. US-$	in Mio. NIS	in % des Umsatzes
Plastik und Kunststoffe	80	5 450	596	328	38,3
Metall	72	2 165	178	101	15,2
Lebensmittel	33	2 361	201	88	16,6
Bauwesen	18	703	11	23	4,9
Textil und Leder	27	693	80	45	4,9
Elektronik	29	794	64	27	5,6
Papier und Druck	20	823	25	31	5,8
Holz und Möbel	19	292	8	8	2,1
Pharmazeutik	18	503	48	37	3,5
Optik	9	165	18	16	1,2
Kunst	12	132	27	5	0,9
Dienstleistungen für Industrie	19	145	0	9	1,0
Insgesamt	356	14 226	1 256	718	100,0

Tabelle 6: Einnahmequellen nach Branchen, 1999 (Quelle: Feun 2001, S. 42).

Die *Landwirtschaft* wird in Erzeugnisse des bebauten Ackers/Feldes, in Fruchtgewächse und Fischteiche unterteilt. Die Erzeugnisse der bewässerten Felder (Tomaten, Avocados, Gurken) stellen die Hälfte der landwirtschaftlichen Erträge der gesamten israelischen Landwirtschaft dar. Mit 98 % stammen nahezu alle Produkte des Bereiches Fischerei aus den Kibbuzim. Insgesamt belief sich Anfang der neunziger Jahre der landwirtschaftliche Beitrag der Kibbuzim auf mehr als ein Drittel an der Gesamtwirtschaft Israels in diesem Sektor (37,0 %).

1999 lag der Gesamtwert des Exportes von landwirtschaftlichen Erzeugnissen bei rund 4 970 Millionen Schekel, wovon rund 2 253 Millionen Schekel auf Feld- und Ackerprodukte sowie 2 717 Millionen auf Tiere bzw. tierische Produkte entfielen. Der operative Gewinn belieft sich insgesamt auf rund 790 Millionen Schekel.

Zusammenfassend bleibt festhalten, dass die Relationen der einzelnen Wirtschaftssektoren zueinander im Großen und Ganzen die gleichen geblieben sind, auch wenn manche Abweichungen bzw. Veränderungen zu verzeichnen sind. 1999 umfasste die gesamte Kibbuz-Industrie 356 Fabriken sowie elf regionale Kooperationen, während es 1991 noch 416 Fabriken gewesen waren. Annähernd 300 000 Personen bzw. 8,6 % der israelischen Bevölkerung waren 1996 im Industriesektor beschäftigt (vgl. Feun 2001, S. 8).

Zum Ende der neunziger Jahre stellten folgende drei Branchen die Haupteinnahmequellen der Kibbuzim dar: (1) Plastik, Kunststoffe und Chemie; (2) Lebensmittel; (3) Metall, Elektronik und Bauwesen. Der Bereich Textil musste hohe Einbußen hinnehmen, was zum einen auf die »Intifada«, zum anderen auf die Konkurrenz aus Asien zurückzuführen ist.

4.2 Zur Strukturentwicklung des Kibbuz

Gerade durch den Industrialisierungsprozess hat sich ein gewisser Wertewandel eingestellt, so dass des Öfteren »ein Vorrang wirtschaftlicher Effizienzüberlegungen im Wertesystem des Kibbuz registriert wird« (vgl. Helman 1986, S. 666). Der allgemeine Strukturwandel des Kibbuz ist dadurch bestimmt, dass die Kibbuzim enorm gewachsen sind und mittlerweile ein breites Berufsspektrum aufweisen. Er hatte darüber hinaus zur Folge, dass sich die Entscheidungsgremien veränderten, die die Basisdemokratie als eines der wichtigsten Prinzipien beinhalten. Groß angelegte Wirtschaftsbetriebe erfordern eine gänzlich anders strukturierte Organisationsstruktur.

Fehlendes Fachwissen und die Tatsache, dass nicht genügend Mitglieder mit guten Führungseigenschaften in den eigenen Reihen zu finden sind, führten zu dem Entschluss, das bestehende zentralisierende Entscheidungssystem durch unterschiedliche dezentralisiert ausgerichtete Entscheidungsgremien abzulösen. Kleinere wirtschaftliche Einheiten sind für eine schnellere und effizientere Entscheidungsfindung angesichts des großen Informationsbedarfs heutiger Produktion besser geeignet. Die Entscheidungsprozesse sollten nach Möglichkeit von einem externen Beratungsteam unterstützt werden. Diese Form der Strukturveränderung ist im heutigen Kibbuz unbedingt nötig, da er von der

Größe her einem mittelständischen bis Großunternehmen entspricht und somit eine Generalversammlung oder ein Komitee in der Entscheidungsfindung vollkommen überfordert wäre. Es ist jedoch nicht von einer gänzlichen Abschaffung der Basisdemokratie die Rede, sondern lediglich von einer differenzierten Auslegung derselben. Die die Allgemeinheit betreffenden Beschlüsse werden nach wie vor über die Generalversammlung geregelt.

Im Zuge weltweiter wirtschaftlicher Veränderungen ist auch der Kibbuz gefordert. Besonders bei den »höheren Positionen« wurde daher das Rotationsprinzip aufgegeben, da qualifiziertere Tätigkeiten eine Einarbeitung(szeit) sowie gewisse Routine und Erfahrung verlangen, die personengebunden sind, z. B. aufgebaute Geschäftskontakte. Zudem ist in den meisten Kibbuzim, so Amir Helman, bei den weisungsbefugten Berufen ohnehin eine horizontale Rotation zu beobachten, d. h. die Rotation auf oberster Geschäftsebene vollzieht sich innerhalb einer bestimmten Personengruppe.

Auch die Dienstleistungen, z. B. in der Küche oder in der Erziehung, werden nunmehr ökonomisch bewertet und stärker auf regionaler Ebene koordiniert. Die regionale Vernetzung der Kibbuzim erstreckte sich zunächst auf das Erziehungswesen, soll aber auch auf anderer Ebene, beispielsweise mit Blick auf die gemeinsame Nutzung von Bewässerungs- und Produktionsanlagen oder von Facharbeitern, künftig verstärkt werden. In diesem Rahmen wären auch gegenseitige Absprachen bei der Entwicklung neuer Produktionslinien denkbar.

4.3 Die Auswirkungen des Strukturwandels auf die Chawerim

Insgesamt führt der beschriebene Strukturwandel zu einer neuen Grenzziehung zwischen Kollektiv und Individuum/Familie. Dennoch ist der Kibbuz auch heute kein reiner Selbstzweck oder bloß ein Mittel zum Zweck der ausreichenden Sicherung einer privaten Lebensführung. Der Kibbuz stellt vielmehr

> »... eine sozio-historische Bewegung dar, die an kreative und verantwortungsbewusste Individuen glaubt ... Ich erwarte, dass er sich verändert, während er seinen Wurzeln treu bleibt, und sich neuen Horizonten öffnet, jedoch seine Ideale weiterhin verfolgt.« (Zur 1990, S. 21).

Nach Muki Zur muss der Kibbuz zwar neue Muster der Lebensführung schaffen, diese sollten sich aber gleichzeitig an der Geschichte des Kibbuz und der jüdischen Tradition orientieren: »Wir müssen unsere eigene Kultur schaffen« (ebenda, S. 21).

Der Wertewandel, den der Kibbuz in den letzten achtzig Jahren durchlaufen hat, wird auch als Zeichen des Generationenwechsels gedeutet. Empfanden die Gründer der Kibbuzim die Arbeit auf dem Felde als ihren zentralen Lebensinhalt (Pionierethos), sieht es bei der jüngeren Generation gänzlich anders aus. Der Arbeit wird zwar an sich auch ein hoher Stellenwert beigemessen, jedoch orientiert sich der Arbeitswunsch eher an dem erreichbaren Lebensstandard und dem einmal gelernten Beruf als daran, was für den Kibbuz jeweils notwendig ist.

Dem Kibbuz entstanden bei der Einführung von hochautomatisierten Produktionsanlagen keine große Schwierigkeiten. Die in den westlichen Industrienationen sonst üblichen Begleiterscheinungen wie Entfremdung der Arbeit und Abnahme der sozialen Kontakte innerhalb der Belegschaft traten nicht auf. Man mag das auch daran ablesen, dass in den 300 Kibbuz-Fabriken 60 % aller in Israel genutzten Industrieroboter eingesetzt werden, obwohl sie nur 6 % aller Industriearbeiter beschäftigen (vgl. Busch-Lüty 1989, S. 96). Im Gegenteil, die Chawerim begrüßten diese Entwicklung, da durch die Nutzung neuer Technologien ihrer Meinung nach sowohl der qualitative Gehalt der Arbeit anstieg, zum anderen langweilige Routinetätigkeiten wegfielen (vgl. Rosner 1980, S. 189).

Einen Konflikt für den Kibbuz sah man in der scheinbaren Diskrepanz zwischen den Werten und Zielen der Gemeinschaft (das Prinzip der erdverbundenen Arbeit) und der Organisation und des Managements eines modernen Industriebetriebes (vgl. Leviathan 1980, S. 185). Positiv wurde allerdings bewertet, dass durch die Industrialisierung weniger Lohnarbeiter gebraucht würden. Dies hat sich dann auch bestätigt: Mehr als drei Viertel aller Kibbuz-Fabriken beschäftigen weniger als 50 Arbeiter, lediglich 10 % der Industriebetriebe haben in ihrer Belegschaft mehr als 100 Arbeiter (vgl. ebenda, S. 184).

Viele der Prinzipien mussten jedoch modifiziert werden, da sie sich für eine optimale Betriebsführung als obsolet erwiesen. Wie erwähnt, gibt es heute bei den weisungsgebundenen Positionen nur noch eine horizontale Rotation. Bei größeren Investitionen wurde die dezentrale Mitbestimmung in Komitees teilweise durch die Generalversammlung abgelöst. Was den Arbeitsplatz des Chawer betrifft, gilt jedoch weiterhin eine betriebsratsähnliche Mitbestimmung. Entscheidungen, die unmittelbar seinen Arbeitsplatz betreffen, werden nicht gegen seinen Willen getroffen.

Trotz der Einführung neuer Technologien steht dennoch der Mensch weiterhin im Mittelpunkt. Seine Arbeitszufriedenheit und sein Wohlbefinden sind nicht nur leere Phrasen. Dies liegt zum einen daran, dass alle Chawerim auch Eigentümer der Fabrik und somit Möglichkeiten zur Identifikation der Arbeiter mit dem Betrieb gegeben sind. Die Industrialisierung erlaubt es, auch Menschen über 65 Jahren mit leichteren Tätigkeiten zu beschäftigen und sie nicht aus dem Arbeitsprozess auszugliedern. Zudem haben die Chawerim die Möglichkeit, mehrmals in ihrem Leben den Job zu wechseln, ohne mit einem niedrigeren Lebensstandard oder geringerer sozialer Anerkennung rechnen zu müssen. Wie in keinem anderen System schafft der Kibbuz die Verbindung von Kopf- und Handarbeit und ein »Fit« zwischen Organisation und Mitglied:

> »The Kibbuz experience had shown that organization and management based on humanistic values, which are centered around workers' need fulfillment and those emphasizing quality of working life principles, can compete successfully with traditionally managed organizations. It has shown that technology can be redesigned and jobs redefined to fit constraints by human needs and social values.« (Rosner 1980, S. 191)

Der Kibbuz und die Kibbuz-Bewegung wurden in den letzten Jahren von starken finanziellen und ideologischen Krisen nicht verschont (vgl. Abschnitt 3.2). Aharon Yadlin, ein Kibbuz-Forscher, der sich intensiv mit der ökonomischen Krise beschäftigt, behauptet sogar, dass die Ursache für die Krise weniger in Arbeits- und Produktionsproblemen liege, sondern vielmehr aus »einem Mangel an sozialen und wertorientierten Grenzsetzungen bei den wirtschaftlichen Aktivitäten« entstanden sei (Yadlin 1990, S. 23). Werte wie Gleichberechtigung, gegenseitige Sicherheit, Eigenverantwortung und Eigenverwaltung seien stark vernachlässigt worden. Diese Werte stünden nicht im Gegensatz zu wirtschaftlichem Erfolg, sondern seien dessen Basis.

4.4 Die Arbeitsorganisation und ihre Veränderungen

4.4.1 Das Management des Kibbuz

Auf das Management des Kibbuz wird im Folgenden aus zwei verschiedenen Perspektiven eingegangen. Zuerst wird die Grundidee organisatorischen Verhaltens der im Unternehmen involvierten Personen unter dem Aspekt des sie beeinflussenden sozialen Klimas, der ökonomischen Effizienz und des menschlichen Verhaltens näher beleuchtet. Es werden hierzu allgemein gültige Theorien der Organisationsforschung westlicher Industrienationen zu Rate gezogen und in Verbindung zum Kibbuz gesetzt, der sich als Mikrokosmos gut untersuchen lässt. Im Anschluss hieran wird auf die innere Aufbau- und Ablauforganisation des Kibbuz eingegangen.

Seit den »Hawthrone-Experimenten«, die Anfang der dreißiger Jahre in den AT&T-Werken in den USA durchgeführt wurden, ist man sich der Tatsache bewusst, dass effizientes Arbeiten nicht losgelöst von sozialen Phänomenen betrachtet werden darf: Zwei Gruppen von Arbeitern wurden unter den gleichen objektiven Arbeitsbedingungen (Räume, Licht, Pausenregelung) über einen gewissen Zeitraum im Hawthrone-Werk von Forschern beobachtet. Einziger Unterschied war die Anwesenheit in und das Interesse der Forscher an der Gruppe 1, die dadurch bessere Arbeitsergebnisse erzielte. Dies führte zu der Erkenntnis, dass ein Zusammenhang zwischen menschlichem Verhalten, Arbeitsklima und Effizienz vorhanden sein muss.

Generell hat sich das Bild des Arbeiters im Laufe des 20. Jahrhunderts gänzlich gewandelt. War anfangs die Arbeits- und Organisationsforschung durch den Funktionalismus tayloristischer Annahmen beeinflusst, ist der Arbeiter als soziales Wesen zunehmend in den Mittelpunkt der Forschung gerückt. Arbeitsmotivation, soziale Anerkennung seiner Leistung und ein gutes Arbeitsklima, gekennzeichnet durch verantwortungsvolles und auf Vertrauen basierendes Verhalten des Vorgesetzten, sind charakteristisch für die »Human-Resource«-Bewegung, die den Menschen als eine »Ressource« sieht, in die es zu investieren gilt. Dies machen Forscher wie Lickert deutlich, der starke Fluktuation als Folge der Missachtung der Arbeiter deutet (vgl. Staehle 1989, S. 720), die Gruppenforschung von Green, Adam und Ebner (vgl. ebenda, S. 251) oder die Theorie des Rollenverhaltens von Katz und Kahn sowie die Führungsstiluntersuchungen von Vroom.

Im Folgenden wird auf einige zentrale Organisationsstrukturvariablen eingegangen. Um das Wesen eines Unternehmens verstehen zu können, müssen die Struktur, die Statusfunktion und die Größe des Unternehmens näher untersucht werden. Die Größe des Unternehmens ist in Abhängigkeit von der technischen Entwicklung, des Führungsstils (kooperativ, autoritär), der Kommunikationsflüsse und Informationswege, der Weiterbildungsmöglichkeiten und der Interaktion innerbetrieblich zu sehen. Von Bedeutung ist ebenfalls der Charakter des individuellen Arbeitsplatzes (Interview mit Amir Fränkel, Mai 1992, Kibbuz G. H. I.).

Um das Organisationsklima zu verstehen, wird nach individueller Ausrichtung und der Gruppe unterschieden. Hierbei spielen insbesondere der Grad des persönlichen Einflusses bei anstehenden Entscheidungen und die gegebenen Möglichkeiten zur Selbstverwirklichung am Arbeitsplatz eine Rolle. Das Gemeinschaftsklima ist abhängig von den Beziehungen zu den Vorgesetzten und den Kollegen, aber auch von der Frage, ob die Informationswege offener oder geschlossener Art sind.

Weitere wichtige Variablen stellen biographische Daten, persönliche Wertvorstellungen und Anlagen. Komplementär hierzu beeinflussen auch äußere Faktoren den Unternehmenserfolg, vor allem die Absatzmöglichkeiten am Markt, die Arbeitsmarktsituation und die Kapitalstruktur. Für gemeinnützige Unternehmen sind zudem das Wertesystem der Gesellschaft und die politischen Machtstrukturen wichtig.

Im positiven Fall sollte ein »Fit« zwischen Individuum, Organisation und Außenwelt die Motivation hervorbringen, die zu effizientem Arbeiten führt (*Environment-Fit-Modell*; Kubicek 1980/1987, zit. in Staehle 1989). Die Bedürfnisse und Fähigkeiten eines Individuums werden dabei von der Organisation aufgefangen und bewirken die effektive Teilnahme am Arbeitsprozess (Vroom, S. 350, zit. in Staehle 1989). Bei all diesen Bemühungen um das Individuum durch das Unternehmen dürfen die wirtschaftlichen Motive nicht außer Acht gelassen werden. Letztlich geht es primär um die Steigerung der Effizienz und des Profits, das Wachstum und die Verbesserung der beanspruchten Ressourcen.

Die zuvor beschriebenen Erkenntnisse beziehen sich auf das Individuum, das Mitglied einer formellen Organisation in einer westlichen Industrienation ist. Es steht somit in einem engen Zusammenhang mit dem herrschenden Wertesystem und den Normen der westlichen Gesellschaft. In der Betriebsführung versucht man daher seit den achtziger Jahren immer mehr, das Prinzip des Teamwork zu realisieren, viele der überflüssigen Hierarchiestufen abzubauen und das einzelne Individuum zu mehr Eigenverantwortung zu motivieren. Zahlreiche Forscher sind zur Überzeugung gelangt, dass

> »ein Führungsplural der Realität in Gruppen besser gerecht wird … die Zusammensetzung der Gruppe und die Verteilung der Gruppenrollen ist so zu wählen, dass sich die Gruppenmitglieder je nach den Anforderungen der Situation hinsichtlich der Führungsaufgaben gegenseitig ergänzen« (Paschen 1978, zit. in Staehle 1989, S. 252).

Zu ähnlichen Ergebnissen kommt die Organisationskulturforschung, die festzustellen glaubt, dass »Statusdifferenzierungen identifikations- und solidarisierungshemmende Wirkung haben« (Staehle 1989, S. 248).

Teamarbeit wäre somit eine Alternative für motivierte Zusammenarbeit, denn gerade die Tatsache, dass eine Gruppe über gleiche Normen und Zielvorstellungen verfügt, macht für die Organisation das Gruppenverhalten berechenbar. Den Menschen gibt die Teamarbeit Halt und eine gewisse Sicherheit, denn das Team entwickelt soziale Normen, die effizientes Arbeiten erleichtern, da die einzelnen Rollen nicht aufs Neue redefiniert werden müssen, »um sich von unnötigen Interaktionen entlasten zu können« (Irle 1975, S. 444, zit. in Staehle 1989).

Die Forscher Greene, Adam und Ebert sind der Auffassung, dass die Gruppe bei Konformität mit Managementvorgaben dieselben optimieren würde, vorausgesetzt, die Gruppe ist bei der Zielfindung des Unternehmens beteiligt, kann sich mit den Zielen identifizieren, erhält Feedback und Belohnungen (vgl. Staehle 1989, S. 255).

Die beschriebenen Merkmale ähneln angewandter Betriebsführung im Kibbuz. Ein Problem, auf das später noch ausführlicher eingegangen werden wird, ist die Tatsache, dass in der Kibbuz-Fabrik zwei grundverschiedene Gruppen mit unterschiedlichen Zielen anzutreffen sind: Das meint zum einen die Gruppe der Kibbuznikim, die leitende und ausführende Funktionen ausüben und quasi Eigentümer der Fabrik sind. Die zweite Gruppe stellen die Lohnarbeiter dar, die aus der Umgebung rekrutiert werden und lediglich ausführende Tätigkeiten innehaben; ihre Arbeit wird im Akkord entlohnt. Dementsprechend divergierend ist die Arbeitsmotivation beider Gruppen.

Die organisatorischen Unterschiede zu westlichen Firmen liegen vor allen Dingen in einem gänzlich anderen Werte- und Normensystem der Kibbuzim. Individuelles Wohlbefinden sowie die Einstellung zu sich selbst oder dem Arbeitsplatz haben im Kibbuz eine höhere Priorität. In der westlichen Welt heißt es für jeden Einzelnen, sich die von der Organisation gesetzten Ziele anzueignen und nicht das Ziel als solches. Jede Entscheidung, die gefällt wird – ob aus unternehmerischer Sicht oder den Einzelnen betreffend –, wird von der Gemeinschaft für die Gemeinschaft getroffen. Das Prinzip »from each according to his abilities, to each according to his needs« ist ultimativ für das Leben im Kibbuz.

Damit unterscheidet sich der Kibbuz drastisch von der sonst üblichen Rollenauffassung eines Managements (vgl. Katz/Kahn 1966, S. 182, zit. in Staehle 1989), bei der ein jeder sowohl in Organisationen als auch im Leben eine zugewiesene Rolle mit den damit verbundenen Erwartungshaltungen ausübt: Im Arbeitsleben wird man mit einer bestimmten Position und den damit verbundenen Aufgaben konfrontiert; die Bewertung der Arbeit hängt dann davon ab, wie man diesen Erfordernissen gerecht wird. Dies ist im Kibbuz gänzlich anders, da die Tätigkeiten aufgrund der Rotation nicht personengebunden sind.

Im Kibbuz ist eigentlich kein wesentlicher Unterschied zwischen den Beziehungen am Arbeitsplatz und nach der Arbeit zu konstatieren. Man lebt und arbeitet gemeinsam. Dies drückt sich darin aus, dass man am selben Ort wohnt, kulturelle Veranstaltungen gemeinsam besucht, gemeinsame soziale Aktivitäten hat, die Kinder werden gemeinsam erzogen. Der Kibbuz ist quasi für alle Lebensbereiche zuständig: Gesundheitswesen, Kindererziehung, Lebensstandard, Wohnmöglichkeiten, kulturelles und soziales Leben. Aus dem gemeinsamen Leben erwächst ein Zusammenhalt, der sich auch in der Betriebsführung niederschlägt. Dem viel zitierten Betriebsklima wurde daher immer schon große Aufmerksamkeit gewidmet, obwohl natürlich hier Probleme anderer Art vorhanden sind, vor allem die oft als erdrückend empfundene Nähe, da man sich eben auch nach der Arbeit ständig sieht.

4.4.2 Qualifikationen

In den letzten 80 Jahren hat der Kibbuz einen »demographisch bedingten Wandel der Arbeitsbedürfnisse« (Busch-Lüty 1989, S. 73) durchlebt. Die zweite und dritte Generation ist in besonders starkem Maße von der Hightech-Industrie und den mit ihr einhergehenden Berufsveränderungen beeinflusst. Adäquate Arbeitsplätze mussten geschaffen werden, um einer Abwanderung der jüngeren Chawerim entgegenzuwirken.

Durch die Einführung von arbeitssparenden Produktionsanlagen im Industrie-, Landwirtschafts- und Dienstleistungssektor wurden die Betriebsgrößen wesentlich verringert. Ende der siebziger Jahre arbeiten lediglich 7 % der zweiten Generation in Berufen, für die eine akademische Ausbildung nötig war; 1980 hingegen hatten 25 % der dritten Generation eine akademische Ausbildung absolviert (vgl. Busch-Lüty 1989, S. 86). Hier muss jedoch zwischen den einzelnen Kibbuzim unterschieden werden, besonders die Chawerim europäischer Herkunft legten großen Wert auf eine Ausbildung.

Ein Manko im Ausbildungssystem des Kibbuz liegt darin, dass auf die neuen Technologien mit Zeitverzug geantwortet wurde, was zu erheblichen wirtschaftlichen Einbußen geführt hat (vgl. Interview mit David Mittelberg, Leiter des Projekts Oren, Mai 1992). David Mittelberg sieht auch aus dem zunehmenden Auseinanderfallen von individuellem Berufswunsch und Bedarf seitens des Kibbuz zukünftig Probleme erwachsen. Zwar würden viele junge Kibbuznikim eine akademische Ausbildung anstreben, aber nicht in dem Maße die Fächer wählen, die der Kibbuz strukturell benötige. So besteht z. B. immer noch ein Defizit im technischen und naturwissenschaftlichen Bereich. Busch-Lüty ist der Auffassung, dass eine exakte Zuordnung der anfallenden Ausbildungskosten den Stellenwert der Ausbildung wesentlich verändern würde. Bis heute ist man sich allerdings nicht einig darüber, ob die Ausbildung als Investition oder Konsumausgabe gedeutet werden soll.

Im Zuge der Technisierung ist der Kibbuz gravierenden Veränderungen unterworfen worden. Inzwischen ist es sogar jedem Kibbuznik »erlaubt« – dies mag aus heutiger Sicht ein wenig eigentümlich anmuten –, einen eigenen Computer zu besitzen, den er sich mit seinem persönlichen Geld kaufen darf. Durch die Automatisierung verspricht man sich generell eine qualitative Verbesserung der Arbeit und weniger routinierte Tätigkeiten, was insbesondere für die älteren Chawerim und auch die Frauen mehr berufliche Optionen eröffnen soll (beispielsweise weniger körperlich schwere Arbeit).

Die Koordination der Arbeitspläne, die Organisation der Fabrik und auch die Konkurrenz machten eine starke Vernetzung notwendig. Heute sind alle Kibbuzim über die Dachorganisationen an ein Rechen- und Informationscenter gekoppelt; innerhalb der Kibbuzim wird schon seit Mitte der achtziger Jahre Aktuelles (Generalversammlung, Beschlüsse der Komitees) via Bildschirm in die einzelnen Wohnungen übertragen.

Insgesamt muss der Kibbuz langfristige Lösungen finden, die eine strukturelle Umorientierung abverlangen:

> »It implies quantitative and qualitative techno-industrial and organizational changes so that Kibbuz economy may adapt to the demands of the nineties.« (Lanir 1989, S. 10)

Die Frage, in welche Richtung der Fortschritt gelenkt werden soll, stellt sich natürlich vor allem bei *Investitionen in neue Techniken*. Durch die große Kapitalbindung neuer Technologien werden in aller Regel auch bestimmte Möglichkeitsspielräume für die Arbeitsinhalte, den Zentralisierungsgrad von Kompetenzen, den Steuerungs- und Kontrollaufwand, das Qualifikationsniveau und den Aufwand zur Qualifizierung und nicht zuletzt für den Grad der Zufriedenheit der Mitarbeiter festgelegt. Nicht immer muss der gesamte Kibbuz umorganisiert werden, um eine bessere Arbeitsorganisation zu realisieren. Schon das Installieren einer einzigen Maschine kann entscheidenden Einfluss auf die Effizienz der Arbeitsorganisation ausüben. Die Anforderungen der Technik und die Bedürfnisse der Chawerim müssen so aufeinander abgestimmt und die Arbeitsorganisation muss so flexibel ausgelegt werden, dass sowohl den veränderten Bedürfnissen der Chawerim als auch denen des Betriebes entsprochen wird.

Die mit der *Qualifizierung verbundenen Investitionen* sind von großer Bedeutung, um vorhandene Anlagen der Chawerim besser nutzen zu können und längerfristiges Wachstum für die Gemeinschaft zu erzielen. Dies beinhaltet vor allem eine positive Grundeinstellung für die Zukunft wirtschaftlichen Handelns, denn »investment depends largely on the dynamic and relatively unpredictable elements of growth in the system« (Samuelson, in Helman 1991a, S. 1 f.). Auch für Lewis ist eine zukunftsoffene Grundeinstellung der Chawerim für den wirtschaftlichen Erfolg von zentraler Bedeutung:

> »... economic growth is bound to be slow unless there is an adeqate supply of entrepeneurs looking out for new ideas, and willing to take risk of introducing them« (Lewis 1995, S. 182).

Ähnlich Berliner, wenn er betont:

> »The effect of successful innovation is to increase the expected earning of the enterprise. The market value of the enterprise rises by the capitalized value of the stream of future earning.« (Berliner 1991, S. 18).

Wie bereits erwähnt, liegt ein Hauptgrund für die gegenwärtige Kibbuz-Krise in den verspäteten und – um den Verzug wettzumachen – zu hohen Investitionen.[1] Allerdings kann man auch einen ganz speziellen Qualifikationsmangel als krisenmitverursachend ansehen, nämlich den Mangel an qualifizierten Managern: Die Kibbuzim verfügten nur über wenig Chawerim, die den Anforderungen der Betriebsführung eines Großunternehmens gewachsen waren. Aufgrund diverser Strukturveränderungen (»Board of Directors«, gemäßigte Rotation, Einführung der Komitees und externer Berater) entstanden viele Unstimmigkeiten innerhalb der Gemeinschaft, da etliche Chawerim das Herauskristallisieren einer Elitegruppe und die Entstehung hierarchischer Strukturen befürchteten.

Insbesondere der Rückgriff auf externe Berater hat jedoch für die Kibbuzim viele Vorteile gebracht. Zum einen sind sie objektiver, vor allem im Hinblick auf kibbuzinterne Zwistigkeiten, und zum anderen verfügen sie über einen breiteren betriebswirtschaftlichen Hintergrund, den sich die Gemeinschaft zu Nutzen machen kann. Insgesamt sind sich die etablierten und jüngeren Kibbuzim angesichts ihrer finanziellen Situation durch-

1 In den Jahren 1982 bis 1987 lag die Wachstumsrate für Investitionen bei 204,7 %, während die Wachstumsrate Gesamtisraels 130,0 % betrug (Zentralbüro für Statistik, Israel 1988).

aus der Tatsache bewusst, dass an oberster Stelle die Gemeinschaft steht und dass, um sie zu erhalten, diverse Veränderungen vonnöten sind.

Insgesamt können für die Arbeiter und Angestellten des Kibbuz folgende Vorteile der veränderten Arbeitssituation festgehalten werden:

- breit gefächertes Berufsangebot;
- Weiterbildungsmöglichkeiten (Seminare, Schulungen);
- bessere Arbeitsbedingungen (saubere, körperlich nicht anstrengende und flexible Tätigkeiten);
- Anstieg des Arbeitsinhalts von intrinsischer Natur;
- mehr selbständiges Arbeiten und innovativere Tätigkeiten (Forschung und Entwicklung);
- schnellere und bessere Produktion und damit verbundenes Aufrechterhalten des Lebensstandards (konkurrenzfähig werden bzw. bleiben).

4.4.3 Kontrollmechanismen

Die Kontrolle einer Organisation über die geleistete Arbeit, herkömmlicherweise meist verstanden als Überwachung des Arbeiters, ist im Kibbuz in diesem Sinne nicht gegeben. Allerdings können folgende Kontrollmechanismen für den Kibbuz konstatiert werden:

1. soziale Kontrolle (vgl. Busch-Lüty 1989, S. 103);
2. Kontrolle durch Aussprache (vgl. Etzioni 1980, S. 137);
3. Kontrolle durch Selbstkontrolle (vgl. ebenda, S. 138).

Diese drei Formen informeller Kontrolle sind durch den Reifegrad bestimmt, der dem Kibbuznik zugesprochen wird, sich selbst zu kontrollieren und Verantwortlichkeit gegenüber dem Kollektiv zu zeigen. Die *soziale Kontrolle* drückt sich in dem bestehenden Gruppendruck des Kibbuz als einer Gemeinschaft aus, die schlechte Arbeit zwar nicht »bestraft«, aber in der man dadurch »ins Gerede« kommen kann (Zimmer 1984, S. 45).

Da ein unmittelbarer monetärer Anreiz fehlt – selbst wenn natürlich ein indirekter materieller Anreiz besteht, insofern alle im Kibbuz Tätigen wissen, dass von ihrer effektiven Leistung das Wohlergehen und die Konsummöglichkeiten im Kibbuz sehr direkt abhängen –, liegt die Motivation zu guter Arbeit in der Anerkennung durch die Gemeinschaft. Das Leben im Kibbuz ist also durch sein intensives Miteinander gekennzeichnet, so dass durch die Arbeit an sich Selbstbestätigung jedes Einzelnen gewonnen wird.

Bei gravierenden Fehlern in der Arbeit oder bei Nichterscheinen erfolgt eine Aussprache: »Members are asked to appear before a committee for a Berur [= Klärung, Beweisführung; SF-S], which … mean ›clarification‹« (Etzioni 1980, S. 137). Diese Aussprache findet auf kameradschaftlicher Basis statt; sie bedeutet kein Zurechtweisen, sondern eher ein Hinweisen auf Fehler. In schwerwiegenderen Fällen aber wird der Fehler am Schwarzen Brett publik gemacht. Dieses befindet sich vor dem Chadar ochel, d. h. fast jeder weiß über das Vergehen Bescheid (Inkrafttreten der sozialen Kontrolle). Tritt ein Fehlverhalten oder absichtliches Vergehen eines Chawer gehäuft auf, wird der Vorfall der Generalversammlung vorgetragen, die einen Verweis aussprechen kann (vgl. Zimmer 1984, S. 45). Im schlimmsten Fall kann das Mitglied aus der Kibbuz-Gemeinschaft ausgeschlossen werden.

Selbstkontrolle soll durch die Struktur des Kibbuz erreicht werden, der sich nach Busch-Lüty (1989, S. 103) als ein »System halbautonomer Arbeitszweige« auszeichnet. Formale bzw. informelle Beratung und Kontrolle sollen durch das Zusammenspiel der jeweiligen gewählten Manager und der übrigen Mitglieder erreicht werden. Die Informationen über angestrebte Ziele, gewünschte Technik, zu erreichende Arbeitsstrukturen sowie die auszuführenden Arbeiten bilden den Rahmen zur Selbstkontrolle und somit zur Kontrolle der Gesamtheit. Die bestehenden Institutionen haben aber keine Kontrollfunktion, da dies gegen das Gleichheitsprinzip des Kibbuz verstoßen würde.

Vor allem in letzter Zeit wird immer häufiger, wie bereits erwähnt, die Einführung des leistungsgerechten Prinzips in Verbindung mit entsprechender monetärer Bewertung diskutiert. Hierdurch möchte man einerseits die Motivation derjenigen erhalten bzw. erhöhen, die mehr leisten als die übrigen Chawerim. Vielfach beschweren sich Mitglieder über »Trittbrettfahrer« und fühlen sich ausgenutzt.

> »Der einfache Arbeiter verdient überall auf der Welt weniger Geld als jemand, der über eine höhere Ausbildung verfügt. Im Kibbuz möchte man Standesunterschiede oder Hierarchien vermeiden; das heißt, der einfache Arbeiter möchte z. B. nicht, dass der Rechtsanwalt ins Ausland fährt.
> Die Auffassung von Gleichheit im Kibbuz ist meines Erachtens falsch, der Chawer will, dass besagter Rechtsanwalt, der das Fünffache erwirtschaftet neben ihm im Chadar ochel arbeitet, obwohl wir sowieso den gleichen Lebensstandard haben und ich ›mein Mehr‹ mit ihm teile.
> Der Kibbuz muss einsehen, dass Homogenität der Untergang ist.« (Sibylll Heilbronn, Dozentin für Management am Ruppin Institute, Tel Aviv)

Andererseits würde die Einführung von Gehältern den Kibbuz in seinem wichtigsten Prinzip der Gleichheit erschüttern.

Als Kompromiss könnte eine so genannte »business week« eingeführt werden, d. h. ein bestimmter Zeitraum, in dem der Chawer die Möglichkeit hat, sich in seinem Kibbuz oder außerhalb (junger Kibbuz) etwas Geld für besondere Wünsche hinzuzuverdienen (vgl. auch Abschnitt 2.3.1.1).

4.4.4 Die Frau im Arbeitsleben

Die Rolle der Frau hat in der Geschichte des Kibbuz teilweise gravierende Veränderungen erfahren. Paradoxerweise war im Gegensatz zur heutigen Situation die Kibbuz-Frau der Gründerzeit, also zu Beginn des 20. Jahrhunderts, im Arbeitsleben nahezu vollständig gleichberechtigt: Die in dieser Pionierzeit des Kibbuz dringend benötigte Mitarbeit der Frauen in allen Bereichen war eine einfach-pragmatische Antwort auf die Erfordernisse der Sicherheit, des Arbeitsanfalls und der Raumprobleme, denen mit kollektiven Lösungen für die Kindererziehung und -versorgung begegnet werden musste (z. B. Kinderhäuser). Außerdem garantierte das »Grundgesetz« des Kibbuz – sozusagen als ideologische Basis – in seiner »Verfassung« die Gleichstellung der Frau (§ 6g Kibbuz-Statuten).

Mechachem Rosner sieht die Gleichberechtigung der Gründerjahre eher als eine »halbe Revolution«:

> »Diese ›halbe‹ Revolutionskonzeption war nicht nur dem Kibbuz eigen. Wenn wir an den Feminismus am Anfang des 20. Jahrhunderts oder den Sozialismus in dieser Periode denken, dann sollten immer Frauen Männerrollen übernehmen, aber die Männer änderten ihre Rollen nicht. Das Wichtigste, was der Sozialismus anstrebte, war die Berufstätigkeit der Frauen, ihre wirtschaftliche Unabhängigkeit, und damit das Wegfallen der Rollenteilung zwischen dem Mann, der verdient, und der Frau, die nur Hausfrau ist. Aber niemand hat darüber gesprochen, dass zur Gleichheit der Geschlechter auch gehört, dass die Männer kochen. Das Kibbuz-Ideal der Gleichheit der Geschlechter entsprach dem Entwicklungsstand der damaligen Zeit.« (Interview mit M. Rosner, Dezember 1991, geführt von F. Vilmar, bearbeitet von B. Runge)

Die heutige Lage der berufstätigen Frauen im Kibbuz stellt sich dagegen zumeist ganz anders dar: Nicht nur die Abschaffung der Kinderhäuser, sondern auch das Arbeitsverständnis der Frauen selbst haben dazu geführt, dass sie nach einem Arbeitstag – wie fast überall auf der Welt – den Großteil der Hausarbeit und der Kinderbetreuung (vgl. Interview mit Michal Palgi, Mai 1992) erledigen. Auch im Erziehungs- und Dienstleistungssektor arbeiten überwiegend Frauen; in den so genannten öffentlichen Ämtern wie Sekretär, Arbeitskoordinator oder Direktor der Fabrik sind sie äußerst selten anzutreffen. Dies liegt zwar teilweise am »Sessel-kleben« der Männer, teilweise aber auch an dem geringen Interesse von Frauen an diesen Berufen.

Im Kibbuz sind Männer und Frauen gleichermaßen berufstätig; die Familie (d. h. Geburten, Kinder) stellt somit keinen Hinderungsgrund für eine Karriere dar. Die Kinder werden schon einige Wochen nach der Geburt in den Kindergärten versorgt, und die Familien sind durch die vielfältigen Dienstleistungen wie der Wäscherei oder des Speisesaales von der sonst üblichen Hausarbeit mehr befreit, als dies außerhalb des Kibbuz meist der Fall ist.

Auch wenn die Frauen zum Großteil im Erziehungs- und Dienstleistungssektor tätig sind, so wird ihre Arbeit im Kibbuz als gleichwertig betrachtet und voll anerkannt, zumal sie außergewöhnlich rege am gesellschaftlichen Leben teilnehmen. Dieses Phänomen ist übrigens repräsentativ für die gesamte israelische Gesellschaft (vgl. ebenda). Gleichzeitig ist die Kibbuz-Frau, im Gegensatz zu den meisten Frauen in den übrigen westlichen Industrienationen, angesichts der Frage der Vereinbarkeit von Berufstätigkeit und der Rolle als Mutter und Ehefrau selten mit einem permanent schlechten Gewissen belastet. Die Gemeinschaft gibt den Frauen hier die Möglichkeit, sich in dieser Dualität zurechtzufinden, indem sie ihnen durch das straff organisierte soziale Netz ermöglicht, sich beruflich weiterzuentwickeln, und zugleich die Versorgung der Familie garantiert.

Nichtsdestotrotz ist Michal Palgi der Auffassung, dass die Frau im Kibbuz einem außerordentlichen sozialen Druck untersteht, der sich teilweise formalistisch begründet: Im Gegensatz zu Männern dürfen Frauen nicht studieren, wenn sie kleine Kinder haben. Im Arbeitsleben wiederum ist es für Männer leichter, »Positionen« zu erreichen, da sie hauptsächlich im Produktionssektor beschäftigt sind. Auch die zuvor erwähnte Gleichberechtigung der Gründerzeit sieht Michal Palgi unter anderen Vorzeichen: Damals herrschten die gleichen strukturellen Voraussetzungen wie heute, lediglich die Zusammensetzung der Gesellschaft war anders: Die Gemeinschaft bestand aus hauptsächlich jungen, allein stehenden Chawerim und überwiegend aus Männern, die auch nicht mehr als heute mit den »Serviceleistungen« beschäftigt waren.

Der Takam hat zur Förderung der Gleichberechtigung eine Abteilung »Sexual Equality« eingerichtet mit dem Ziel, die Gleichberechtigung von Frauen – auch durch eine teilweise Umdefinierung der Rolle des Mannes – voranzutreiben. So würden Frauen weniger in den bislang für sie typischen Berufen arbeiten (müssen), wenn mehr Männer für die Tätigkeiten Interesse zeigten. Darüber hinaus werden die Frauen aufgefordert, sich mehr im öffentlichen und Produktionssektor zu etablieren. Schließlich sollen Ausbildung, Erziehung und Berufstätigkeit gemäß der Qualifikation ausgerichtet sein und nicht geschlechtsspezifisch orientiert bzw. verteilt werden (vgl. Melzer/Neubauer 1989, S. 29).

David Mittelberg, Leiter des Bereichs »Erziehung« im Institut »Oranim«, ist der Ansicht, dass es an der Erziehung liegt, wenn die jungen Frauen meist soziale Berufe wählen (Interview im Mai 1992): Er konstatierte bei seinen Untersuchungen zum Lernverhalten, speziell der naturwissenschaftlichen Fächer, der Jungen und Mädchen im Kibbuz-Gymnasium eine »äußerst konservative Erziehung«. Im Zuge dieser Befragungen konnte außerdem festgestellt werden, dass Mädchen und Jungen bis zur 7. Klasse annähernd gleiche Lernerfolge erzielen, jedoch weitaus mehr Mädchen schließlich das Abitur machen. Dagegen ist ab der 10. Klasse ein Leistungsabfall der Mädchen in den naturwissenschaftlichen Fächern zu verzeichnen. Dieses Phänomen steht in direktem Zusammenhang mit der späteren Berufswahl: Die meisten Mädchen wollen keine technischen oder industriellen Tätigkeiten übernehmen, selbst wenn diese keine körperlichen Belastungen darstellen.

> »Ich bin zu der Überzeugung gekommen, dass naturwissenschaftliche Fächer ähnlich wie Sport geschlechtergetrennt unterrichtet werden sollten, um das vorhandene Potential ausschöpfen zu können. Nur so kann die gewünschte Gleichheit [im Hinblick auf die spätere Berufswahl] realisiert werden.
> Gleichheit muss nicht zwangsläufig durch die gleiche Behandlung erreicht werden. Die Dienstleistungen für Mann und Frau müssen auch verschieden sein, da sie verschiedene Bedürfnisse haben. ›Equality doesn't come out of same conditions (equal quality).‹« (David Mittelberg, Interview Mai 1992)

Gleichzeitig muss man einräumen, dass die Frau im Kibbuz in vielen Bereichen ein Maß an Gleichberechtigung erreicht hat wie sonst nirgendwo. Jede Frau ist selbständiges Mitglied des Kibbuz. Sie ist wirtschaftlich unabhängig von ihrem (Ehe-)Mann und leistet ihren eigenen, vollen Beitrag zum Leben in der Gemeinschaft. Doch selbst wenn viele der Frauen mit ihrem Leben und ihrer Arbeit im Kibbuz zufrieden sind, ist man doch noch – wie vor allem am Anfang dieses Abschnitts ausgeführt – weit vom Idealzustand entfernt, dass Frauen alle ihre Anlagen und Kräfte frei entwickeln können.

5. Phasen des Wandels

Der Kibbuz kann als das Ergebnis von Erfolgen und Misserfolgen mehrerer Generationen gedeutet werden. Das Konzept des so genannten »neuen« Kibbuz war aus den Fehlern und auch Errungenschaften des etablierten Kibbuz entstanden; besonderes Augenmerk galt der Arbeitsorganisation, die sich erheblich von der der etablierten Kibbuzim unterscheidet.

Objektiv betrachtet, erscheint der Kibbuz einzigartig in seiner Eigenschaft, ein »Familienbetrieb« von einigen hundert Menschen zu sein, mit seinen Interdependenzen von Familie, Gemeinschaft und Betrieb. Gerade hier entstehen aber oftmals tief greifende Probleme, wenn z. B. betriebliche mit privaten Interessen in Konflikt geraten oder die Gemeinschaft aufgrund ideologischer Auseinandersetzungen zu kämpfen hat. Dies wird am Beispiel der »gemeinsamen Kasse« besonders deutlich. Hier sind die Ausgaben für die Gemeinschaft und den Betrieb sowie die persönlichen Budgets den Einnahmen aus der Produktion gegenübergestellt. Oftmals ist nicht mehr nachvollziehbar, welchen Abteilungen Überschüsse oder Verluste zugeordnet werden sollen, und Koordinationsprobleme sind dann nur eine Folge.

Ein weiteres Problem stellt die jeweils unterschiedliche Entscheidungsfindung dar. So werden die Entscheidungen für die Gemeinschaft, den Betrieb und den Chawer persönlich von verschiedenen Komitees getroffen, die in ihrer Argumentationsweise total divergieren, aber finanziell einen Nenner finden müssen. Demzufolge hängt die Entscheidung über die Ausgaben für die Gemeinschaft stark von der Betriebsseite ab, die aber wiederum auch ideelle Gründe hat (vgl. Graphik).

Besonderes Interesse gilt im Folgenden der geschäftlichen Seite des Kibbuz, die essentiell für die Liquidität des Kibbuz ist. Jede »Firma« hat sechs Beteiligte (vgl. Harael 1993, S. 172), die in Einklang gebracht werden müssen: die Arbeiter (Angestellte und Leitungspositionen), die Kunden, die Lieferanten, die Investoren, die Umgebung und

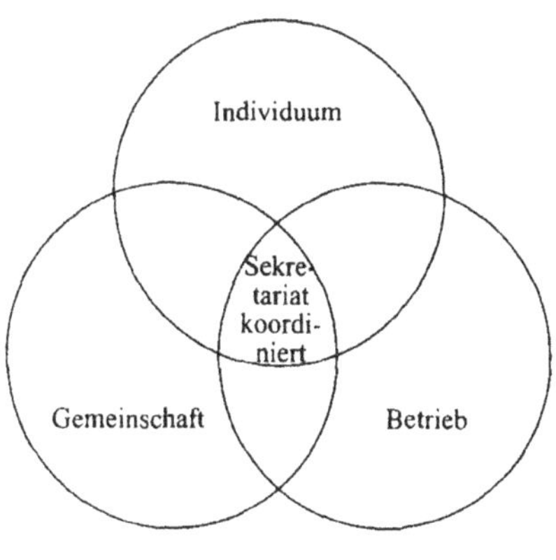

letztendlich der Staat. Ziel ist es, geschäftlich erfolgreich zu sein und sich im Interesse und zum Nutzen aller Beteiligten zu entwickeln. Doch gerade hier sind vielfach Interessenüberschneidungen festzustellen: Was für die eine Gruppe gut ist, ist oftmals schlecht für die andere. Übertragen auf den Kibbuz, kommt der Aspekt der Gemeinschaft hinzu, d. h. das Zusammenleben und das Arbeiten.

Die Betriebsführung des Kibbuz ist hier angesprochen, die Interessen der Gemeinschaft, des Individuums und des Betriebes in Einklang zu bringen, um ein effizientes Zusammenleben und -arbeiten zu gewährleisten.

5.1 Der »neue« Kibbuz

Die ersten Kibbuzim wurden meist von Mitgliedern der Jugendorganisationen, die mit der Kibbuz-Bewegung verbunden sind, gegründet. Solchen Gruppen, die in der Regel aus Alleinstehenden (ohne Familien) im Alter zwischen 20 und 24 Jahren bestanden, wurden damals von der zionistischen Organisation, heute von der Kibbuz-Bewegung, Land, Gebäude und Ausrüstung zur Verfügung gestellt, mit dem Ziel, unattraktivere Gebiete bewohnbar zu machen. In den Gründerzeiten verlagerten sich die Neugründungen in die Nähe der Grenzen, später – im Zuge der Siedlungspolitik – in die Nähe der besetzten Gebiete.

Den neuen Chawerim wird von der Kibbuz-Bewegung weitgehende Autonomie gewährt; sie bietet ihnen aber ihre Unterstützung bei finanziellen Fragen und ähnlichem an (z. B. bei der Wahl der Produktionsarten oder der Landwirtschaftszweige). Ein Vorteil gegenüber den ersten Kibbuzim besteht somit darin, dass heutzutage ein Kibbuz bei seiner Gründung bereits über alle möglichen Starthilfen verfügt (vgl. Interview mit Muki Zur, Mai 1992).

Generell wird von einem »jungen« Kibbuz gesprochen, wenn er nach 1967 gegründet wurde. Man einigte sich auf diesen Zeitpunkt, da zwischen 1967 und 1975 20 Kibbuzim neu gegründet wurden; bis 1987 kamen dann weitere 15 hinzu. Seit nunmehr 15 Jahren erfolgte keine Neugründung mehr, was hauptsächlich an der ökonomischen Krise liegt, in der sich der Kibbuz befindet (vgl. Statistik des Takam zur Bevölkerungsentwicklung 1992). Yaakov Gluck und auch Muki Zur sind der Meinung, dass ein Kibbuz von seiner Existenzfähigkeit ausgehen kann, wenn er die ersten fünf Jahre überlebt hat.

5.2 Der junge und der etablierte Kibbuz im Vergleich

Der junge Kibbuz kann nicht auf gewachsene gesellschaftliche Strukturen zurückgreifen, wie dies in den etablierten Kibbuzim der Fall ist. Daher hat er des Öfteren unter einem geringeren Zusammenhalt der Chawerim zu leiden. Die Mitgliederzahl ist meist nicht konstant, und die Chawerim verfügen über wenig Erfahrung in allen kibbuzbezogenen Bereichen (Takam 1992, S. 33).

Gerade die gewachsenen Strukturen in den etablierten Kibbuzim, in denen oft bereits vier Generationen unter einem Dach leben, verleihen dem Kibbuz eine gewisse Konsistenz, und der einzelne Chawer ist sich seiner Verantwortung für den anderen voll bewusst.

Der junge Kibbuz ist demgegenüber auf die finanzielle Hilfe der Bewegung und auf die Erfahrungen etablierter Kibbuzim angewiesen. Vor allem aufgrund der wirtschaftlichen Misere, die Anfang der achtziger Jahre einsetzte, bestand ein Missverhältnis zwischen Einnahmen und Ausgaben (vgl. Lanir 1990, S. 20). Viele der etablierten Kibbuzim, die selbst mit dem drohenden Bankrott zu kämpfen hatten, sahen die finanzielle Unterstützung der neuen Kibbuzim als nicht realisierbar an und waren der Meinung, dass diese Gelder eher in etablierte Siedlungen investiert werden sollten, d. h. die Neugründung von Kibbuzim sollte ihrer Ansicht nach eher zweitrangig betrachtet werden.

Amir Helman beschreibt die Problematik des jungen Kibbuz wie folgt:

> »Viele von den zionistisch-sozialen Gedanken existieren heutzutage nicht mehr; der junge Kibbuz wird eher als eine andere Lebensform gewählt, als Alternative zur Konsumpolitik der israelischen Gesellschaft, die sich immer mehr amerikanischen Verhältnissen annähert.
> Zwei Probleme sind gravierend:
> 1. Die wirtschaftliche Existenz des jungen Kibbuz ist abhängig von der finanziellen Hilfe der Kibbuz-Bewegung, die sich solche Ausgaben eigentlich überhaupt nicht leisten kann.
> 2. Auch wenn es dem jungen Kibbuz wirtschaftlich gut gehen mag, ist die gesellschaftliche Struktur oft fraglich, da der Übergang von der Gemeinschaft von Alleinstehenden zu einer Gemeinschaft von Familien meist großen Schwierigkeiten ausgesetzt ist.« (Interview mit A. Helman, April 1993)

Viele der Chawerim der jungen Kibbuzim arbeiten außerhalb ihrer Kibbuzim (beispielsweise in anderen Kibbuzim), da der »Meshek« des eigenen Kibbuz häufig zu klein ist, allen Mitgliedern entsprechende Arbeitsplätze zu bieten (Interview mit A. Helman, April 1993): Nichtsdestrotz befürworten die meisten Chawerim die Beibehaltung des meinsamen »Meshek« und der Produktionsbereiche, da diese unverzichtbare Aspekte für den Zusammenhalt unter den Mitgliedern sind.

Auf der »Positivseite« des jungen Kibbuz ist zu verbuchen, dass er aus meist überdurchschnittlich gut ausgebildeten Mitgliedern besteht, von denen ein Großteil aus dem Ausland, vorwiegend aus angelsächsischen Ländern, kommt. Ein weiterer Vorteil liegt darin, dass die meisten Neugründer von jungen Kibbuzim ihre Ausbildung vorher bereits abgeschlossen hatten, so dass dem Kibbuz erhebliche Kosten erspart blieben.

Auch in der Neurekrutierung von Mitgliedern gibt es erhebliche Unterschiede zwischen den etablierten und jungen Kibbuzim. Der etablierte Kibbuz verfolgt hier eine weitaus konservativere Richtung und bevorzugt es, Familien geschlossen aufzunehmen; in den jungen Kibbuzim hingegen werden auch allein stehende Väter oder Mütter als neue Mitglieder akzeptiert (vgl. Neil 1992).

Strukturelle Veränderungen wie die Einführung des »Board of Directors« oder die Trennung von »community and business pool« sind in fast allen jüngeren Kibbuzim die Regel (vgl. Abschnitt 2.3.1.4). Das Prinzip liegt hier in der differentialen Bezahlung von Gehältern sowohl innerhalb des »Meshek« als auch für Arbeiten außerhalb des Kibbuz an die Gemeinschaft bei gleicher Auszahlung desselben an seine Chawerim als Teil der Gemeinschaft.

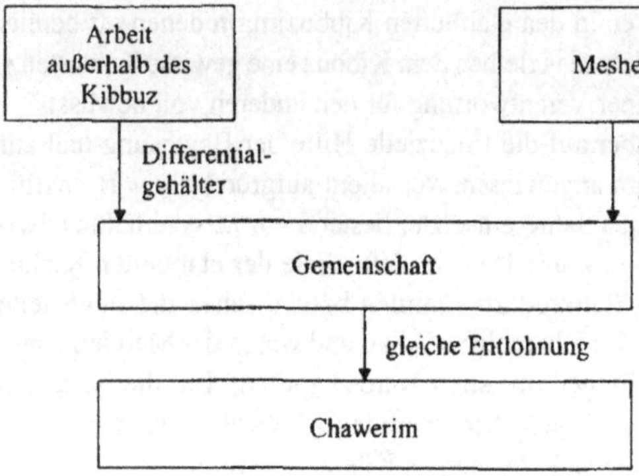

Dieses Prinzip wird aus zwei Gründen verfolgt: zum einen wegen der leichteren Implementierung, da die jungen Kibbuzim über besser überschaubare Wirtschaftszweige (kleinere Branchen und Betriebe) verfügen, zum anderen aufgrund der weitaus größeren Akzeptanz seitens der Chawerim für Neueinführungen.

Das Leben miteinander ist in den jungen Kibbuzim zwar kulturell nicht so ausgeprägt, da hier die finanziellen Mittel fehlen; jedoch ist der Chadar ochel beispielsweise zu allen Mahlzeiten stärker besucht als im alten Kibbuz (vgl. Neil 1992).

Der Wandel des Kibbuz allgemein, der auch mit zur Neugründung der jungen Kibbuzim geführt hat, liegt zum Teil in der Krise begründet, die der etablierte Kibbuz in den vergangenen Jahren durchlaufen hat. Als Folge hiervon waren zahlreiche Abgänge aus den Kibbuzim zu verzeichnen, die in der Unzufriedenheit mit den herrschenden Umständen begründet lagen. Viele dieser Chawerim waren aber nicht generell gegen die Lebensgemeinschaft Kibbuz an sich eingestellt, sie vermissten vielmehr zeitgemäße Änderungen (mehr Autonomie hinsichtlich Arbeitswahl, Ausbildung, des Budgets u. Ä.; vgl. Harael 1993, S. 241). Oftmals war es weitaus schwieriger, in einem etablierten Kibbuz Änderungen durchzusetzen, als neue Ideen von gleich gesinnten Leuten in einem jungen Kibbuz zu realisieren.

Gravierende Änderungen sind in der Basisdemokratie festzustellen: Etliche Entscheidungen werden heute von kompetenten Fachleuten gefällt, wo früher der gesamte Kibbuz zu entscheiden hatte. Besonders deutlich zeigen sich die Änderungen in der unterschiedlichen Einstellung zu den Hauptsäulen des Kibbuz: dem Individuum, der Gemeinschaft und dem »Meshek«. Ziel des »Meshek« ist die langfristige Gewinnmaximierung; Ziel der Gemeinschaft hingegen Solidarität untereinander, Gleichheit und Wahrung der Kibbuz-Prinzipien. Ziel des Individuums indes ist wiederum die Freiheit, die Autonomie und somit die persönliche Selbstverwirklichung.

War zu Beginn des 20. Jahrhunderts die Gemeinschaft der wichtigste Grundpfeiler des Kibbuz, so änderte sich dies mit der Zeit, indem heute ein Gleichgewicht von Gemeinschaft und Individuum zu erreichen versucht wird. Der Aspekt der Gewinnmaximierung hat besonders im Zuge der wirtschaftlichen Krise an Bedeutung gewonnen, und hier vollzog sich insofern ein Wandel, als dass sich der Kibbuz den Einflüssen seiner Außenwelt immer öffnen muss und dies auch tut. Von der ehemaligen Landwirtschaft hat er den Übergang zur Industrialisierung – zwar mit einer kleinen zeitlichen Verzögerung –realisiert; auch stellt er sich den erneuten Änderungen bzw. Anforderungen in Richtung Dienstleistungssektor. Darüber hinaus zeigen immer mehr Kibbuzim Interesse an Kooperationen untereinander, sei es durch die gemeinsame Nutzung und Bereitstellung von Dienstleistungen (z. B. gemeinsame Wäscherei) oder auch die Zusammenlegung von ähnlicher oder gleicher Produktion. Es werden sogar Überlegungen angestellt, ob Kibbuzim nicht auch in der Stadt errichtet werden könnten, statt – wie bisher – lediglich auf ländliche Gebiete beschränkt zu bleiben.

So gibt es viele Ideen bezüglich der Weiterentwicklung und Umorientierung des Kibbuz, und die Zukunft wird zeigen, welche Richtung er einschlagen wird.

5.3 Fazit des theoretischen Teils

Anhand der in den vorangegangenen Kapiteln beschriebenen Entwicklung lassen sich zahlreiche Veränderungen in den Kibbuzim ablesen. Um weiterhin existenzfähig zu sein, musste sich der Kibbuz in der Vergangenheit seiner Umwelt und den dort erforderlichen Umstellungen anpassen. Dies zog den Wechsel von der ehemals rein agrarwirtschaftlich orientierten hin zu einer industriellen Gemeinschaft nach sich. Aufgrund der Tatsache, dass insbesondere auf dem Gebiet der Arbeitsorganisation drastische Veränderungen stattfanden, wurden die Aufgabengebiete zunehmend komplexer, und die früher zentralistische Führung des Kibbuz musste einer dezentralisierten Organisation weichen.

Im heutigen Kibbuz ist daher professionelles Management unerlässlich, da die Größe der Kibbuzim und seiner Betriebe in keinem Verhältnis zu seinen Anfängen steht. Die wirtschaftliche Expansion der Kibbuzim hatte ferner starke Auswirkungen auf die innere Struktur des Kibbuz; Rationalisierungen und Spezialisierungen nahmen dem obersten Entscheidungsgremium der Generalversammlung einige seiner Entscheidungskompetenzen und wurden hier durch Komitees ersetzt. Auch die Rotation ist nur noch bedingt verwirklicht, vor allem auf der obersten Leitungsebene wird sie immer seltener realisiert.

Gleichwohl besteht im Kibbuz nach wie vor nicht nur die Gleichheit der Geschlechter, die die wirtschaftliche und soziale Gleichstellung von Mann und Frau beinhaltet, sondern immer noch eine Gemeinschaftsordnung basierend auf den Grundprinzipien des Kibbuz: eine nichthierarchische Struktur, die keine Trennung von Leistung und Konsum vorsieht. Somit sind das Prinzip der Egalität und das genossenschaftliche Zusammenleben nach wie vor essentiell für das Bestehen des Kibbuz.

Vergleicht man den Beginn des Kibbuz mit der heutigen Situation, so fallen vor allem die Unterschiede in den Zielsetzungen ins Auge: Die Gründer der ersten Kibbuzim waren stark beeinflusst durch die zionistischen Ideale und den Wunsch, einen jüdischen bzw. israelischen Sozialismus zu schaffen. Die gemeinschaftliche Kraft lag auch darin begründet, dass der Status des Landes Israel noch nicht geklärt war und die meisten ihre emotionale Bindung durch die Gemeinschaft realisiert sahen, da sie in der Regel keine Familienangehörigen hatten. Heutzutage ist dies anders: Die Existenzberechtigung des Kibbuz ist geklärt, und die wirtschaftliche Situation hat sich verbessert, so dass heute andere Probleme im Vordergrund stehen.

Aufgrund der zahlreichen Veränderungen, die im Kibbuz in den letzten Jahren stattgefunden haben, mag man sich fragen, wann der Kibbuz keiner mehr ist bzw. welche der Grundnormen nicht abgeschafft oder verändert werden dürfen. Die Beantwortung dieser Fragen ist abhängig von der veränderten Rolle des Kollektivs: War früher das Individuum der Gemeinschaft unterstellt und waren seine Bedürfnisse immer zweitrangig gegenüber dem Gemeinwohl, so beansprucht der Chawer heute die Gleichstellung seiner individuellen Bedürfnisse mit denen des Kollektivs. Diese Entwicklung wird unter anderem daran sichtbar, dass die Kinder heute zu Hause schlafen und ein gewisser Rückzug in die Kernfamilie stattgefunden hat. Ferner fordert der Chawer die Realisierung seiner Wünsche bezüglich seiner Ausbildung und Berufswahl; das »Prinzip des Deckels« wird daher nur noch bei Engpässen (Ernte, Chadar ochel) angewandt. Eine weitere Veränderung spiegelt sich im Streben nach persönlichen Konsumgütern wider, was in erheblichem Gegensatz zum ursprünglich konzipierten Kollektiv steht.

Es zeigt sich also, dass auf eine Gleichverteilung geachtet werden muss, damit nicht Neid und Missgunst aufkommen und die Gemeinschaft das Nachsehen hat. Dabei darf nicht außer Acht gelassen werden, dass der Lebensstandard im Kibbuz ohnehin um ein Wesentliches höher ist als im übrigen Israel.

Meiner Ansicht nach liegt die Stärke des Kibbuz gerade in seiner Fähigkeit, sich immer wieder den gewandelten Bedürfnissen und Veränderungen zu stellen, wobei er sich durch eine beispielhafte Dynamik auszeichnet. So kann heute jeder Chawer das lernen, was er möchte, und die Arbeitsplatzwahl ist ihm überlassen. Im Gegenzug werden für Arbeiten, für die man keine Chawerim findet, Lohnarbeiter eingestellt werden, obwohl dies eigentlich gegen das Prinzip der Autarkie des Arbeitsmarktes spricht. Da aber die Richtlinien im Kibbuz von den Chawerim und der Bewegung bestimmt werden, ließen sich hier Lösungen finden, die für alle Beteiligten mehr oder weniger akzeptabel waren.

Auch wenn manche der Meinung sind, dass durch die Abschaffung der Kinderhäuser und die Einführung der Lohnarbeit das Prinzip der Gleichheit extrem gefährdet wird, ist dies für mich eher ein Beleg dafür, dass sich der Kibbuz erfolgreich dem Zeitgeist gestellt und sich die Betrachtungsweise des Prinzips Gleichheit gewandelt hat und verändert ausgelegt wird. Gleichheit ist dennoch nach wie vor das wichtigste praktizierte Prinzip des Kibbuz, das durch die Egalität des Konsums, das Fehlen von Hierarchien und von Einkommensunterschieden seine Begründung und seinen Ausdruck findet.

Die Balance zwischen Grundwerten wie Gemeinschaft und Gleichheit sowie Bedürfnissen wie Individualismus und Familialismus einerseits und einem gewinnmaxierenden Betrieb andererseits muss geschaffen bzw. aufrechterhalten werden. Voraussetzung hierfür ist der Wille der Chawerim und der Gemeinschaft, sich weiterhin an diesen Grundwerten der Kibbuz-Idee zu orientieren.

II. Empirischer Teil

Auf Basis der vorangegangenen theoretischen Darstellungen und der nun folgenden Auswertungen werde ich die Normadäquanz heutiger Kibbzum untersuchen, d. h. Entwicklungen und Grundwerte miteinander konfrontieren.

Es wird dabei der Bestand oder Verlust der Grundwerte des Kibbuz anhand der exemplarischen Darstellung eines etablierten sowie eines jungen Kibbuz überprüft. Hierfür wurden der etablierte Kibbuz Givat Haim Ichud und der junge Kibbuz Tuval gewählt.

Im folgenden Kapitel werden relevante Thesen vorgestellt, die anhand der Empirie überprüft werden sollen.

6. Hypothesen

Allgemein

1. Durch die Offenheit des Kibbuz gegenüber seiner Umwelt zeichnet ihn eine Dynamik aus, die ihn für Veränderungen empfänglich macht. Hierdurch und aufgrund des gestiegenen materiellen Wohlstandes einerseits und die ökonomische Krise des Kibbuz andererseits ist der Kibbuz in einen Konflikt geraten zwischen rein effizienzorientiertem Denken, das typisch für ein Unternehmen seiner Größenordnung ist, und den Wertideen, die essentiell für die Kibbuz-Gemeinschaft sind.

2. Aufgrund des gehobenen Wohlstandes im Umfeld des Kibbuz und im Kibbuz selbst wird die Forderung nach materiellen Anreizen immer größer. Die Ansprüche der jüngeren Leute an das Leben und die Arbeit an sich sind aufgrund besserer Qualifikation ebenfalls gestiegen (z. B. Forderungen nach teilweise bezahlter Arbeit und mehr Mobilität).

Prinzipien

3. Gegensätze und soziale Ungleichheiten im Kibbuz sind stärker geworden, insbesondere hinsichtlich der Frage des persönlichen Besitzes: Die Unzufriedenheit mit traditionellen Kibbuz-Methoden der Verteilung wächst, die Bedeutung der persönlichen Bedürfnisse und des individuellen Konsums steigt.
   Dies impliziert die Infragestellung des Prinzips »Jeder gibt entsprechend seiner Möglichkeiten und erhält entsprechend seiner Bedürfnisse«.

4. Das Prinzip des autarken Arbeitsmarktes ist ebenfalls gefährdet. Aufgrund der anwachsenden Größe der Kibbuzim, der Differenzierung der Industriezweige und der sich allmählich etablierenden Dienstleistungsgesellschaft wird es immer schwieriger, den Ansprüchen an eine effiziente Betriebsführung gerecht zu werden, ohne auf Lohnarbeiter zurückzugreifen (im Managementbereich und im Produktionssektor).

5. Aufgrund funktionaler Differenzierungen, die als Folge der mit der Industrialisierung einhergehenden Spezialisierung der Arbeitstätigkeiten gedeutet werden können, gibt es im Kibbuz heute qualifikationsgebundene Arbeitsstellen. Es besteht die Gefahr der Herausbildung von Hierarchien und der Zerstörung des Prinzips Gleichheit.
   Funktionale Differenzierungen führen auch dazu, dass basisdemokratische Elemente durch eine dezentralisierte Umorientierung teilweise (auf betrieblicher Ebene) abgelöst wurden, was wiederum einen gewissen Funktionsverlust der Generalversammlung nach sich zieht.

Arbeit

6. Der Aspekt Arbeit beinhaltet für den Kibbuz eine gewisse Problematik. Da es keine Kündigungen gibt, ist man auf den Teilnahmewillen des einzelnen Chawers angewiesen. Als einzige eventuelle »Sanktionsmaßnahmen« können der soziale Druck durch die Gemeinschaft, oder, wie in einigen Kibbuzim überlegt wird, der materielle Anreiz zur Arbeitsmotivation gewählt werden, wenn die ideellen Faktoren nicht ausreichen, das jeweilige Mitglied zu effektiver Arbeit zu motivieren.

7. Frau und Mann haben gleichberechtigte Chancen auf dem Arbeitsmarkt, was durch eine qualitativ gleichgestellte Ausbildung ermöglicht wird. Trotzdem haben sich auch im Kibbuz frauentypische Berufe herauskristallisiert, die im Erziehungsbereich und im Dienstleistungsbereich liegen. In diesen Bereichen haben sie zwar auch Führungspositionen inne, die Beschränkung auf die genannten Bereiche liegt aber zum Großteil daran, dass die Frauen lieber hier als im Produktionssektor tätig sind.

Industrialisierung

8. Der Kibbuz befindet sich in einem fortschreitenden Umwandlungsprozess; so geht der Trend heute in Richtung Dienstleistungssektor.

9. Aufgrund zunehmender Technisierung ist eine Erweiterung des Berufsangebotes gegeben, so dass Berufswünsche der Kibbuznikim eher realisiert werden können (auch außerhalb des Kibbuz).

Der junge Kibbuz

10. Der junge Kibbuz ist verglichen mit dem etablierten Kibbuz gegenüber Veränderungen offener eingestellt. Dies liegt an seiner kleineren Größe und daher leichteren Implementierungsmöglichkeit von neuen Systemeinführungen. So ist in jedem jungen Kibbuz eine Trennung zwischen der Geschäftsseite und der Gemeinschaftsseite vollzogen worden. Auch verfügt der junge Kibbuz über ein »Board of Directors«, einen Stab auf der Managementebene. Einige Kritiker meinen, dass hierdurch eine starke Gefährdung des Prinzips »gemeinsame Kasse« entstanden ist, was die Gleichheit der Chawerim beschneidet (durch die differentialen Gehälter).

11. Der junge Kibbuz ist in seiner Einstellung spontaner als der etablierte; beispielsweise wird der Chadar ochel zu allen Mahlzeiten gut frequentiert. Ebenfalls werden die Generalversammlungen zahlreicher besucht, als dies in den etablierten Kibbuzim der Fall ist. Weiterhin wurde im jungen Kibbuz ein gewisser Wandel im Hinblick auf

die Generalversammlung vollzogen; diese ist nur noch für die Allgemeinheit betreffende Belange zuständig.

12. Im jungen Kibbuz fehlen Generationskonflikte, da der Kibbuz lediglich aus ein bis zwei Generationen besteht.

13. Das Dilemma der Lohnarbeit ist im jungen Kibbuz kein Problem, und zwar einfach aufgrund der Tatsache, dass der Meshek zu klein ist, um sie überhaupt beschäftigen zu können. Bei Engpässen in den Erntezeiten müssen alle Chawerim neben ihrer sonstigen Tätigkeit mithelfen. Hinsichtlich des Aspekts Arbeit hat der junge Kibbuz ansonsten mit der gleichen Problematik wie der etablierte zu kämpfen, nur dass im jungen Kibbuz »Trittbrettfahrer« aufgrund der überschaubaren Größe eher auffallen.

14. Kinderhäuser wurden erst gar nicht installiert, so dass dem jungen Kibbuz hierdurch erhebliche Kosten und Diskussionen erspart blieben.
Man kann sagen, dass der junge Kibbuz sich im Großen und Ganzen die Erfahrungswerte der etablierten Kibbuzim zunutze gemacht hat.

7. Zur Auswahl der beiden Kibbuzim

Die nachstehend dargestellten Untersuchungsergebnisse basieren auf einer empirischen Erhebung, die ich erstmals im Dezember 1990/Januar 1991 im Kibbuz Givat Haim durchgeführt habe.

Die zweite erweiterte Erhebung fand im Zeitraum März bis Juni 1992 in zwei Kibbuzim statt.

Es wurden ein »etablierter« Kibbuz – Givat Haim Ichud (G. H. I.) – und ein relativ »junger« Kibbuz – Tuval – gewählt.

Zur Auswahl des Kibbuz Givat Haim Ichud

1. Der Kibbuz Givat Haim Ichud (»Hügel des Lebens«) wurde 1932 gegründet, d. h. er gehört zu den so genannten etablierten Kibbuzim. Aufgrund seines langjährigen Bestehens können Veränderungen in seiner Entwicklungsgeschichte in struktureller und ideeller Hinsicht aufgezeigt werden.

2. Aufgrund seiner wirtschaftlichen Prosperität ist dieser Kibbuz ein beispielhafter Beleg dafür, dass ein Kibbuz existenzfähig sein kann. Falls sich zeigen lässt, dass dieser Kibbuz an den Grundwerten des Kibbuz auch nach 60 Jahren noch festhält, wäre er repräsentativ für die Realitätstauglichkeit der Kibbuz-Idee.

3. Aufgrund meiner empirischen Arbeit im Zuge meiner Diplomarbeit konnte ich an gute Kontakte anknüpfen und in der Befragung Veränderungen innerhalb dieses Jahres feststellen.

Zur Auswahl des Kibbuz Tuval

1. Auf meine Anfrage beim Generalsekretär des Takam, Muki Zur, welcher junge Kibbuz adäquat für meine Untersuchung wäre, wurde mir Tuval wärmstens empfohlen.

2. Meine Wahl fiel auf Tuval auch aufgrund der Tatsache, dass er dem Takam angehört und somit ähnliche Voraussetzungen bezüglich seiner Organisation und seines Hintergrundes wie der Kibbuz Givat Haim Ichud hat.

3. Tuval, der 1982 gegründet wurde, hat es sozusagen geschafft und befindet sich nicht wie viele andere Kibbuzim in einer existentiellen Krise; daher ist er mit G. H.I. vergleichbar.

4. Da Tuval nun schon seit mehr als zehn Jahren besteht, kann er eine gewisse gesellschaftliche und wirtschaftliche Stabilität aufweisen. Falls sich zeigen lässt, dass er an den Grundnormen des Kibbuz festhält, steht dieser Kibbuz für das Gelingen der Kibbuz-Idee.

Aus den oben geschilderten Gründen erschien mir die Wahl dieser beiden Kibbuzim als geeignet, um den Veränderungen und dem Wandel in der Kibbuz-Bewegung exemplarisch nachzugehen.

8. Untersuchungsverfahren und Ablauf der empirischen Erhebung

8.1 Literaturquellen

Für den empirischen Teil wurden als Literaturquellen vor allen Dingen die Verfassung der beiden Kibbuzim, »Takanon«, verwendet sowie statistisches Material über die Bevölkerungsentwicklung der Kibbuzim hinsichtlich Geschlecht, Alter und Bildung. Ebenfalls wurden mir freundlicherweise interne Daten der finanziellen Situation der Kibbuzim (bedingt) zur Verfügung gestellt. Diese beschäftigen sich sowohl mit dem Bereich der Konsumption durch die Chawerim (Budget) als auch mit der Produktion und Industrie und den hier entstehenden Einkommen (Export/Import) bzw. Ausgaben für die Investitionen.

8.2 Interviews

8.2.1 Methodik der Interviews

Es wurden insgesamt 36 Tiefeninterviews mit Chawerim und Experten der Kibbuz-Bewegung durchgeführt. Als Grundlage zur Entwicklung des Tiefeninterviews diente ein Gesprächsleitfaden, der aus 15 Fragen bestand (vgl. Anhang). Diesen Fragen lagen zum einen die aus der vorangegangenen Befragung gewonnenen Erkenntnisse zugrunde, zum anderen eine schriftliche Befragung. Die Interviews wurden gemäß der Tätigkeit der zu befragenden Person variiert, d. h. den Experten und Chawerim wurden zusätzliche Fragen gestellt, die ihren spezifischen Wirkungsbereich betreffen. Diesen Fragen lagen zum einen die aus der vorangegangenen Befragung gewonnenen Erkenntnisse zugrunde (1990/1991), zum anderen die schriftliche Befragung anhand der Fragebögen in der ersten und jetzigen Untersuchung.

8.2.2 Inhalt der Interviews

Ziel der Befragung war es, die Normenadäquanz heutiger Kibbuzim zu untersuchen, d. h. Entwicklungen und Grundwerte zu konfrontieren. Die Tiefeninterviews sollten dazu dienen, näheren Einblick in die Entwicklungen des Kibbuz zu bekommen und einige Zusammenhänge transparenter werden zu lassen.

Vor allen Dingen interessierten mich die Veränderungen auf dem Gebiet der Arbeitsorganisation, die besonders in den letzten Jahren eine rasante Entwicklung durchlaufen und oft nicht mehr an den Kibbuz von früher erinnern lassen. Das heißt, es galt auch hier herauszufinden, ob trotz aller Veränderungen dennoch an den Grundprinzipien festgehalten wird.

Es wurden allgemeine Fragen z. B. zur Entwicklung in der Arbeitswelt, Fragen zur Motivation und Kontrolle, der Organisation und Rotation gestellt.

Es wurden 36 Interviews mit Chawerim aus den beiden untersuchten Kibbuzim und externen Experten durchgeführt. Bei den befragten *Personen aus den Kibbuzim* handelte es sich sowohl um Mitglieder, die zentrale Funktionen in der Leitung innehaben (Sekretär, Arbeitskoordinator, Fabrikdirektor), als auch um »normale« Kibbuznikim. Die *Expertengruppe* setzte sich aus Personen aus der freien Wirtschaft (der Schriftsteller Amos Oz oder der Bankdirektor Jai Shepon) zusammen, die aber als »Ex-Mitglieder« den Bezug zum Kibbuz nicht verloren haben, und aus Personen, die in der Kibbuz-Bewegung zentrale politische Rollen spielen (der Generalsekretär Muki Zur oder der Leiter der Industrie, Gidon Rappaport). Als dritte Gruppe der Experten wurden *Kapazitäten der israelischen Kibbuz-Forschung* befragt (Menachem Rosner, Amir Helman, Uri Leviatan, Michal Palgi, Yaakov Sharmir).

8.3 Fragebogenerhebung

Die Methode der schriftlichen Befragung wurde gewählt, um Ergebnisse der Literaturanalyse und der mündlichen Befragung zu hinterfragen. Durch einen Zugang zu einer größer angelegten Gruppe können verschiedene Ergebnisse standardisiert werden und zu einer Trendaufzeichnung verhelfen.

8.3.1 Durchführung der schriftlichen Befragung

Durch jeweils längeren Aufenthalt in beiden Kibbuzim war ich den Chawerim gut bekannt. In Tuval und Givat Haim Ichud wurde ich sehr gastfreundlich aufgenommen; die oft behauptete Arroganz gegenüber Fremden, die auch noch in interne Abläufe »eindringen wollen«, konnte ich nicht feststellen. Im Gegenteil, kooperatives Verhalten ermöglichte es mir, Ergebnisse zu erzielen, die ich mir zuvor nicht erträumt hatte.

Um eine möglichst hohe Rücklaufquote in den beiden Kibbuzim erreichen zu können, wurde in dem jungen Kibbuz Tuval der Chadar ochel zum Austeilen der Fragebögen gewählt. Durch die tatkräftige Unterstützung des Sekretärs, der die Chawerim auf die Bemühungen meinerseits und ihre (der Mitglieder) benötigte Hilfe aufmerksam machte, wurden somit annähernd alle Fragebogen auswertbar ausgefüllt. Als Zeitpunkt für das Verteilen der Fragebögen wurde das Abendessen gewählt, da dann die meisten Mitglieder (nach der Arbeit) anwesend sind. Der Chadar ochel wird in Tuval von fast allen im Kibbuz lebenden Mitgliedern frequentiert.

In Givat Haim Ichud wurden die Fragebögen an den Arbeitsplätzen innerhalb des Kibbuz, in den Wohnhäusern der Chawerim und im Chadar ochel verteilt. Da viele der Mitglieder nicht gleich die Fragebögen ausfüllen wollten, hatten sie die Möglichkeit, sie in einer hierfür eingerichteten »Box« einzuwerfen. Die Kooperationsbereitschaft der Mitglieder war auch hier vorhanden, allerdings nicht in dem Maße wie in Tuval. Dies mag daran liegen, dass G. H. I. schon häufiger von israelischen Universitäten befragt wurde und die Chawerim deshalb teilweise etwas »genervt« waren. Tabelle 7 gibt Aufschluss über die Rücklaufquote.

	Tuval		G. H. I.	
	absolut	in Prozent	absolut	in Prozent
Verteilte Fragebögen	30	100	205	100
Rücklauf	27	90	153	75
davon:				
nicht auswertbare Fragenbögen	4	13	22	10
auswertbare Fragebögen	23	77	131	64

Tabelle 7: Rücklaufquoten der Fragebogenaktion (Quelle: eigene Auswertungen).

8.3.2 *Art der Stichprobe*

Die schriftliche Befragung in den beiden Kibbuzim erfolgte gemäß dem leicht variierten Stichprobenverfahren. Um einen repräsentativen Querschnitt durch die Bevölkerung beider Kibbuzim zu erhalten, wurde der Chadar ochel als Verteilungsort der Fragebögen gewählt. Im etablierten Kibbuz Givat Haim Ichud wurden zusätzlich an den Arbeitsplätzen und in den Wohnhäusern Bögen verteilt, um eine höhere Zahl der Mitglieder zu erreichen.

Ziel der Befragung war es, eine den Merkmalen der vorhandenen Bevölkerung entsprechende Gesamtheit zu befragen. Die gewählten Kriterien der Befragungsgruppe –

	G. H. I.				Tuval			
	GG		Befragte		GG		Befragte	
	absolut	in %	absolut	in %	absolut	in %	absolut	in %
Insgesamt	485	100	131	100	55	100	23	100
Männer	236	49	64	49	34	61	12	52
Frauen	249	51	67	51	21	39	11	48
Alter:								
22 bis 25	31	6	15	11	2	2	2	8
26 bis 35	55	11	25	19	58	90	20	86
36 bis 45	131	27	33	25	5	6	1	4
46 bis 60	123	25	26	20	0	0	0	0
über 65	145	30	32	24	0	0	0	0

Tabelle 8: Repräsentativität der Stichprobe (Quellen: Statistiken der Kibbuzim von 1992; eigene Berechnungen).

Alter und Geschlecht – sollten der Allgemeinheit des Kibbuz entsprechen. Die befragten Personen sollten ebenfalls innerhalb der beiden Kibbuzim aufgrund ihrer Merkmale vergleichbar sein.

Von den 485 Vollmitgliedern des Kibbuz G. H. I. (249 Frauen und 236 Männer) befragte ich 131: 67 Frauen und 64 Männer; von den 55 Vollmitgliedern des Kibbuz Tuval (34 Männer und 21 Frauen) befragte ich 23 (12 Männer und 11 Frauen). Tabelle 8 (S. 79) zeigt die Geschlechterverteilung und Altersstruktur in den beiden Kibbuzim in Relation zu meiner Befragung.

In den neunziger Jahren haben beide Kibbuzim nach eigenen Aussagen an Mitgliedern verloren: Hatte G. H. I. im Jahre 1992 noch 485 Mitglieder, so sind es 2001 nur noch 430; in Tuval waren es seinerzeit 55 Mitglieder, heute lediglich 40. Allerdings werden Mitglieder in Anwartschaft nicht mitgezählt.

8.3.3 Konzeption des Fragebogens

Mein Fragebogen sollte eine Bestandsaufnahme quer durch die Kibbuz-Bevölkerung darstellen. Ziel der Befragung war auch hier, die Normenadäquanz der Kibbuz-Idee zu hinterfragen. Dabei interviewte ich die Chawerim zu ihren Einstellungen bezüglich der verschiedenen Bereiche, um ihre Lebens- und Arbeitseinstellung zum Kibbuz zu erfahren und diese letztendlich wieder mit den Grundwerten zu konfrontieren. Allerdings können Veränderungen und eventuelle Trendtendenzen nur im Zusammenhang mit den Tiefeninterviews auf der Basis des theoretischen Teiles explizit gemacht werden.

Durch den Fragebogen sollten Gemeinsamkeiten und Unterschiede zwischen etablierten und jungen Kibbuzim zusätzlich verdeutlicht werden. Hierbei muss man jedoch beachten, dass der junge Kibbuz Tuval, der im Verhältnis zu G. H. I. eine bedeutend geringere Mitgliederzahl hat, in der Auswertung anders berücksichtigt werden wird. Bei einer Befragungsgruppe von z. B. zwei Personen kann man von keiner Allgemeingültigkeit sprechen, wie dies in größer angelegten Befragungsgruppen der Fall ist. Aus diesem Grund wird bei der Untersuchung der beiden Kibbuzim im folgenden eine verschiedene Auslegung benutzt.

Kann man bei G. H. I. Verallgemeinerungen und Tendenzen ablesen, wird im Gegensatz hierzu bei Tuval in der ersten und dritten Altersgruppe (22–25 Jahre bzw. 26–35 Jahre) von Einzelphänomenen die Rede sein. Die Prozentangaben von Tuval stehen somit teilweise in keiner Relation zur befragten Personenzahl; für die Vergleichbarkeit beider Kibbuzim werden aber in der empirischen Auswertung die Prozentzahlen gewählt. Im Anhang befinden sich die gesamten Untersuchungsergebnisse.

Der in Hebräisch (Übersetzung im Anhang) verfasste Fragebogen enthält 25 geschlossene Fragen (teilweise noch unterteilt), die sich in drei Teilbereiche gliedern:

1. Der erste Bereich behandelt Fragen zur Arbeitswelt und Lebenseinstellung allgemein im Kibbuz.

2. Der zweite Teil beinhaltet Aspekte zur organisationellen Struktur.
3. Der dritte Bereich befasst sich mit den Elementen der Arbeitsorganisation: Rotation, Mitbestimmung, Entscheidung und Motivation zur Arbeit.

Die Antwortmöglichkeiten waren: ja/nein/weiß nicht.

Abschließend wurden im Fragebogen Angaben zur eigenen Person erbeten, d. h. Alter und Geschlecht der befragten Person. Diese Angaben dienten mir als unabhängige Variablen in Abhängigkeit zu den zuvor gestellten Fragen. Die Variable Bildung, die anfangs noch in Erwägung für die Auswertung gezogen wurde, erübrigte sich, da der Bildungsstand im Kibbuz generell ausgesprochen gut ist und sich auf dieser Basis keine signifikanten Schlüsse ergeben hätten. Somit stützte sich die Auswertung auf sieben verschiedene Befragungsgruppen, die sich wiederum aus fünf Altersgruppen, aus einer allgemeinen Befragungsgruppe (Häufigkeitsauszählung) sowie schließlich aus einer allgemeinen, nach Geschlecht ausgewerteten Personengruppe (altersunabhängig) zusammensetzten. Die Befragungsgruppen (gemäß den Variablen Alter und Geschlecht) entsprachen dem Querschnitt durch die Kibbuz-Bevölkerung der beiden Kibbuzim (vgl. Tabelle 8).

Die Auswertung der Fragebögen erfolgte per Computer mittels SPSS-Programm und Exel 4.0. Die hierzu erstellten Diagramme wurden mit Hilfe von Exel 4.0 graphics entworfen.

9. Ergebnisse der Dokumentenanalyse – Beschreibung beider Kibbuzim als Repräsentanten etablierter und jüngerer Kibbuzim

9.1 Der Kibbuz Givat Haim Ichud

In den folgenden Abschnitten wird der Kibbuz Givat Haim Ichud beschrieben, der aufgrund seines Alters, seiner Größe und seiner Arbeitsbereiche im Vergleich zu anderen Kibbuzim als überdurchschnittlich angesehen werden kann.

Die nachstehend genannten Daten beziehen sich überwiegend auf den Jahresbericht 1992 zur finanziellen Situation des Kibbuz sowie auf den »Takanon« aus dem Jahre 1981. Diese Daten wurden 2002 teilweise ergänzt um aktuelle Angaben, die mir Mitglieder lieferten, bzw. um finanzielle Statusberichte, die mir der Kibbuz zur Verfügung stellte.

Der Kibbuz G. H. I. war ehemals mit dem Nachbar-Kibbuz Givat Haim Meuchad vereint, als Kibbuz »Givat Haim« wurde er 1932 gegründet. Aufgrund politischer Differenzen spaltete er sich 1952 in G. H. I. und Givat Haim Meuchad; seit 1980 gehören sie beide jedoch dem Dachverband Takam an. Die Haupteinnahmequelle beider Kibbuzim, die Fabrik »Gat«, wurde aber dennoch weiterhin gemeinsam betrieben.

Der Kibbuz G. H. I. liegt seit seiner Gründung zwischen Tel Aviv (40 Kilometer südlich) und Haifa (50 Kilometer nördlich) in Emek Hefer, 10 Kilometer westlich des Mittelmeeres und ca. 7 Kilometer östlich von Tulkarem entfernt, eine arabische Stadt im besetzten Gebiet. Die Gegend zeichnet sich durch eine Konzentration von Kibbuzim und Moshavim aus. Die Größe des Kibbuz beträgt 4 264 Dunam, die Wohnfläche ca. 1 000 Dunam.

9.1.1 Die Bevölkerungsstruktur des Kibbuz G. H. I.

Die meisten Kibbuznikim stammen ursprünglich aus osteuropäischen Ländern. Aufgrund der nunmehr 70-jährigen Existenz des Kibbuz ist ein Großteil der Kibbuz-Bevölkerung in höherem Alter. Im Kibbuz leben insgesamt ca. 900 Personen, obwohl ihm etwa 1 000 Personen angehören, wie Tabelle 9 verdeutlicht.

Das Verhältnis der Bewohner ist hinsichtlich ihrer Altersstruktur seit Beginn der neunziger Jahre bis zum Jahre 2001 in etwa gleich geblieben. Insgesamt leben derzeit hier 792 Personen, davon 430 Mitglieder, 206 Kinder bis zu 18 Jahren, 50 Soldaten sowie 25 Personen, die lediglich im Kibbuz wohnen. 163 potentielle Neumitglieder befinden sich im Aufnahmeverfahren (Auskunft des Kibbuz G. H. I., Juli 2002).

Der hohe Anteil von älteren Chawerim unter den Kibbuz-Mitgliedern stellt ein finanzielles Problem dar. Viele der Mitglieder benötigen eine permanente ärztliche Betreuung oder sind Pflegefälle. Aus diesem Grund wurde 1991 ein Altenheim in G. H. I. errichtet,

Mitglieder:	
Mitglieder und Anwärter	479
Mitglieder im Militärdienst	39
Mitglieder im freien Jahr (nach Absolvieren des Militärdienstes)	25
Mitglieder im Auslandsdienst	4
Mitglieder insgesamt	547
Bewohner (keine Mitglieder):	
Eltern (von Kibbuznikim)	4
Volunteers	45
Garin (Militärgruppe im Kibbuz)	35
Ständige Bewohner (z. B. Ärzte, die von außerhalb geholt werden, da dieser Arbeitsplatz nicht von Chawerim besetzt werden kann)	14
Bewohner insgesamt	98
Kinder:	
0 bis 2 Jahre	30
3 bis 6 Jahre	55
Schulkinder:	
Klasse 1 bis 5	88
Klasse 6 bis 9	78
Klasse 10 bis 12	52
Kinder, im Ausland wohnend	19
Kinder von außerhalb (z. B. Waisen)	2
Kinder von Lohnarbeitern (die im Kibbuz wohnen)	5
Kinder insgesamt	329

Tabelle 9: Bevölkerungsstruktur des Kibbuz (Quelle: Jahresbericht 1992, Finanzielle Situation in Givat Haim Ichud, S. 3).

in dem diese Mitglieder untergebracht werden. Sie können ihre Zimmer dort wie zu Hause einrichten und werden durch ihr Bleiben im Kibbuz nicht aus ihrer gewohnten Umgebung gerissen. Der Kibbuz zahlte bis 1992 keine Renten an seine Mitglieder, denn die Kinder sollten für die »Alten« bei Bedarf sorgen.

In Tabelle 10 werden die finanziellen Ausgaben von G. H. I. aufgelistet. Hierbei handelt es sich um die Konsumausgaben für die Chawerim des Jahres 1992. Anhand der wird deutlich, dass der Kibbuz G. H. I. seinen Chawerim einen überdurchschnittlichen Lebensstandard ermöglichen kann, der in der Stadt nicht aufrechtzuerhalten wäre.

Aufgrund der wirtschaftlichen Krise seit 1984 ist auch G. H. I. gezwungen, diverse Sparmaßnahmen einzuführen. So hat der Chawer heute eine beträchtliche Summe Geld (persönliches Budget) zur Verfügung, von dem er besondere Wünsche erfüllen muss. Auch überlegt man, ob Elektrizität und Wasser/Strom nicht lieber persönlich bestritten werden sollten, da man sich auf diesem Wege einen sparsameren Verbrauch erhofft.

Die Ausgaben für den Ulpan und die Volunteers sind ebenfalls relativ hoch und teilweise überflüssig, da aufgrund der Golfkrise und der anhaltenden Siedlungspolitik und

Bereiche	Ausgaben (in 1 000 NIS)	
	1991	2002
Küche/Chadar ochel	2 330	2 975
Bekleidung und Schuster	90	117
Wäscherei	105	222
Supermarkt	10	55
Laden		99
Persönlicher Bedarf	135	79
Ausgaben der Chawerim	3 675	9 684
Kommunikation	30	
Kultur	340	257
Öffentliches Gemeinwesen	55	19
Weiterbildung	715	1 144
Künstlerausgaben	12	371
Komitee der Jungen	25	38
Aufnahme von Chawerim	12	
Wohnung	410	782
Gesundheit	1 690	3 273
Altenpflege	130	418
Elektrizität für die Chawerim	175	252
Wasser für die Chawerim	85	305
Telefoneinheiten des Chawer	185	258
Warmes Wasser	230	499
Steuern des Chawer	460	946
Sozialversicherung des Chawer	400	578
Sozialabgaben für arbeitende Chawerim		507
Aktivitäten, Freizeit (allgem. Sport; Schwimmbad, Wasserball)	203	
Komitee der Chawerim	85	86
Hochzeiten	25	193
Auto	315	432
Besuch der Eltern/Enkelkinder	40	
Öffentliche Verkehrsmittel	190	21
Komitee der Erholung	6	795
Renten		3 068
Auslandsreisen	270	34
Zeitungen und Zigaretten	16	
Militär des Chawer	85	133
Erziehung des Kleinkindes (0 bis 6 Jahre)	290	488
Erziehung des Schulkindes	325	1 089
Jugendaktivitäten	70	264
Musikalische Erziehung	85	140
Kinderbücher	15	20
Kinderbedürfnisse	12	
Meshek der Kinder	35	43
Universitätsgebühren	410	401
Elternaufnahme (des Chawer)	15	85
Volunteers	76	
Ulpan	33	
Insgesamt	13 900	22 068

Tabelle 10: Ausgaben des Kibbuz G. H. I., 1991 und 2002 (Quellen: Statistik des Kibbuz G. H. I., September 1992; Information von G. H. I., Juli 2002).

der hiermit verbundenen Problemen ein deutlicher Rückgang der Volunteers festzustellen ist. Der Ulpan, von dem seit »Perestroika« vor allen Dingen russische Zuwanderer Gebrauch machen, erweist sich immer häufiger als Fehlinvestition, da die russischen Neueinwanderer den Kibbuz fast ausschließlich als Übergangslösung betrachten und an kollektiven Lebensgemeinschaften nicht mehr besonders interessiert sind.

Tabelle 10 zeigt deutlich, dass die Ausgaben für die Kibbuz-Mitglieder in den zehn Jahren seit 1991 drastisch gestiegen sind: von 13 900 Schekel in 1991 auf 22 068 Schekel in 2002. Die persönlichen Ausgaben belaufen sich inzwischen auf fast das Dreifache: von 3 675 auf 9 684 Schekel. Letzteres liegt darin begründet, dass immer mehr Ausgaben durch den Chawer selbst bestritten werden.

Ausgaben für Freizeit- und kulturelle Aktivitäten sowie für Zeitungen und Zigaretten wurden gänzlich gestrichen, zumal sie auch zuvor nur einen relativ kleinen Posten ausmachten.

Insgesamt haben sich die Ausgaben für Sozialversicherungen und -abgaben erhöht bzw. sind neu hinzugekommen, so die Renten. Diese bilden eine Entwicklung ab, und zwar dahin gehend, dass der Einzelne mehr und mehr für sich selbst sorgt. Sozialabgaben für arbeitende Chawerim kamen ebenfalls neu hinzu, da jeder Chawer mittlerweile als eigenständiges Individuum betrachtet wird, das gesondert entlohnt wird (meist noch indirekt).

9.1.2 *Die Arbeitsbereiche des Kibbuz*

9.1.2.1 Die Landwirtschaft

Die Landwirtschaft von G. H. I. besteht aus folgenden Zweigen: Getreide, Mais, Baumwolle, Avocado und Zitrusfrüchte. Tabelle 11 macht den Zusammenhang von benutzter Fläche und Ein- bzw. Ausgaben deutlich.

Die Einnahmen sind von 1991 auf 2001 erheblich gestiegen – bis auf Mais, dessen Anbau sich im Jahre 2001 nicht mehr rentierte. Alle andere Zweige konnten aufgrund verbesserter Produktionsmöglichkeiten in den vergangenen zehn Jahren ausgebaut werden.

	Genutzte Fläche (Dunam)	Einnahmen 1991 (1 000 NIS)	Ausgaben 1991 (1 000 NIS)	Verwandte Arbeitszeit (Tage)	Kosten der Arbeitszeit (1 000 NIS)	Einnahmen 2001 (1 000 NIS)
Getreide	550	156	85	90	11	189
Mais	520	279	175	200	26	k. A.
Avocados	k. A.	424	182	1250	140	1 169
Zitrusfrüchte	454	839	233	5 000	500	1 258
Baumwolle	1 500	1 510	961	200	250	2424

Tabelle 11: Die Landwirtschaft in G. H. I., 1991 und 2001 (Quellen: Jahresbericht 1992 des Kibbuz G. H. I; eigene Berechnungen; Information von G. H. I., Juli 2002).

Die Arbeitszeit wird in Tagen gemessen; allerdings muss dabei berücksichtigt werden, dass der durchschnittliche Acht-Stunden-Arbeitstag variabel ist, d. h. mit zunehmendem Alter verringert sich die Arbeitszeit wie folgt:

Männer:
ab 55 Jahre: 7 Stunden
ab 60 Jahre: 6 Stunden
ab 65 Jahre: 4 Stunden

Frauen:
ab 50 Jahre: 7 Stunden
ab 55 Jahre: 6 Stunden
ab 60 Jahre: 5 Stunden

Ab 65 Jahren ist es dem Chawer selbst überlassen, ob er arbeiten möchte oder nicht. Die Arbeit im Industriebereich wird meist von Älteren bevorzugt, da die physische Belastung hier nicht so hoch wie in der Landwirtschaft ist.

Die Einbeziehung der älteren Personen in den Arbeitsbereich des Kibbuz ist ein großes Verdienst; so bilden die »Alten« keine soziale Randgruppe im Kibbuz – im Gegenteil: Sie sind voll integriert und bei eventueller Arbeitsunfähigkeit sozial abgesichert.

9.1.2.2 Der Industriebereich

Der Kibbuz G. H. I. spaltete sich 1952 aus ideologischen Gründen in Ichud und Meuchad. Die Fabrik »Gat« wurde zu 56 % an Meuchad, zu 44 % an Ichud übertragen. Die Geschäftsleitung der Fabrik wird im Fünfjahresturnus abwechselnd von Chawerim beider Kibbuzim übernommen. Der Geschäftsführer hat die Aufgabe, Entscheidungen – möglichst auf der Grundlage eines Konsenses – zu treffen.

> »In ›Gat‹ sind insgesamt 242 Arbeiter beschäftigt, hiervon sind 142 Chawerim. ›Gat‹ ist die ›Nummer 1‹ in Israel und die größte der Kibbuz-Fabriken überhaupt. Dies liegt meiner Meinung nach am partizipativen Führungsstil und der Tatsache, dass keine Hierarchien vorhanden sind.« (Interview mit Giora, Direktor von »Gat«, Mai 1992)

Die Arbeitsteilung in der Fabrik gliedert sich folgendermaßen: Der Direktor wechselt im Fünfjahresturnus, da sonst die Arbeit zu anstrengend wäre. Vier Chawerim sind für die Distribution auf den Exportmärkten zuständig; hier herrscht fast keine Rotation, da die Auslandskontakte oft personengebunden sind. Entscheidungen werden im Konsens von Kommissionen, bestehend aus Mitgliedern beider Kibbuzim, getroffen. Jedes Mitglied verfügt über ein Vetorecht. Die Ergebnisse der wöchentlichen Zusammentreffen werden von den Vertretern der Kibbuzim an die übrigen Chawerim weitergegeben.

Trotz der Gewinnaufteilung von 50 : 50 für beide Kibbuzim steht G. H. I. finanziell bedeutend besser da. Gehälter stehen ebenfalls im Gespräch, da Meuchad beispielsweise über 5 000 Arbeitstage mehr verfügt. Dieses Mehr an Arbeitstagen kann aber aufgrund ungeschriebener Gesetze, die eine Umverteilung des Geldes verbieten, nicht ausgezahlt werden. Solche Differenzen werden aber nur in den beiden Kibbuzim laut ausgesprochen, in der Fabrik herrscht Einvernehmen bei der Arbeit unter den Mitgliedern (Giora, Mai 1992).

»Gat« exportiert vor allen Dingen nach Europa (Großbritannien, Benelux-Länder, Frankreich, Skandinavien, Ungarn, dem früheren Jugoslawien), nach Japan und Singapur. Die USA haben einen geschlossenen Markt für israelische Produkte; geplant ist der weitere Export in osteuropäische Ländern.

In den Ländern, in die exportiert wird, hat Israel ständige Vertreter, die sich um die Distribution und das Marketing kümmern. Obwohl 70 % der Produktion ins Ausland gehen, liegt der Gewinn bei nur 40 %; im Inland dagegen werden 30 % abgesetzt, aber 60 % Gewinn erzielt. Die Aktivitäten auf dem Inlandsmarkt sollen daher ausgebaut werden.

> »Im Jahre 1991 wurden 125 000 Tonnen Obst abgesetzt, hiervon 50 000 Tonnen Apfelsinen der Sorte ›Shmoti‹ 20 000 Tonnen Apfelsinen anderer Sorten, 42 000 Tonnen Pampelmusen, 8 000 Tonnen verschiedene Zitrusfrüchte, 5 000 Tonnen Zitronen und 800 Tonnen Erdnüsse. 20 % (4 Millionen Dollar) der Nussproduktion werden im Inland abgesetzt. 1991 erwirtschaftete ›Gat‹ einen Umsatz von 80 Million US-Dollar, wovon 55 Millionen auf den Export entfielen.
> Der Export nach Europa leidet unter dem Zusammenschluss der europäischen Länder, da viele Zitrusprodukte in der EG aus Spanien, Portugal und Italien bezogen werden und weitaus billiger sind (Einsparen des Zolls, geringere Transportkosten).« (Interview mit Giora, Direktor von »Gat«, Mai 1992).

1991 gründete G. H. I. eine weitere Fabrik, »Meigat«, und zwar unabhängig von Meuchad. Diese Fabrik produziert Mineralwasser ausschließlich für den inländischen Markt. Es ist ein Tochterunternehmen von »Gat« und hat pro Schicht (drei Schichten insgesamt) lediglich fünf Arbeiter, meist Neueinwanderer aus Russland; ein Arbeitstag ist hier genauso teuer wie in »Gat«. Die Saison in Meigat dauert von Juni bis September, da die Mineralwasserproduktion abhängig vom erhöhten Mineralwasserkonsum in den heißen Sommermonaten ist.

Joel, der frühere Arbeitskoordinator von G. H. I. und heutiger Direktor von Meigat, nannte als Gründe für die gute wirtschaftliche Situation des Kibbuz folgende Punkte:

- »Gat« verschafft dem Kibbuz eine solide finanzielle Grundlage.
- Anschaffungen und Investitionen (Bau des neuen Chadar ochel und neuer Wohnhäuser) wurden dann getätigt, als der Dollar billig war.
- Die Geschäftsleitung der Fabrik und die Leitung des Kibbuz zeichnen sich durch eine konservative, präventive Sparpolitik aus.
- Hinzu kommt die Zahlung der Wiedergutmachungsgelder aus der Bundesrepublik Deutschland.

Selbst wenn die Mitgliederzahl seit Anfang der neunziger Jahre etwas gesunken ist, konnte G. H. I. bis 2001 seine Einnahmen deutlich erhöhen. Vor allem im industriellen Bereich sind erhebliche Zuwächse zu verzeichnen, die in immer ausgefeilterer Technisierung sowie effizienteren Produktionsmethoden begründet liegen. Darüber hinaus konnte der Kibbuz G. H. I., der für seine landwirtschaftlichen Produkte (u. a. Nüsse und Säfte) bekannt ist, den Export steigern.

Branche	1991	1992
Landwirtschaft	3 673	4 300
Fabriken	2 264	2 250
Andere Arbeiten	1 749	1 750
Magach	1 770	2 345
Gat	4 659	5 500
Besondere Einnahmen	3 786	3 300
Besondere Ausgaben	1 176	1 200
Verkehrssteuer	275	300
Takam-Abgabe	250	250
Soziale Abgaben	1 705	1 800
Wohnung	955	880
Andere Ausgaben	3 718	3 700
Insgesamt	15 584	17 315
Lebenshaltungskosten	12 880	13 905
Restposten für anstehende Anschaffungen	3 410	2 704

Tabelle 12a: Einnahmen und Ausgaben von G. H. I., 1991 und 1992, in 1 000 Schekel (Quelle: Statistik des Kibbuz G. H. I, 1992).

Branche	2001
Landwirtschaft	5 859
Fabriken	5 401
Andere Arbeiten	1 461
Öffentl. Körperschaften, Kooperationen (Magach, Gat, Granot, Koop)	8 467
Auswärtige Arbeiten, Lehrer	7 727
Direktorat und Allgemeines	1 897
Insgesamt	28414
Anderes	48
Insgesamt für den Meshek	28462

Tabelle 12b: Einnahmen von G. H. I., 2001, in 1 000 Schekel (Quelle: Statistik des Kibbuz G. H. I, 2001).

Yeniv Ofer, technischer Leiter von »Magach«, berichtet über die Erfolge »seiner« Fabrik: 1997 wurde »Magach« aufgrund des Patentes eines Chawer errichtet, der eine Hühnereilegemaschine erfunden hatte.[1] Seit 1984 wird dieses System hauptsächlich in die USA exportiert, gelegentlich auch nach Europa. Obwohl sich erst seit Ende der achtziger/Anfang der neunziger Jahre der Betrieb zu rentieren beginnt, sind die Umsätze nicht

1 Die Hühner sitzen auf einem automatischen Rollband, getrennt voneinander in verschiedenen Zellen. Die gelegten Eier werden auf das Band vor der Zelle herauskatapultiert. Futter für die Hühner wird ebenfalls automatisch zugeteilt.

mit denen von »Gat« zu vergleichen. Im ersten Quartal konnte man allerdings bereits einen Umsatz von 1 Million Schekel verbuchen. 90 % der Produktion laufen nur auf Bestellung, ein Großteil wird sogar außerhalb des Kibbuz produziert. Innerhalb des Kibbuz ist man fast ausschließlich mit der Systemzusammenfügung und Qualitätskontrolle beschäftigt; Hühner gibt es in der Fabrik nicht, sondern lediglich den technischen Bereich. Im Ausland wird die Distribution von einer Marketingfirma (»Meine«) übernommen, die an »Magach« prozentual beteiligt ist. Darüber hinaus produduziert »Magach« den so genannten »Sanitizer«, eine automatische Sterilisationsmaschine für Milch. Hierüber fehlen noch exakte Zahlen, da sie erst 1992 in die Produktion aufgenommen wurde. Im technischen Bereich (Produktion) sind sechs Personen, darunter zwei Lohnarbeiter, beschäftigt, im administrativen Bereich (Rechnungswesen/Buchführung, Vertrieb) sind sechs bis acht Chawerim angestellt.

9.1.2.3 Beith Theresienstadt

Aufgrund der Tatsache, dass ein Großteil der älteren Bevölkerung aus der ehemaligen Tschechoslowakei kommt, wurde in G. H. I. zum Andenken an die Juden des Ghettos Theresienstadt, die in der Naziverfolgung umkamen, eine Gedenkstätte errichtet. Der Grundstein wurde 1969 gesetzt, die Eröffnung war 1975 zum 30. Jahrestag der Befreiung des Ghettos. Diese Kulturstätte, die mit Leseräumen, einer Bibliothek, einem Archiv und einer Gedenkstätte eingerichtet ist, wurde auf Initiative der überlebenden Mitglieder der zionistischen Jugendbewegungen und der »Hechaluz«-Bewegung in Israel gegründet. Im Archiv befinden sich Hunderte von Zeichnungen, Bildern, Handarbeiten und Dokumenten aus dem Ghetto. Die Bibliothek enthält alles, was über das Ghetto Theresienstadt erschien, und viele Bücher über die Geschichte der tschechoslowakischen Juden sowie Filme und Photographien aus dem Ghetto. In Beith Theresienstadt finden jährlich Treffen der ehemaligen Mitglieder der zionistischen Jugendbewegung und Studientage für Schüler statt. Als weit über die Grenzen Israels hinaus bekannte Gedenkstätte wird Beith Theresienstadt von zahlreichen interessierten Menschen aus dem In- und Ausland besucht.

9.1.2.4 Der Dienstleistungsbereich

Die Arbeiten im Dienstleistungsbereich, die gewissermaßen den internen Lebensstandard gewährleisten, sind von allen Tätigkeiten im Kibbuz die unbeliebtesten (nach Aussage des Arbeitskoordinators Joel). Daher ist hier am häufigsten eine Rotation durchzuführen (ca. alle sechs Monate).

Im Kibbuz G. H. I. gibt es eine gemeinsame Küche, einen Esssaal und einen kleinen Supermarkt sowie eine Kleiderkammer mit Wäscherei. Zum Dienstleistungsbereich gehören ferner eine Schreinerei, ein Installations- und ein Elektrobetrieb.

Das Gesundheits- und Erziehungswesen im Kibbuz ist sehr gut organisiert. So verfügt G. H. I. über ein eigenes kleines Krankenhaus, eine Zahnarztpraxis und sogar über einen Kosmetiksalon.

Das Erziehungssystem umfasst die Kinder von der Geburt bis zum 18. Lebensjahr. Kindergärten und Schulen befinden sich im Kibbuz, obwohl man auch die Möglichkeit hat, eine regionale Schule zu besuchen.

Für sportliche Aktivitäten stehen ein Schwimmbad, Tennisplätze und ein Basketballplatz zur Verfügung.

Ebenfalls vom Kibbuz finanziert werden Ausflüge und Kurse in Keramik, Töpfern, Yoga etc. Diverse Musikinstrumente können bei Interesse erlernt werden.

9.2 Der Kibbuz Tuval

Im Folgenden wird der Kibbuz Tuval beschrieben, der aufgrund seines Alters, seiner Größe und seiner Arbeitsbereiche im Vergleich zu anderen jungen Kibbuzim als überdurchschnittlich angesehen werden kann.

Die nachstehend genannten Daten beziehen sich überwiegend Aussagen des Sekretärs, auf diverse Statistiken von Tuval sowie den Jahresplan von 1992. Diese Daten wurden 2002 teilweise ergänzt um aktuelle Angaben bzw. um finanzielle Statusberichte, die mir der Kibbuz zur Verfügung stellte.

Tuval wurde 1982 gegründet und gehört dem Dachverband Takam an. Im Galil inmitten einer grünen Hügellandschaft gelegen, ist dieser Kibbuz von arabischen Siedlungen umgeben. Er liegt 40 Kilometer südlich von Haifa; die Gegend nennt sich im israelischen Sprachgebrauch auch »Misgav«. Die Region zeichnet sich darüber hinaus durch eine Konzentration kleinerer und jüngerer Kibbuzim aus, die aber fast alle in Konkurs gegangen sind. Die Größe des Kibbuz beträgt 550 Dunam, die Wohnfläche 90 Dunam.

9.2.1 Die Bevölkerungsstruktur des Kibbuz Tuval

Die meisten Kibbuznikim stammen aus Israel und aus angelsächsischen Ländern (USA, Australien, England). Aufgrund des Anfang der neunziger Jahre erst zehnjährigen Bestehens fehlten die Altersgruppen über 36 Jahre (der älteste Chawer ist 37 Jahre alt). Zu Beginn war die Beziehung zwischen den Israelis und den »Angelsachsen« etwas gespannt, berichtet Beth, eine der Gründerinnen. Dies lag daran, dass die aus dem Ausland Kommenden älter waren und bereits eine Ausbildung absolviert hatten, während die israelischen Chawerim noch im Militärdienst standen, das heißt, dass beide Gruppen sich in einer unterschiedlichen Entwicklungsphase befanden. Dieses Problem war aber nicht sehr gravierend und ist Beths Meinung nach heute nicht mehr vorhanden.

Im Jahre 2000 gibt es in Tuval 40 Mitglieder, einen Anwärter sowie 40 Kinder. 32 Personen und 29 Kinder wohnen hier lediglich vorübergehend (Auskunft des Kibbuz Tuval,

Mitglieder	
Vollmitglieder	55
Anwärter	5
Mitglieder insgesamt	60
Garin (Militärgruppe im Kibbuz)	7
Kinder	
0 bis 2 Jahre	19
3 bis 6 Jahre	11
Schulkinder	
Klasse 1 bis 5	7
Kinder insgesamt	37

Tabelle 13: Bevölkerungsstruktur des Kibbuz Tuval, 1992 (Quelle: Statistik des Kibbuz Tuval, 1992).

2000). Tuval musste einen Bevölkerungsrückgang hinnehmen, was nicht zuletzt daran liegen mag, dass er ein kleiner Kibbuz ist, der seinen Mitgliedern nicht so viele Möglichkeiten bieten kann wie beispielsweise G. H. I.

9.2.2 Die Arbeitsbereiche des Kibbuz

Tuval hat eine Trennung zwischen der Gemeinschaft und den Geld einbringenden Bereichen vorgenommen. Der »community pool« stellt alle (Dienst-)Leistungen wie Essen, Wäscherei, Erziehung der Kinder, Steuer- und Sozialversicherungszahlungen sowie Elektrizität dem »business pool« zur Verfügung. Dieser ist im Gegenzug verpflichtet, den beschäftigten Chawerim Geld in Form differenzierter Gehälter zukommen zu lassen. Der verbleibende Rest (Gewinn abzüglich der Kosten an den »community pool« für die Lebenshaltung) kann investiert werden.

Ein Wirtschaftsplan wird in Tuval wie in allen Kibbuzim jährlich mit einer dreimonatigen Planrevision erstellt. Der Plan wird getrennt nach Ausgaben und Einnahmen; zu den Ausgaben werden folgende Bereiche gezählt: Küche, Wäscherei, Erziehung, Bildung innerhalb Tuvals wie Vaada der Chawerim/Weiterbildung und Kurse sowie die Bildung (Studium) außerhalb von Tuval, Lavendelfelder, Außenarbeit, Wohnungen, festliche Anlässe, Kultur, Versicherungen.

Auf der Einnahmenseite werden folgende Bereiche verbucht: der Kuhstall, die Hühnerfarm, die Kiwiplantage, »Kotlav« (Fabrik in Chanita) und das Seminarcenter.

Tabelle 14 stellt die monatlichen Ausgaben pro Familie im Jahre 2001 dar. Es gibt in Tuval 20 Familien.

Bereich	Monatlich pro Familie (in NIS)
Verband der Gemeinschaft	429
Sekretariat	25
Persönliches Budget	5 954
Wirtschaft	546
TV und Kabelanschluss	208
Vaadat Chawerim	117
Kultur	121
Wohnung	167
Gesundheit und Versicherung	250
Erziehung	1 742
Sozialversicherung	821
Steuern	358
Vaadat-Entwicklung	17
Reisen	75
Ablösung bei Verlassen Tuvals	100
Personalwesen	167
Miete	263
Verkehrssteuern	50
Zwischensumme	11 408
Allgemeines	575
Investitionen	417
Renten	917
Verbindlichkeiten	646
Fonds der gegenseitigen Hilfe	50
Insgesamt	14 013

Tabelle 14: Ausgaben des Kibbuz Tuval, 2001 (Quelle: Statistik des Kibbuz Tuval, 2001).

9.2.2.1 Die Landwirtschaft

Die Landwirtschaft Tuvals besteht aus folgenden Zweigen: Kiwianbau und vor allen Dingen Fleisch- und Milcherzeugnisse (Kuhstall) sowie Eier (Hühnerfarm).

Die Landwirtschaft in Tuval hat mit großen Problemen zu kämpfen, zum einen, da sie auf »Tnuva« (Milchfirma Israels) als ihrem Hauptabnehmer an deren Auflagen gebunden ist und nicht mehr als 2 000 Liter im Quartal produzieren darf; zum anderen, da die landwirtschaftliche Produktion kosten- und arbeitsintensive Maschinen benötigt, um effizient arbeiten zu können. Dies ist aber wegen der geringen Größe Tuvals nicht realisierbar, da weder genügend Arbeiter noch die dazu erforderliche Fläche vorhanden sind. Ferner sind die Transportwege nach Haifa, dem Hauptabsatzmarkt, relativ weit entfernt und dementsprechend teuer.

Die Landwirtschaft in Tuval hat sich seit Beginn der neunziger Jahre positiv entwickelt, wie auch Tabelle 15 zu entnehmen ist: Sie trägt mit 1 768 000 Schekel zum Gewinn

	Genutzte Fläche (Dunam)	Einnahmen (in 1 000 NIS)		Ausgaben (in 1 000 NIS)		Verwandte Arbeitszeit 1991 (Tage)	Kosten d. Arbeitszeit 1991 (in 1 000 NIS)	Gewinn 2001 (in 1 000 NIS)
		1991	2001	1991	2001			
Tiere (Fleisch, Milch)	89	3716	4 559	1 486	3 075	1 701	2,2	1 768
Hühner			3 859		3 132			714
Kiwi	280	140	495	366	225	0,8		90
Lavendel	0	k. A.		281		k. A.		

Tabelle 15: Die Landwirtschaft in Tuval, 1991 und 2001 (Quellen: Statistik des Kibbuz Tuval, 2001).

des Kibbuz bei. Eine wichtige Einnahmequelle ist auch das Seminarcenter, das vermietet wird, mit 53 000 Schekel. Abzüglich aller Kosten (Gehälter, Verbindlichkeiten etc.) beläuft sich der Gewinn im Jahre 2001 auf 608 000 Schekel, also ein deutlicher Anstieg innerhalb der vergangenen zehn Jahre, zumal der Gewinn von weniger Mitgliedern als früher erwirtschaftet wird.

Die Arbeitszeit beträgt in Tuval acht Stunden bei einer Sechstagewoche. Ausgaben für die älteren Mitglieder des Kibbuz wie in G. H. I. fallen hier weg.

»Nach Abzug aller Kosten haben wir einen Gewinn von ca. 100 000 Schekel; 1991 lag unser Gewinn bei 0. Dies liegt zum Großteil an den hohen Gehältern, die die Kiwiplantage und die Hühnerfarm an die Gemeinschaft zahlen, und ebenfalls daran, dass die landwirtschaftlichen Erzeugnisse nicht mehr vom Staat subsidiert werden.« (Neil, Sekretär in Tuval)

9.2.2.2 Der Industriebereich

Da Tuval nicht in der Lage ist, von der Landwirtschaft zu existieren, sind andere Arbeitsbereiche sehr gefragt. Tuval verfügt über eine Lavendelfabrik, die im vorigen Abschnitt schon erwähnt wurde und aufgrund der Bodenbenutzung zur Landwirtschaft gezählt wird. Diese Fabrik wirtschaftet bis dato jedoch lediglich im Minusbereich, und es ist fraglich, ob sie sich halten wird. Die Lavendelfabrik konnte sich über die Jahre leider nicht halten und musste geschlossen werden.

Das Plus von Tuval liegt jedoch in der generell hohen Qualifikation seiner Mitglieder, die zwar für viele Kibbuzim üblich, in Tuval aber vergleichsweise höher ist. Von den 21 Frauen verfügen neun über den Bachelor of Arts (B. A.) und zwei über einen Magister Artium (M. A.), die übrigen zehn Frauen haben eine abgeschlossene Lehre vorzuweisen. Bei den Männern verhält es sich ähnlich: 15 von 34 Männern haben ein B. A., vier einen M. A., und die restlichen 15 Männer haben eine Lehre absolviert. Die meisten Abschlüsse wurden vor dem Beitritt in den Kibbuz erreicht, so dass der Kibbuz von den hohen Ausbildungskosten bislang weitgehend befreit blieb.

Aufgrund der hohen Qualifikation sind viele der Chawerim außerhalb des Kibbuz im Kibbuz Chanita auf der Führungsebene der dortigen Fabrik »Kotlav« beschäftigt; von fünf Managern stammen vier aus Tuval. Aufgrund ihres unverzichtbaren Know-how ist eine zehnprozentige Beteiligung an der Fabrik in Erwägung gezogen worden, die Tuval aus der wirtschaftlichen Misere retten würde. In der Fabrik wird ein polyesterähnlicher Stoff produziert, der zur Fensterabdichtung benutzt wird. Verpackung und Distribution dieses Stoffes sind die Geschäftsbereiche der Fabrik. Exportiert wird nach Europa (Großbritannien, Frankreich, Deutschland), in die USA und nach China. Zurzeit (1993) finden Verhandlungen zwischen dem Takam, Chanita und Tuval statt, da die Kosten für einen »Einkauf« vom Takam vorgestreckt werden müssten. Das Bestreben Tuvals war von Anfang an, eine industrielle Kooperation mit einem anderen Kibbuz einzugehen, da seine eigenen Kapazitäten begrenzt sind.

9.2.2.3 Der Dienstleistungsbereich

In Tuval beginnt sich allmählich der Tourismus zu etablieren: Ein Seminarcenter wurde erbaut, das zurzeit (1993) jedoch noch für Übernachtungen bei dem alljährlich in Tuval stattfindenden Musikfestival genutzt wird. Es ist im Gespräch, dies als Erholungscenter zukünftig zu nutzen, allerdings müssen noch Genehmigungen eingeholt werden und Personalfragen geklärt werden. Das Musikfestival ist darüber hinaus auch als eine Einnahmequelle besonderer Art zu betrachten, denn hierdurch erlangte Tuval Popularität in Gesamtisrael. Es werden besonders jungen israelischen und arabischen Musikern Begegnungen ermöglicht und die entsprechenden Räumlichkeiten zur Verfügung gestellt. Weiterhin bemüht sich Tuval, die Integration von israelischen und arabischen Jugendlichen zu fördern, indem Seminare und Tagungen angeboten werden. Aufgrund der Tatsache, dass Tuval von arabischen Siedlungen umgeben ist, möchte man ein friedliches Miteinander erreichen. Wie weiter oben schon beschrieben, hat es das Seminarcenter geschafft, einen positiven Beitrag zur wirtschaftlichen Lage des Kibbuz zu leisten. Selbst wenn dieser Anteil derzeit noch äußerst gering ist, erfreut sich das Seminarcenter wachsender Beliebtheit und Nachfrage.

Bereits im vorigen Abschnitt wurde erwähnt, dass aufgrund der hohen Qualifikation viele Chawerim außerhalb des Kibbuz arbeiten. Mit ein Grund hierfür ist aber auch die schlechte finanzielle Lage, in der sich Tuval befindet, so dass außerhalb erzielte Gehälter für die finanzielle Sicherung des Kibbuz unerlässlich sind. Andererseits möchte Tuval nicht auf seinen Meshek verzichten, da die Zusammenarbeit einen wichtigen Garanten für das Zusammenleben darstellt.

Ferner verfügt Tuval über einen Chadar ochel, einen kleinen Supermarkt und eine Wäscherei. Es gibt einen Kindergarten; die Schulkinder besuchen dagegen eine Schule außerhalb des Kibbuz, die von allen in der Umgebung liegenden Kibbuzim gegründet wurde.

Ausflüge und Veranstaltungen kultureller Art finden in den Tagungsräumen des Gästehauses statt.

Besonders hervorzuheben ist der jährlich stattfindende Marathonlauf, der von dem Kibbuz-Sekretär initiiert wurde und an dem Menschen aus ganz Israel teilnehmen (die Strecke verläuft vom Kibbuz zum Meer).

Das Gesundheitswesen in Tuval ist durch eine Krankenstation und die permanente Anwesenheit einer Krankenschwester repräsentiert.

Auslandsreisen werden vom Kibbuz alle vier Jahre getragen, da ein Großteil der Chawerim nicht aus Israel kommt. Den israelischen Chawerim wird entsprechend Urlaubsgeld gezahlt.

9.3 Givat Haim Ichud und Tuval im Vergleich

Um beide Kibbuzim miteinander vergleichen zu können, muss man sich der Tatsache bewusst sein, dass von zwei gänzlich unterschiedlichen Ausgangspositionen die Rede ist. G. H. I. kann im Gegensatz zu Tuval auf eine lange Entwicklungsgeschichte zurückblicken, die ihre Anfänge vor der Staatsgründung Israels hat und schon diverse gesellschaftliche und wirtschaftliche Krisen durchlief. Dieser Kibbuz hat sich über die Krisenzeiten hinweg etabliert und kann eine gewisse gefestigte Struktur aufweisen.

Tuval, erst 1982 gegründet, ist gerade im Begriff, seine zweite Generation zu etablieren; in finanzieller Hinsicht ist er noch nicht stabil. Allerdings hat Tuval die erste Hürde genommen und sich nach über zehnjährigem Bestehen als junger Kibbuz etabliert. Trotz der wirtschaftlichen unsicheren Situation leidet die gesellschaftliche Struktur in Tuval nicht. Weiterhin gilt es zu berücksichtigen, dass Tuval die finanziellen Engpässe durch die Fusion mit Chanita für die Zukunft überwinden kann.

Insgesamt konnte ich bei meinen empirischen Untersuchungen feststellen, dass in Tuval eine äußerst aufgeschlossene Atmosphäre herrscht und keine an Konventionen erstarrte Struktur vorhanden ist, wie dies in G. H. I. der Fall ist. Für neue Ideen ist die Gemeinschaft aufgeschlossen, was sich in der Trennung von »community« und »business pool« manifestiert. Auch klagen die jungen, allein stehenden Leute in Tuval nicht über Langeweile, obwohl weniger Freizeiteinrichtungen als in G. H. I. vorhanden sind.

Ein Problem in Tuval ist der Umstand, dass die Kinder weit entfernte Wege zur Schule überwinden müssen und an den Nachmittagen keine Spielkameraden haben (so ein zehn Jahre altes Kind). Außerdem fehlen aufgrund der angespannten finanziellen Lage Sportanlagen, z. B. Schwimmbad und Tennisplatz, oder auch Kinos u. Ä. Im Gegensatz zum G. H. I. wird der Chadar ochel in Tuval noch als ein Treffpunkt der Mitglieder benutzt; nahezu alle Chawerim besuchen ihn, und auch die Kinder essen am Mittag dort, da es kein Catering in den Kindergärten gibt.

Trotz der aufgezeigten Probleme ist in Tuval ein sehr großer Zusammenhalt unter den Chawerim vorhanden. Dies liegt zum einen daran, dass die Mitglieder der Kerngruppe der Gründer schon vor ihrem Beitritt eng miteinander befreundet waren und sich kannten; zum anderen daran, dass sie diese Lebensform selbst gewählt haben und nicht »hineingeboren« wurden.

10. Ergebnisse der Befragung

10.1 Ziele der mündlichen und schriftlichen Befragung

Bei der *mündlichen Befragung* standen folgende Fragen im Vordergrund (vgl. Gesprächsleitfaden im Anhang):

1. Welche der Prinzipien im Kibbuz sind Ihrer Meinung nach unantastbar?
2. Wird das Rotationsprinzip in Ihrem Kibbuz angewandt, und, wenn ja, ist es Ihrer Meinung nach auch effizient im Sinne der Produktivitätssteigerung?
3. Ist die Funktion der basisdemokratischen Elemente nach wie vor gegeben?
4. Sollte Ihrer Meinung nach leistungsbezogener Lohn eingeführt werden, oder gibt es weiterhin andere Gründe für effektives Arbeiten?
5. Besteht in Ihrem Kibbuz hinsichtlich des gesellschaftlichen und des Arbeitslebens an sich eine Gleichberechtigung der Geschlechter?
6. Wodurch charakterisieren sich die etablierten und jungen Kibbuzim, gibt es gravierende Unterschiede?

Ziel der *schriftlichen Befragung* war es, die Ergebnisse der mündlichen Untersuchung zu hinterfragen und zu standardisieren. Zentral dabei waren folgende Themen:

1. Das allgemeine Leben im Kibbuz: Der Lebensstandard und das gemeinschaftliche Leben sind Hauptgründe für das Verbleiben im Kibbuz.
2. Die Arbeitswelt im Kibbuz:
   - Einführung des leistungsbezogenen Lohns
   - Chancengleichheit bei der Berufswahl
   - Arbeitsplatzwechsel bzw. -wahl ist gegeben
   - Produktive Sektoren sind im Kibbuz angesehener als Dienstleistungen
3. Organisation und Struktur
   - Modifikation der Prinzipien
   - Verlust der Funktion von basisdemokratischen Elementen
   - nur teilweise Realisierung der Rotation
   - Arbeitsmotivation erfolgt aufgrund ideeller und gesellschaftlicher Werte.

Die im Folgenden aufgeführten Tabellen und Abbildungen wurden anhand der statistischen Auswertung erstellt (vgl. Anhang).

10.2 Veränderungen der personellen und organisationellen Struktur im Kibbuz

10.2.1 Abkehr von den Prinzipien?

Der Frage, ob die Prinzipien des Kibbuz heute nicht mehr aktuell sind oder aufgrund der sich ständig wandelnden Umwelt der Kibbuz so, wie er heute existiert, keiner mehr ist, wird in den folgenden Abschnitten nachgegangen.

Kriterienkatalog

An dieser Stelle seien nochmals die essentiellen Grundprinzipien des Kibbuz (sowohl für den etablierten als auch den jungen Kibbuz) vergegenwärtigt bzw. hinsichtlich ihrer Aktualität beschrieben:

1. Das Prinzip der Gleichheit ist nach wie vor vorhanden; alle Chawerim haben den gleichen Lebensstandard. Jedoch ist die ehemals mechanische Verteilung von Konsumgütern einer bedürfnisorientierten gewichen.
   Die gemeinsame Kasse und das gemeinsame Eigentum an den Produktionsmitteln sind essentiell wichtig für das Gemeinschaftsgefühl der Chawerim.
2. Die – aufgrund der ökonomischen Krise – immer stärker werdende Effizienzorientierung hat die prinzipielle Werteorientierung nicht außer Kraft gesetzt. Die Bedürfnisse haben sich zwar insbesondere bei den Jüngeren geändert, jedoch bestimmt materieller Gewinn nicht das Denken der Kibbuznikim.
3. Das Prinzip der Egalität von Leistung und Konsum soll weiterhin Einkommensunterschiede und eventuelle Hierarchieetablierungen vermeiden helfen.
   Das Prinzip der Rotation, konzipiert zur Vermeidung von Hierarchien, findet zwar immer noch Anwendung, doch inzwischen mehr als »fachspezifische« Rotation. Das heißt, auch hier ist man von der »mechanischen« Rotation abgekommen, und vor allem in leitenden Funktionen findet die Rotation immer seltener statt.
4. Der autarke Arbeitsmarkt ist heute in fast keinem Kibbuz mehr vorhanden (ca. 20 % der Arbeiter sind Lohnarbeiter; vgl. Rosner, o. J., S. 21).
5. Die Basisdemokratie wird relativiert, da viele Entscheidungen in Ausschüsse verlagert bzw. zahlreiche die Fabriken betreffenden Entscheidungen vom Management getroffen werden; ausgenommen sind grundlegende Investitionsentscheidungen.
   Alle für die Allgemeinheit relevanten Entscheidungen werden nach wie vor von der Generalversammlung getroffen.
6. Durch die Industrialisierung und den sich expandierenden Dienstleistungssektor ist den Mitgliedern ein größeres und auch qualifizierteres Berufsangebot gegeben.

7. Das Prinzip der Solidarität, das die gegenseitige Hilfe und das Zusammengehörigkeitsgefühl der Mitglieder beinhaltet, ist ein Prinzip, das das gesamte Zusammenleben und Arbeiten bestimmt.

Bei der *schriftlichen Befragung* wurden beide Kibbuzim daraufhin untersucht, ob die Prinzipien unantastbar bleiben, aufgegeben oder modifiziert werden sollten.

In G. H. I. (Abbildung 3a) ist ca. die Hälfte der Befragten der Ansicht, dass gemeinsames Eigentum unantastbar bleiben sollte (49 %). Ein Drittel der Befragten meint jedoch, dass dieses Prinzip modifiziert werden sollte (32 %).

Die Basisdemokratie, die eine direkte Demokratie beinhaltet, würde über ein Drittel der Chawerim gern modifizieren (37 %); andererseits ist eine verschwindend geringe Anzahl der Befragten der Meinung, dass sie aufgegeben werden darf (9,2 %).

Beim Prinzip der Trennung zwischen Leistung und Konsum verhält es sich ähnlich: 32 % plädieren für eine Modifizierung, und lediglich 13 % der Befragten sprechen sich für die Abschaffung aus.

Das Gleiche gilt für das Prinzip der gemeinsamen Kasse. Knapp die Hälfte der Befragten (47 %) ist der Meinung, dass dies Prinzip unantastbar ist. Allerdings befürworten 31 % dessen Modifizierung.

In Tuval (Abbildung 3b) brachte die Befragung folgende Ergebnisse: Das gemeinsame Eigentum halten 30,4 % (= 7 Personen) der Befragten für unantastbar. Lediglich 17 % (= 4 Personen) der Chawerim möchten dieses Prinzip aufgeben, während eine Modifizierung desselben von 52 % (= 12 Personen) als wünschenswert angesehen wird.

Für eine Veränderung der basisdemokratischen Entscheidungsprozesse plädieren 39,1 % (= 9 Personen). 47,8 % (= 11 Personen) der Befragten sprechen sich aber explizit dafür aus, die Grundidee der Basisdemokratie nicht anzutasten.

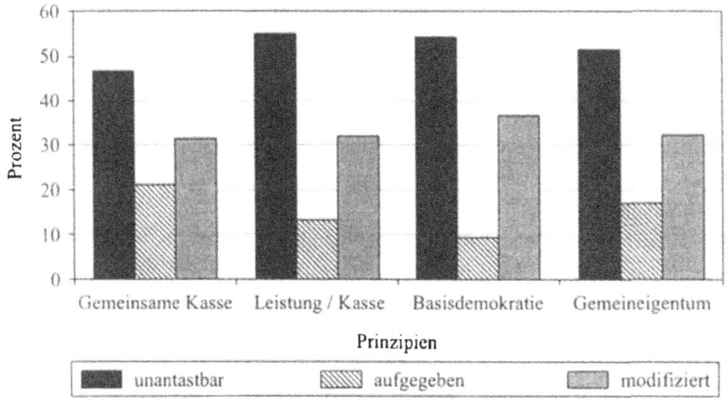

Abbildung 3a: Abkehr von den Prinzipien in G. H. I. (V 96–107)

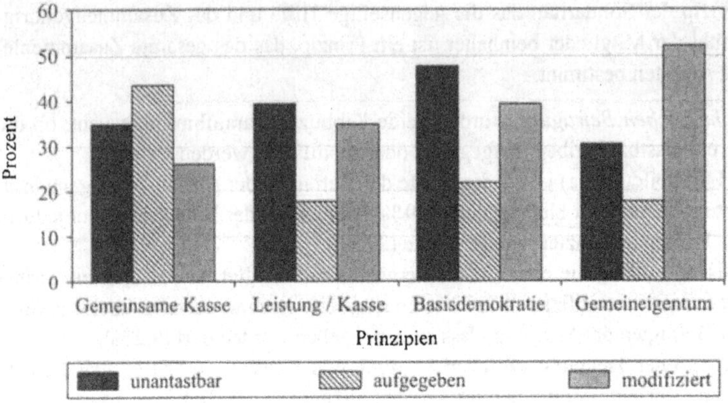

Abbildung 3b: Abkehr von den Prinzipien in Tuval (V 96–107)

Die Trennung von Leistung und Konsum wollen 34,8 % (= 8 Personen) der Befragten modifizieren. Die gleiche Zahl von Chawerim (= 8 Personen bzw. 34,8 %) spricht sich aber für die Beibehaltung des Prinzips der gemeinsamen Kasse aus.

Aus diesen Ergebnissen lässt sich ersehen, dass der etablierte und der junge Kibbuz sehr verschiedene Einstellungen zu den Veränderungen aufweisen. Trotz gewisser Veränderungen und Trendbewegungen lässt sich bei dem etablierten Kibbuz eine allgemeine Prinzipientreue von 40 bis über 50 % feststellen.

Die Modifikation der Prinzipien, meint Jankale, Kibbuz-Sekretär aus G. H. I., läuft in die Richtung der erwünschten gestiegenen Eigenverantwortung des Chawer. Für ein Aufgeben der Prinzipien plädieren nur 5 bis 20 % der Chawerim aus G. H. I.

In Tuval hingegen lassen sich signifikante Unterschiede zur Prinzipientreue feststellen: Während sich 30 bis über 40 % der Befragten für die generelle Beibehaltung der Prinzipien aussprechen, möchten zwischen 20 und 40 % der Chawerim die Prinzipien aufgeben. Besonders auffällig ist die Antwort bei der Frage zum Prinzip der gemeinsamen Kasse: Über 40 % der Befragten wollen sie »kippen«. Diese unerwartet negative Einstellung zu diesem Prinzip mag an der Enttäuschung darüber liegen, dass die Kibbuznikim unverantwortlich mit dem gemeinsamen Geld umgingen (in Tuval wurde erst vor kurzem das persönliche Budget eingeführt).[1]

Die oben dargestellten Ergebnisse sollen nun anhand einiger Ausführungen von Chawerim aus beiden Kibbuzim illustriert werden. So meint Sibyll Heilbronn, Dozentin am Institut Ruppin, dass

1 Allerdings kann erwartet werden, dass sich die Einstellung hierzu mit der Zeit »normalisieren«, da ansonsten zu den anderen Prinzipien eine konstante Einstellung der Chawerim vorzufinden ist. Berücksichtigt werden muss ebenfalls – wie bereits erwähnt –, dass in Tuval aufgrund seiner geringen Größe lediglich 23 Personen befragt wurden; beispielsweise sind 40 % der Befragten hier lediglich acht Chawerim.

»die Zeit der gemeinsamen Produktionsmittel vorbei [ist]. Ähnlich sieht es beim gemeinsamen Konsumverbrauch aus, jedoch sollte hier die Grenze bei der Erziehung und dem Gesundheitswesen gezogen werden. Diese beiden Bereiche sollten auf jeden Fall von der Gemeinschaft getragen werden. Die umstrittene Frage der Einführung von leistungsbezogenem Lohn negiere ich. Meiner Meinung nach wird durch die Einführung von Gehältern nicht effizienter gearbeitet werden, eher umgekehrt, denn hierdurch besteht die Gefahr einer Hierarchiebildung. Kontrolliert müssten jedoch die Arbeitszeiten werden, denn Absentismus ist ein großes Dilemma im Kibbuz.«

Jankale, Sekretär von G. H. I., ist der Ansicht, dass gewisse Veränderungen im Kibbuz unerlässlich sind. So sollte das persönliche Budget erhöht werden, um den Chawerim mehr Eigenverantwortung im kulturellen und gesellschaftlichen Bereich zu ermöglichen.

Lea, eine Chawera aus G. H. I., äußert sich hierzu kritischer, wenn sie sagt:

»Die Prinzipien und Ideale von damals haben sich grundlegend verändert. Der Grundgedanke, eine immaterielle Gesellschaft zu bilden, ist der Tatsache gewichen, dass heute im Kibbuz Materielles für die Mitglieder an Bedeutung gewonnen hat. Der Trend geht heute zwar in Richtung Privatisierung und mehr Eigenverantwortung, jedoch habe ich beispielsweise nie das Gefühl, alleine zu sein, obwohl die Gemeinschaft oft auch eine Illusion der Nestwärme ist. Eine gewisse Anonymität ist im Kibbuz bemerkbar, so ist der Chadar ochel relativ selten vollzählig frequentiert, und durch die Abschaffung der Kinderhäuser sind Babysitterprobleme entstanden, die meiner Meinung nach zu einer geringeren Teilnahme an der Vollversammlung geführt haben.«

In den jungen Kibbuzim sind andere Diskussionen bezüglich der Veränderungen im Gange. So berichtet Neil, der Sekretär von Tuval, dass es bis vor sechs Jahren alles, was man brauchte, umsonst gab. Aufgrund der hohen Verschwendung ist man aber dazu übergegangen, auch hier ein persönliches Budget einzuführen, um so mehr Sparsamkeit zu erzielen.

Joni, Direktor der Fabrik in Chanita, beschreibt die Veränderungen im Kibbuz wie folgt:

»Es sind auch in Tuval verschiedene Prozesse im Gange, die eine Veränderung der Gemeinschaft beinhalten. Auch in jungen Kibbuzim geht der Trend in Richtung mehr Individualität. Aber von einer Anonymität würde ich nicht sprechen, im Gegenteil, der Chadar ochel ist immer von allen Chawerim zu allen Mahlzeiten gut frequentiert. Aber sobald Familien entstehen, ist eine gewisse Privatisierung vorprogrammiert. Davon abgesehen hätte ich sowieso keine Lust, permanent mit allen Chawerim zusammen zu sein, sondern nur mit meinen Freunden. Meiner Meinung nach gibt es eine klare Grenze für Veränderungen im Kibbuz; bei der Einführung von Gehältern jedoch würde ich sagen, dass dies kein Kibbuz mehr ist. Der Kibbuz muss sich ständig den veränderten Wünschen und Vorstellungen seiner Chawerim anpassen, um überleben zu können. Anfangs z. B. hatten wir kein persönliches Budget, sondern lediglich eine gemeinsame Kasse, die jedermann jederzeit zur Verfügung stand. Es war das Prinzip des Vertrauens – ›jeder nach seinen Bedürfnissen‹. Heute hat jeder sein persönliches Geld zur Verfügung. Es ist sehr interessant, diese Veränderungen und ihre Ursprünge zu begreifen. Ich sehe dies eher positiv und nicht als eine negative Veränderung an.«

Susan, Leiterin des Kuhstalles, ist der Überzeugung, dass Veränderungen im Kibbuz sowohl schlechte als auch gute Seiten haben, die sich dementsprechend auf seine Chawerim auswirken.

»Früher z. B. hatten wir alle Spaß am Arbeiten, auch wenn es finanziell für einen persönlich nichts einbrachte, das mag daran liegen, dass wir alle jung und motiviert waren. Heute sind wir alle Familien mit anders gelagerten Interessen. Im Vordergrund stehen heute die Lebensqualität und die Erziehung der Kinder. Früher hatten wir keine Kühlschränke, jetzt geht die Diskussion um die Inbetriebnahme von privaten Waschmaschinen. Anfangs waren auch keine Räume in Tuval verschlossen; als jedoch die ersten Dinge verschwanden, ging man dazu über, die Wohnungen und Büros abzuschließen.«

Beim Vergleich beider Kibbuzim fällt auf, dass Tuval zwar ähnlich wie G. H. I. in seiner Gründungszeit ist, aber die Entwicklungen hier (z. B. eigene Kühlschränke und das Abschließen der Räume) wesentlich schneller vonstatten gehen. Die Anonymität ist in Tuval nicht in dem Maße wie in G. H. I. vorhanden; dies liegt sicherlich an der weitaus höheren Mitgliederzahl und an der längeren Existenz von G. H. I.

Insgesamt kann davon ausgegangen werden, dass der Hauptteil der Befragten Veränderungen für unerlässlich hält, jedoch hierbei strikte Grenzen halten möchte. So sprechen sich 20 von 36 Befragten strikt gegen die Einführung von Gehältern aus und sind für das Beibehalten der Trennung von Leistung und Konsum; würde dieses Prinzip gebrochen werden, entstünden Neid und Missgunst, was die Gemeinschaft extrem gefährden würde.

Die gemeinsame Kasse halten 22 von 36 Befragten für unerlässlich, jedoch müssen auch hier Einschränkungen vollzogen werden. So soll das persönliche Budget dazu dienen, dass der Chawer mehr sparen kann und dadurch eine direktere Beziehung zum Geld erhält.

Die Basisdemokratie, eines der zentralen Kibbuz-Prinzipien, gewährleistet jedem das Mitspracherecht und die Mitentscheidung durch das oberste Organ, die Generalversammlung. Gleichzeitig stehen die Chawerim hinter dem Modus, aufgrund zunehmender Größe und Differenzierungen des Kibbuz viele Entscheidungen zu zentralisieren, indem Beschlüsse in zuständigen Gremien – besetzt durch qualifizierte Personen – getroffen werden.

Es fällt auf, dass ideelle Gründe in G. H. I. von größerer Bedeutung sind als in Tuval (vgl. V 75–77 im Anhang). Dies mag daran liegen, dass G. H. I. über einen hohen Anteil von älteren Leuten verfügt, die den Kibbuz mit gründeten. Dieses Pionierethos, das zu jener Zeit die Stimmung beherrschte, ist heute nicht mehr so stark vorhanden.

Die Arbeit, die in beiden Kibbuzim einen geringen Stellenwert einnimmt, stellt keinen so zentralen Wert für den Kibbuznik dar, wie dies noch in der Gründerzeit der Fall war (vgl. Abschnitt 10.3.4). Dies mag unter anderem an der Industrialisierung und den damit verbundenen oft eintönigen Arbeitsschritten liegen; die erdverbundene Arbeit der Gründerzeit ist heute gänzlich einer oftmals routinisierten Tätigkeit gewichen.

Auch das Selbstverständnis der Chawerim hat sich gewandelt:

»Früher fragte man nicht nach dem Sinn oder Inhalt der Arbeit, die man zu erledigen hatte; es gab so vieles zu tun, dass diese Fragen reiner Luxus gewesen wären. Aber die Zeiten haben sich zum Glück gewandelt, und heute wollen die gut ausgebildeten Kibbuznikim eine ihrer Ausbildung entsprechende Tätigkeit ausüben, dies führt bei Nichterfüllen oftmals zu Unzufriedenheit.« (Gady Barshalom, Mitbegründer von G. H. I.)

Der israelische Schriftsteller und ehemalige Kibbuznik Amos Oz ist der Meinung, dass der Kibbuz immer überleben werde. Es fehle zwar das Revolutionäre der Anfangsjahre, jedoch trage der Kibbuz heutzutage Züge eines kleinen Dorfes, was auch seine Vorteile habe.

»Anonymität und Veränderungen sind ebenfalls ein Teil des Kibbuzlebens, allerdings werde ich im Herzen immer ein ›humanistischer Sozialist‹ bleiben. Das Prinzip der Gleichheit als eines der wichtigsten Kibbuz-prinzipien ist oftmals schwer anwendbar. So musste ich anfangs in meiner Freizeit die ersten Bücher schreiben, nach und nach wurde mir anfangs ein Tag pro Woche, später mehr Zeit für das Schreiben zur Verfügung gestellt. Es gibt jedoch ein anderes Problem: Der Kibbuz, der eine sehr unterschiedlich demographische Struktur aufzuweisen hat, muss entscheiden, welcher der Chawerim aufgrund seines Talents von der Arbeit freigestellt wird. Viele der Mitglieder behaupten von sich, künstlerische Tätigkeiten zu haben, die Kriterien hierfür festzustellen ist äußerst schwierig.«

Zusammenfassend lässt sich festhalten, dass die Chawerim Veränderungen für das Fortbestehen des Kibbuz als unerlässlich ansehen und sich der Kibbuz den gewandelten Bedürfnissen seiner Mitglieder anpassen muss. Allerdings sind die Befragten einstimmig der Meinung, dass bei Einführung von Gehältern der Kibbuz keiner mehr wäre.

10.2.2 Rotation oder qualifiziertes Management?

Die Rotation, eines der grundlegenden Kibbuz-Prinzipien, gilt als zentrales Element, um eventuellen Hierarchiebildungen vorzubeugen. Vor allem in leitenden Stellen ist sie besonders wichtig, damit Posten nicht personengebunden werden und die Gleichheit der Chawerim gewahrt wird. Jedoch besteht gerade hier die Schwierigkeit, einen Ausgleich zu finden zwischen der Notwendigkeit der Rotation und den Anforderungen, die leitende Stellen beinhalten. Einerseits ist man hier oftmals auf bestimmte Personen angewiesen, die im Laufe ihrer langjährigen Tätigkeit persönliche geschäftliche Beziehungen geknüpft haben und deren Erfahrungen und Know-how nicht ohne weiteres »ersetzt« werden können. Aufgrund der Industrialisierung sind die Berufe mit bestimmten Qualifikationsanforderungen verbunden, die andererseits leicht zum Entstehen von angeseheneren und weniger akzeptierten Jobs führen könnten. Dem soll die Rotation entgegenwirken.

Die Frage nach Schwierigkeiten beim Arbeitsplatzwechsel beantwortete in G. H. I. über die Hälfte (55 %) der Chawerim mit »Nein«. In Tuval sind 61 % der Meinung, dass sie bei Bedarf ihren Arbeitsplatz wechseln können; dies könne zwar meist nicht sofort geschehen, theoretisch aber stünde dem nichts im Wege.

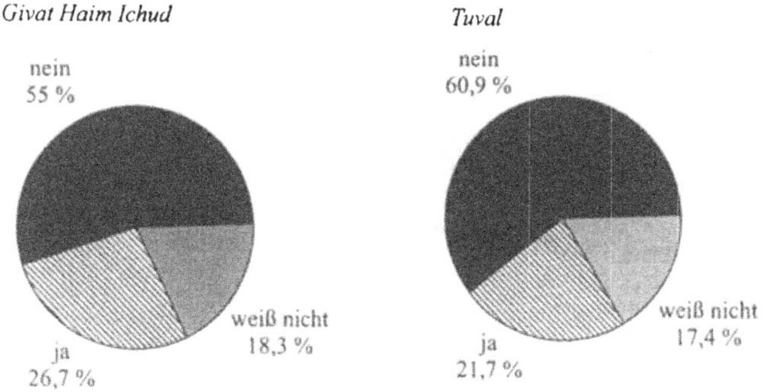

Abbildung 4: Schwierigkeiten beim Arbeitsplatzwechsel (V 80)

»Wo auf der Welt kann ich meinen Job vom Direktor einer Fabrik in den Job eines Koches wechseln und habe mit keiner Lebensstandardeinbuße zu rechnen?« (Susan aus Tuval)

Auf die Frage, ob das Rotationsprinzip in G. H. I. (Abbildung 5a) verwirklicht sei, beantworten zwei Drittel (70 %) der Befragten mit »Ja«. Demgegenüber sind jedoch 74 % der Meinung, dass sich die Leitung des Kibbuz auf wenige Leute zentralisiert, und die Hälfte der Befragten (50 %) ist davon überzeugt, dass die Rotation innerhalb einer bestimmten Personengruppe vollzogen wird.

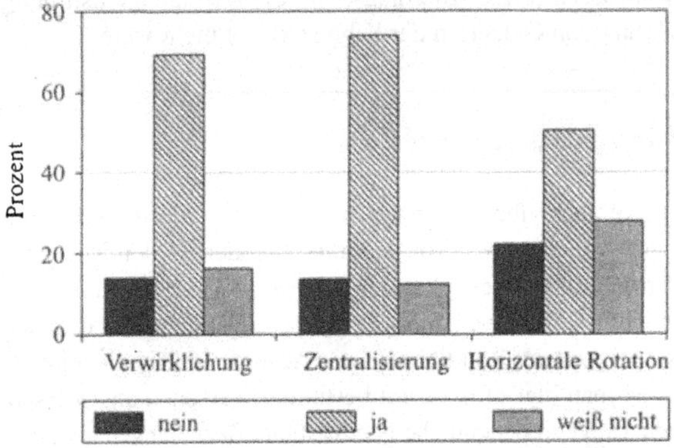

Abbildung 5a: Ist das Rotationsprinzip verwirklicht? – G. H. I. (V 110, 115, 116)

In Tuval hingegen (Abbildung 5b) hat zur Frage der Rotation nahezu die Hälfte der Befragten keine Meinung (47 %). Dass die Leitung des Kibbuz innerhalb einer bestimmten Personengruppe zentralisiert ist, bejahen 87 % der Chawerim; eine Rotation auf Führungsebene innerhalb einer bestimmten Personengruppe (horizontale Rotation) sehen

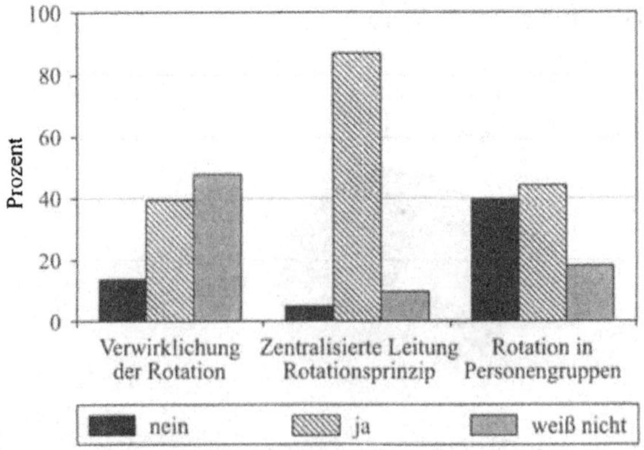

Abbildung 5b: Ist das Rotationsprinzip verwirklicht? – Tuval (V 110, 115, 116)

43 % der Befragten als gegeben. Dies wird aber nicht negativ beurteilt, vielmehr ist man sich bewusst, dass der Kibbuz eine effiziente Führung benötigt.

Die Gefahr einer Hierarchiebildung wird in G. H. I. (Abbildung 6a) von über der Hälfte (51 %) der befragten Chawerim gesehen. Auf die Frage, ob die Vorgesetzten ihrer Meinung nach ausreichend qualifiziert seien, sind die Aussagen äußerst indifferent. Immerhin kreuzten drei Viertel der Befragten »nein« und »weiß nicht« an (zu je 38 %).

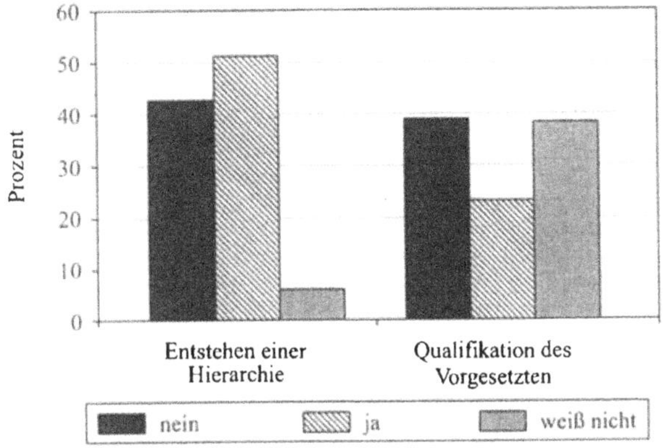

Abbildung 6a: Der Vorgesetzte im Kibbuz G. H. I. (V 120, 125)

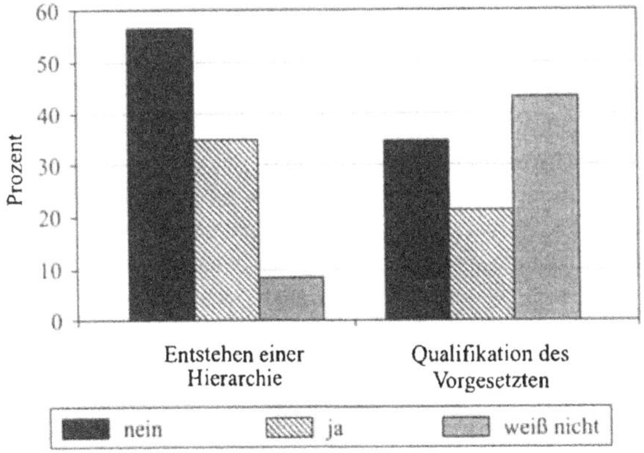

Abbildung 6b: Der Vorgesetzte im Kibbuz Tuval (V 120, 125)

In Tuval wird bei der Frage nach den Vorgesetzten (Abbildung 6b) eine Herausbildung von Hierarchien von 56 % der Befragten verneint. Eine ausreichende Qualifikation der Vorgesetzten sieht lediglich ein Fünftel der Befragten; dies liegt daran, dass in Tuval der ausgeübte Beruf meist nicht der erlernte ist.

Der Frage, ob Rotation und qualifiziertes Management sich einander ausschließen oder unabhängig voneinander gegeben sind, wird im Folgenden nachgegangen. Gidon Rapapport, Industriebeauftragter des Takam, vertritt die Auffassung, dass für eine effiziente Rotation diese erst einmal definiert werden müsse; eine mechanische Vorgehensweise lehnt er dabei vollkommen ab:

»Wer bestimmte Fähigkeiten hat, sollte dementsprechende Jobs ausüben. Ob dies nun der Demokratie widerspricht, möchte ich verneinen, da die Personen für bestimmte Jobs gewählt werden und keiner bevorzugt wird. Die Wahl wiederholt sich in regelmäßigen Abständen, und die einzige Möglichkeit, im Job zu bleiben, ist die Wiederwahl. In den Leitungspositionen verbleibt man meistens acht bis neun Jahre, danach wird oft auf eigenen Wunsch hin gewechselt, da diese Berufe äußerst anstrengend sind.«

Anders hingegen Menachem Rosner:

»Es gibt nur ein begrenztes Rotationsprinzip, das nicht bei Spezialisten angewandt wird. Die Rotation ist sowieso in erster Linie für Leitungspositionen gedacht, die Autorität innehaben. Die Rotation beinhaltet jedoch keine festgelegte, egalitäre Führungsklasse, doch aufgrund der Wirtschaftskrise sind viele der Meinung, dass die Führungspositionen den Leuten überlassen werden sollten, die die notwendige Erfahrung haben. Andererseits wollen die Chawerim, die Leitungspositionen bekleiden, nicht auf diesen Stellen verbleiben, da eventuell notwendige Sanktionen bei Nichterfüllen der Arbeit gegenüber den Chawerim nicht möglich sind. Es sollten meiner Meinung nach die internen Positionen des Kibbuz wie Sekretär, Arbeitskoordinator dem Rotationsprinzip unterliegen. Die Fabrik und den Wirtschaftsbereich betreffende Berufe sollten hiervon nicht in dem Maße betroffen sein. Auf keinen Fall dürfen materielle Vorteile mit diesen Jobs in Zusammenhang gebracht werden, dies würde zu sozialem Unfrieden führen. Gemeint ist hierbei die Aufrechterhaltung eines gleichen Lebensstandards unter den Chawerim, wobei die Notwendigkeit eines Autos für den Manager nicht gemeint ist.«

Dieser Ansicht schließen sich die meisten der Experten und der Chawerim aus den beiden befragten Kibbuzim an. Das Prinzip der Rotation hat besonders unter der Industrialisierung und der hiermit verbundenen erforderlichen Qualifikationen gelitten.

Amir Helman geht sogar noch einen Schritt weiter, indem er behauptet, dass die Rotation – wenn überhaupt – nur noch auf horizontaler Ebene realisiert sei. Ein Rotieren würde innerhalb der einzelnen Leitungspositionen stattfinden, und vor allem in den größeren Kibbuzim bestehe eine Art Vetternwirtschaft.

Jankale aus G. H. I. hält die Rotation innerhalb des Kibbuz für unbedingt notwendig, obwohl die wenigsten bereit sind, verantwortungsvolle Jobs zu übernehmen, und somit die meisten der Chawerim, die Leitungspositionen bekleiden, wiedergewählt werden.

In der Fabrik »Gat« hingegen gibt es keine Rotation; hier sind die Manager schon 20 bis 30 Jahre im gleichen Job. Die Gefahr der Herausbildung von Hierarchie besteht dennoch nicht, da diese Personen lediglich mehr Verantwortung tragen und keiner von ihnen seine Position aufgrund von Macht erreicht hat.

Der Arbeitskoordinator Juval hält die Rotation für unerlässlich, weil sie zu einer kreativeren Entscheidungsfindung verhelfen würde, und der Direktor von »Gat« spricht sich für eine Rotation im Fünfjahresturnus aus, da man ohne monetäre Anreize arbeite und für das Mehr an Arbeitszeit auf Dauer nicht genügend Motivation habe.

»Man muss einen Mittelweg zwischen Rotation und Erfahrung im Job finden. Im Marketing, einer Branche, die sehr auf eine gute Kontaktpflege ausgerichtet ist, sollte die Rotation alle 15 Jahre erfolgen.«

Ähnlich wie in G. H. I., wo der Tenor auf der Befürwortung der Rotation liegt (26 von 36 Befragten), sieht die Situation in Tuval aus: Shimi, Computerfachmann, arbeitet außerhalb des Kibbuz und ist der Meinung, dass die demokratische Struktur der Rotation aufrechterhalten werden muss, aber in veränderter Form, denn

»in einigen Berufen kann die Rotation nicht vollzogen werden, da sie sich zu einer Profession entwickelt hat. Bei Zufriedenheit im Job muss auch nicht auf Teufel komm raus die Rotation der Rotation wegen durchgeführt werden.«

Beth, die außerhalb von Tuval arbeitet, ist der Ansicht, dass eine Rotation nur zu Beginn existiert hat. Die drei zentralen Kibbuz-Stellen – Sekretär, Merakes Meshek und Schatzmeister – werden aber auch innerhalb der gleichen Personengruppe rotiert; dies liege am fehlenden Interesse der übrigen Chawerim. Ferner hält sie die Rotation für wirtschaftlich ineffizient, da ihr Kibbuz, der sich in einer finanziellen Krise befindet, auf die Qualifikationen und Erfahrungen dieser bestimmten Personengruppe angewiesen ist.

Susan wiederum widerspricht vehement der Auffassung Beths, was vielleicht mit ihren verschiedenen Funktionen im Kibbuz erklärt werden kann: Sie war zu Beginn Sekretärin des Kibbuz, zurzeit (1992) ist sie Leiterin des Kuhstalles, und zukünftig wird sie die »Merakeset Meshek« sein.

Roni Pollak aus G. H. I. vertritt die Ansicht, dass eine Hierarchie im Kibbuz auf jeden Fall vorhanden sei, wenn nicht durch den Job an sich, dann durch die Persönlichkeiten. Jede Gesellschaftsform berge eine Form der Hierarchie in sich. Die wichtige Frage hierbei sei jedoch, wie groß der Wert des Menschen an der Basis ist und wie die Hierarchie die Gesellschaft beeinflusst. Auf keinen Fall gebe es im Kibbuz einen Menschen, der mehr wert als der andere ist.

Besonders gravierend zeigt sich der Unterschied zwischen beiden Kibbuzim in der Frage nach den erforderlichen Qualifikationen der Vorgesetzten. Tuval, der sich durch überdurchschnittlich gut ausgebildete Mitglieder auszeichnet, kann somit von sich mit Recht sagen, dass eine effiziente Leitung vorhanden ist, selbst wenn der ausgeübte Beruf nicht der erlernte ist.

G. H. I., wo Manager oftmals 20 bis 30 Jahre im gleichen Job verbleiben, hat demgegenüber ein gewisses qualitatives Defizit aufzuweisen, das sich darin ausdrückt, dass die Fachkräfte altersbedingt nicht auf dem aktuellen Wissensstand sind.

Trotz allem verhält es sich mit der wirtschaftlichen Situation beider Kibbuzim genau entgegengesetzt. Dies mag daran liegen, dass sich G. H. I.s Geschäftsleitung durch eine äußerst sparsame, konservative und Risiko vermeidende Politik auszeichnet. Darüber hinaus besaß dieser Kibbuz schon seit jeher eine Fabrik und wurde demzufolge nicht wie andere Kibbuzim bei der Umstellung von der Landwirtschaft auf die Industrie durch immense Kreditaufnahmen belastet.

10.2.3 Generalversammlung oder Zentralisieren von Entscheidungen

Das Prinzip der Gleichheit als oberstes der Grundprinzipien des Kibbuz bürgt für die Gleichstellung seiner Mitglieder; formale bzw. informelle Macht aufgrund von Beruf, Bildung oder Einkommen gibt es hier nicht.

Allerdings entstand aufgrund der Industrialisierung und zunehmender Technisierung durch die mit bestimmten Posten notwendig gewordenen Qualifikationsanforderungen an die Stelleninhaber die Gefahr der Hierarchiebildung: so genannte Vorgesetzte-Untergebenen-Verhältnisse. Diesen Ansätzen wirkt man insofern entgegen, dass es weder monetäre Ausgleiche für »höhere Jobs« gibt, noch gehören die Vorgesetzten einer höheren Gesellschaftsschicht an. So müssen auch die Vorgesetzten im Anschluss an die normale Arbeitszeit allgemeine Aufgaben des Kibbuz erfüllen (z. B. Wache halten oder im Chadar ochel arbeiten); des Weiteren ist ihre Amtszeit durch durch (unterschiedliche Längen der) Rotation beschränkt.

Trotz gewisser funktionaler Entscheidungsgewaltverschiebungen ist nach wie vor die Generalversammlung die einzig legitimierte Autorität des Kibbuz (die »letzte Instanz«). Die Entscheidungsfindung läuft in beiden Kibbuzim nach einem ähnlichen Schema: Die Generalversammlung tagt alle drei Wochen und beschließt Allgemeingültiges für die Chawerim. Vor allem Probleme, die die Bereiche Wirtschaft, Kultur und Erziehung betreffen, werden von den einzelnen hierfür zuständigen Komitees beschlossen. Der Unterschied beider Kibbuzim liegt darin, dass in Tuval eine Trennung zwischen den die Gemeinschaft betreffenden Ausgaben und dem erwirtschafteten Bereich vollzogen wird. Dabei stehen auf der einen Seite (Gemeinschaft) die Bereiche Erziehung, Wäscherei, der Supermarkt sowie die Dienstleistungen für den Chawer, auf der anderen Seite (Einnahmequellen) der Kuhstall, die Hühnerfarm und die Kiwiplantage innerhalb des Kibbuz (Meshek). In Letzteren werden die Entscheidungen von den einzelnen Verantwortlichen getroffen.

Im Folgenden soll nun untersucht werden, ob die Generalversammlung als das wichtigste basisdemokratische Element durch die Zentralisierung der Entscheidungen in den einzelnen Komitees abgelöst wurde.

Die Frage, ob weiterhin bei wichtigen Entscheidungen diese von der Allgemeinheit in der Generalversammlung (Abbildung 7) getroffen werden sollten, bejahen in G. H. I. die drei jüngeren Altersgruppen mit mehr als der Hälfte der abgegebenen Stimmen (66 %, 68 % bzw. 52 %), die beiden älteren Altersgruppen (46 bis über 60 Jahre) möchten dies nur zu ca. einem Drittel (38 %/40 %). Dieses Ergebnis mag daran liegen, dass sich Letztere aufgrund fehlenden Wissens gravierende wirtschaftliche Entscheidungen nicht zutrauen.

In Tuval ist eine Aufteilung nach Altersgruppen problematisch, da sich die Befragten annähernd in einer Altersgruppe befinden. Es beantworten immerhin zwei Drittel (78 %) der Befragten die Frage, ob die Entscheidungsfindung immer noch bei der Generalversammlung liegt, mit »Ja«. Einen etwaigen Funktionsverlust der Versammlung verneinen in Tuval 82 % der Chawerim (siehe Anhang im Fragebogen, V 91). In G. H. I. sind die Aussagen zu dieser Frage indifferent: Annähernd gleich viele bejahen und verneinen den Funktionsverlust der Generalversammlung (Tabelle 16; V 95).

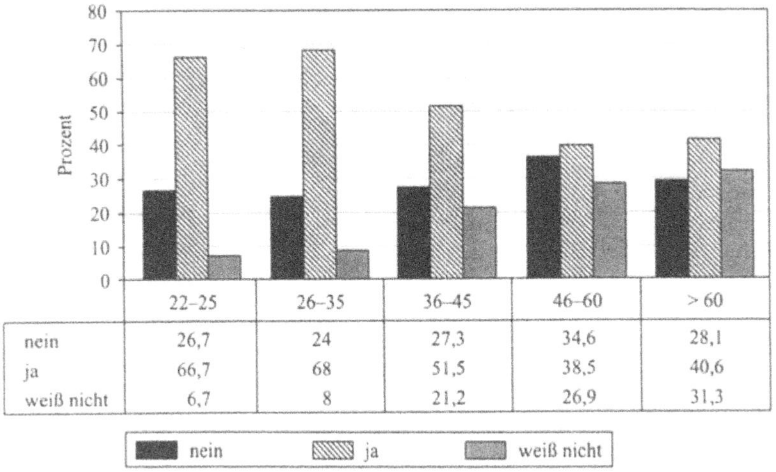

Abbildung 7: Liegt die Entscheidungsfindung in der Generalversammlung? – G. H. I. (V 91)

Alter (Jahre)	Nein	Ja	Weiß nicht
22 – 25	40	46	14
26 – 35	28	44	28
36 – 45	45	33	22
46 – 60	35	39	27
> 60	25	43	31

Tabelle 16: Funktionsverlust der Versammlung in G. H. I., in Prozent (Quelle: eigene Berechnungen).

Auffallend jedoch ist, dass in G. H. I. durch die Altersgruppen hinweg die Versammlung als effizient angesehen wird (Abbildung 8), besonders von den beiden jüngeren Altersgruppen (47 % und 44 %), demgegenüber aber der überwiegende Teil in diesem Gremium nicht erscheint (60 % bzw. 68 %). Hier wiederum fällt auf, dass gerade jene Altersgruppen, die die Versammlung für weniger effizient halten, anwesend sind. Das mag daran liegen, dass die jüngeren Jahrgänge noch mit vielen anderen Dingen wie Erziehung oder Arbeit beschäftigt sind und die älteren Chawerim die Versammlung auch als eine Abwechslung im alltäglichen Leben betrachten (Abbildung 9).

Trotz der Tatsache, dass die die einzelnen Bereiche betreffenden Entscheidungen von den jeweils Verantwortlichen getroffen werden, ist die Mehrzahl der Befragten in G. H. I. (Abbildung 10) der Auffassung, dass die Hauptentscheidung nicht bei den Spezialisten liegt (39 %) und sie bei wichtigen Entscheidungen nach wie vor gemäß der Basisdemokratie Mitverantwortung tragen. Das liegt daran, dass die Allgemeinheit hier gut informiert ist und bei Zweifeln dies auch kundtun kann. Große Entscheidungen werden

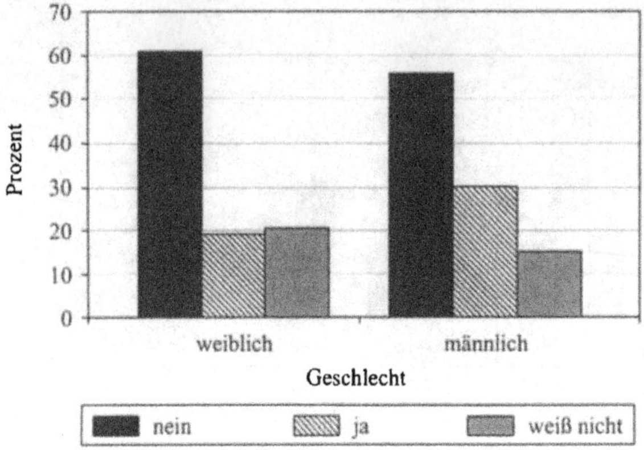

Abbildung 13a: Sind Männer eher bereit, Leitungspositionen zu übernehmen? – G. H. I. (V 112)

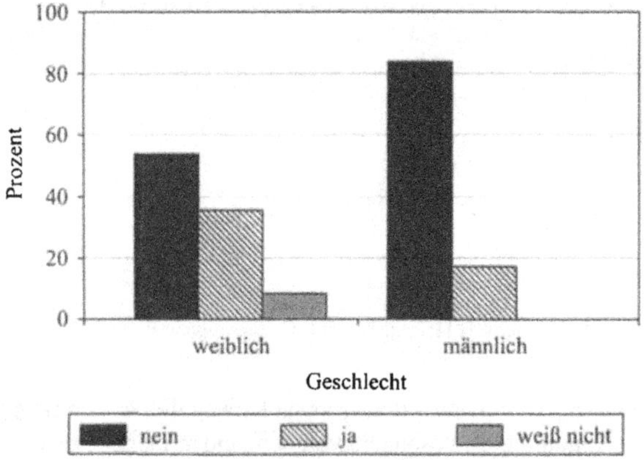

Abbildung 13b: Sind Männer eher bereit, Leitungspositionen zu übernehmen? – Tuval (V 112)

Auf die Frage, ob die Frauen früher in G. H. I. (Abbildung 14a) mehr am öffentlichen Leben teilgenommen haben, sind zwischen Männern und Frauen keine signifikanten Unterschiede feststellbar, jedoch bestätigen beide Gruppen diese Frage (Männer: 40 %; Frauen: 41 %). Dies liegt mit Sicherheit auch darin begründet, dass die Kinderhäuser abgeschafft wurden und die Familie heute mehr Zeit in ihren eigenen vier Wänden verbringt.

In Tuval (Abbildung 14b) war die Mehrzahl der Frauen (63,6 % = 7 Personen) nicht der Ansicht, dass sie früher reger am öffentlichen Leben teilgenommen hätten. Demgegenüber war die Antwort der Männer hierzu äußerst indifferent (41,7 % = 5 Personen mit

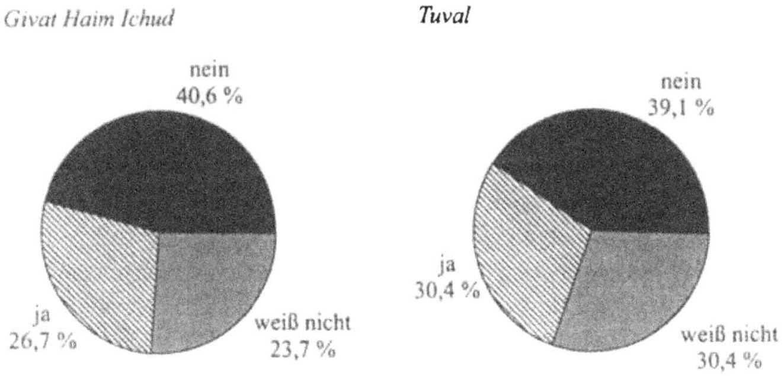

Abbildung 10: Die Entscheidungsfindung der Spezialisten in G. H. I. und Tuval (V 118)

Zur Ergänzung der obigen Ergebnisse seien nun wieder einige Aussagen von Experten bzw. Chawerim der beiden Kibbuzim zitiert. Yaacov Gluck konstatiert einen Funktionsverlust der Generalversammlung und erläutert:

> »Die Versammlung hat viel an Bedeutung verloren und zählt meines Erachtens zu einem der Hauptprobleme des Kibbuz. Die Fragen, die in der Versammlung ehemals behandelt wurden, waren teilweise auf zu hohem Niveau für die Chawerim. Die Entscheidung, ob eine Maschine im Wert von einigen Millionen gekauft werden soll, kann nicht in einem so großen Rahmen entschieden werden. Aufgrund der zunehmenden Individualisierung und Vergrößerung des Kibbuz wollen die Chawerim auch nicht mehr intime Fragen vor der Allgemeinheit klären. Die ›Asifa‹ wurde in vielen Kibbuzim durch die ›Sicha‹ ersetzt, ein Großteil der Funktionen der Versammlung wird durch die geheime Wahl übernommen.«

Nachum Ginzburg ist der Ansicht, dass Entscheidungen ohnehin nur professionell getroffen werden sollten, und zwar in den zuständigen Kommissionen. Dani Jacobson, Professor für Arbeitsorganisation an der Tel Aviver Universität, spricht sogar von einem »Gewichtsverlust« der direkten Demokratie in den alten Kibbuzim, was zum Großteil an den dort vorhandenen Medien liege, die das Erscheinen in der Versammlung überflüssig machten. Für Amir Helman, der den Funktionsverlust der Generalversammlung als Ausprägung der gewandelten Kibbuzim interpretiert, ist ihre Existenz als oberstes basisdemokratisches Organ dennoch von außerordentlicher Wichtigkeit, denn nach wie vor würden fast alle Chawerim erreicht, sei es via Medien oder durch die geheime Wahl (»Kalfi«):

> »Stehen bestimmte den einzelnen Chawer betreffende Probleme an, so ist die Teilnahme an der Versammlung groß, je nachdem, was an der Tagesordnung steht.«

Giora Pollak, Techniker aus G. H. I., beschreibt die Situation der Generalversammlung in seinem Kibbuz:

> »Es besteht eine geringe Teilnahme an den Versammlungen, hierfür sind die Verlagerung des Versammlungsortes vom Chadar ochel in den kleineren Aufenthaltsraum und die Ausstrahlung über Video, um wenigstens eine passive Teilnahme zu erreichen, verantwortlich. Versammlungen finden nur noch bei wichtigen Entscheidungen statt (was wichtig ist, befindet eine Kommission), bei finanziellen Fragen tritt die ›Moaza‹ zusammen. Diese setzt sich aus 30 Leuten zusammen, die ehemals zentrale Jobs innehatten oder hierzu gewählt wurden.«

Lea aus G.H.I. schließt sich der allgemeinen Auffassung an, dass die Generalversammlung zwar einen Funktionsverlust erlitten habe, dies aber durch die Medien aufgefangen werde. Der Funktionsverlust der Versammlung hätte aber dann gravierende Bedeutung, wenn die Entscheidungsfindung darunter leiden würde. Überhaupt sei diese Entwicklung ihrer Ansicht nach eng mit der allgemeinen Veränderung des Kibbuz zu sehen. Ein jeder interessiere sich zunehmend mehr für das, was ihn betrifft, und dann erst für das, was für die Allgemeinheit von Interesse ist.

In Tuval wird die Entscheidungsfindung zwar leicht modifiziert, aber ansonsten ebenso wie in G.H.I. gehandhabt. Die Unterschiede liegen zum einen in dem »community« bzw. »business pool«, zum anderen darin, dass hier die meisten die Allgemeinheit, aber auch den einzelnen Chawer betreffenden Fragen über die anonyme Wahl laufen.

Susan, die Leiterin des Kuhstalls, erläutert den Prozess der Entscheidungsfindung in Tuval:

> »Einige der Entscheidungen sind von zu großer Tragweite, als dass sie von der Allgemeinheit beschlossen werden könnten, besonders Fragen wirtschaftlicher und finanzieller Natur. Früher traf die ›Vaadat hameshek‹, bestehend aus den Leuten, die den Kibbuz leiten, die Entscheidungen; dies hat sich durch eine ›Vaada‹ abgelöst, ein Gremium, indem Kibbuznikim und außenstehende Berater wirtschaftliche Fragen klären. Diese Leute sind in ihrem Urteilsvermögen objektiver und werden vom Kibbuz bezahlt.«

Zusammenfassend kann gesagt werden, dass die Mehrzahl der Befragten aus beiden Kibbuzim die Existenz der Generalversammlung für extrem wichtig hält. Gleichzeitig ist aber ein gewisser Funktionsverlust nicht zu leugnen. Dies liegt daran, dass heute das Leben im Kibbuz mehr und mehr auf das Individuum ausgerichtet ist, d. h. die Chawerim beispielsweise im Anschluss an einen Arbeitstag im Kreise ihrer eigenen Familie sein wollen und die Gemeinschaft betreffende Belange zweitrangig sind.

Die Komplexität, mit der zahlreiche anstehende Beschlüsse verbunden sind, ist ein weiterer Faktor für den Funktionsverlust der Generalversammlung: Viele Entscheidungen können nur von den entsprechenden Verantwortlichen getroffen werden, die über das nötige Fachwissen verfügen. Stehen aber für den einzelnen Chawer wichtige Themen zur Debatte, wird die Generalversammlung weiterhin gut frequentiert. Allerdings kann von einer konstant hohen Teilnahme nicht ausgegangen werden.

10.3 Veränderungen in den Arbeitsbereichen des Kibbuz

10.3.1 Gleichberechtigung am Arbeitsplatz

Im folgenden Abschnitt wird bei der Frage nach der Gleichberechtigung am Arbeitsplatz sowohl die Rolle der Frau als auch das Verhältnis der Arbeiterinnen und Arbeiter untereinander untersucht.

10.3.1.1 Die Rolle der Frau

Obwohl die Egalität der Geschlechter ein Grundprinzip des Kibbuz ist, gibt es hier große Diskrepanzen zwischen Theorie und Praxis. Jungen und Mädchen erhalten zwar die gleiche Erziehung und Ausbildung und sind auch gleichermaßen berufstätig, in der Berufswahl aber besteht eine signifikante Polarisierung, so dass man heute von einer geschlechtsspezifischen Berufsausübung im Kibbuz sprechen kann: Die Frauen bekleiden hauptsächlich Aufgaben im sozialen Bereich, die Männer im Produktionsbereich.

Eine totale Gleichberechtigung sei nur in der Gründerzeit des Kibbuz vorhanden gewesen – auf diese Meinung bin ich im Laufe meiner empirischen Untersuchung des Öfteren gestoßen. Doch damals wie auch heute noch kann sich die Frau im Kibbuz nur dann beruflich frei entfalten, wenn eine andere Frau bereit ist, ihre Kinder zu beaufsichtigen, denn die Männer waren und sind kaum mit der Erziehung der Kinder beschäftigt.

Auf die Frage, ob die Geld erwirtschaftenden Arbeitsbereiche – also die männlich dominierten – angesehener als der – überwiegend mit Frauen besetzten – Dienstleistungs- und Erziehungsbereich sind, gibt über die Hälfte der befragten Chawerim in G. H. I. (68,7 %) an, dass die Arbeit in den produktiven Sektoren eine höhere gesellschaftliche Reputation im Kibbuz genieße (Abbildung 11).

In Tuval hingegen zeigt sich eine indifferente Meinung: Je 43 % antworteten mit »Ja« bzw. »«Nein«. Diese unterschiedliche Beantwortung der Frage in den beiden Kibbuzim ist zum Teil wohl durch die jeweils verschieden gelagerte finanzielle Situation begründet.

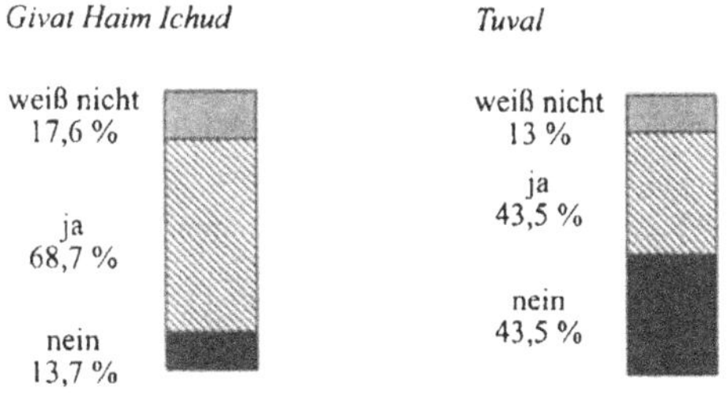

Abbildung 11: Sind die Arbeitsbereiche, die Geld erwirtschaften, angesehener? – G. H. I. und Tuval (V 89)

Aber sowohl die überwiegende Mehrheit der befragten Männer als auch die meisten Frauen in G. H. I. (Abbildung 12a) befürworten, dass Frauen in die eher männertypischen Berufe eintreten sollten (Männer: 74,6 %/Frauen: 76,6 %).

Ein nahezu identisches Bild zeigt sich in Tuval (Abbildung 12b), wo 75 % der Männer und 81 % der Frauen dies begrüßen würden.

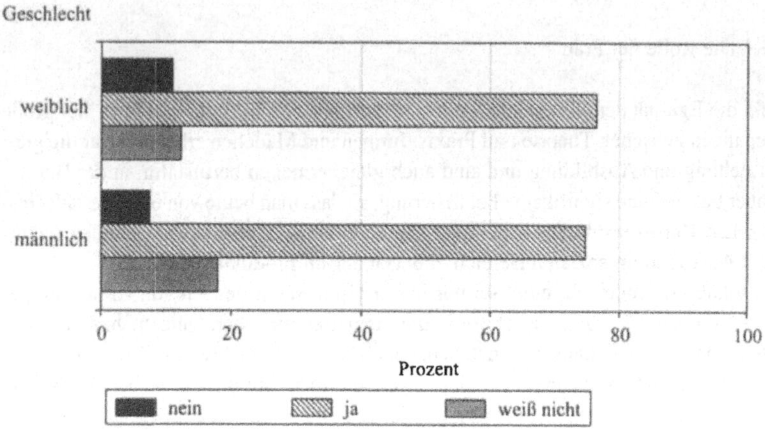

Abbildung 12a: Sollten Frauen in den eher männertypischen Berufen arbeiten? – G. H. I. (V 90)

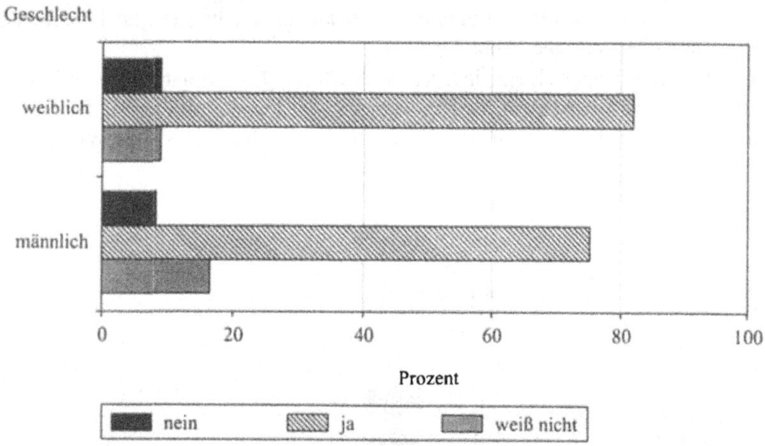

Abbildung 12b: Sollten Frauen in den eher männertypischen Berufen arbeiten? – Tuval (V 90)

In diesem Zusammenhang wurde anschließend die Frage gestellt, ob Männer eher bereit sind, leitende Funktionen auszuüben. Hier wurde jedoch Überraschendes festgestellt: In G. H. I. (Abbildung 13a) verneinte sowohl die Mehrzahl der Männer (55 %) als auch die Mehrzahl der Frauen (61 %) diese Behauptung.

In Tuval (Abbildung 13b) liegen ähnliche Ergebnisse vor; fast alle befragten Männer (83 %) sind der Meinung, dass sie nicht eher bereit sind, Leitungspositionen auszuüben. Dieser Meinung schließt sich über die Hälfte der befragten Frauen (54,5 %) an.

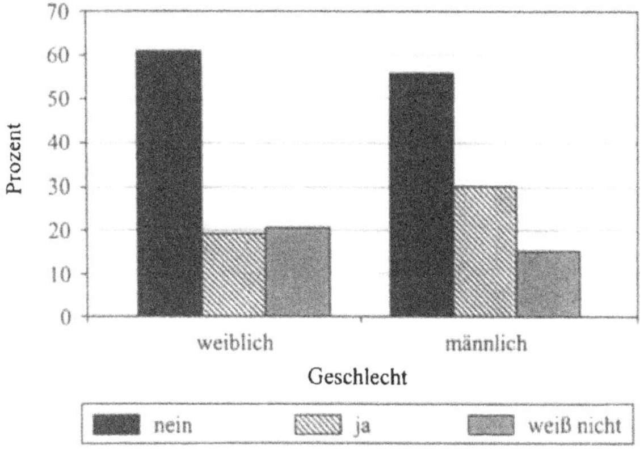

Abbildung 13a: Sind Männer eher bereit, Leitungspositionen zu übernehmen? – G. H. I. (V 112)

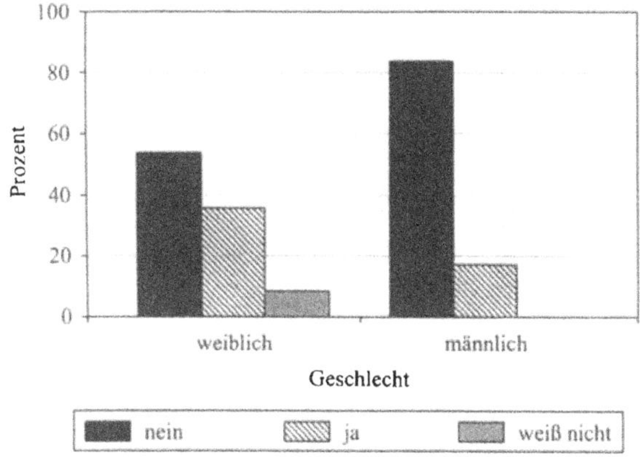

Abbildung 13b: Sind Männer eher bereit, Leitungspositionen zu übernehmen? – Tuval (V 112)

Auf die Frage, ob die Frauen früher in G. H. I. (Abbildung 14a) mehr am öffentlichen Leben teilgenommen haben, sind zwischen Männern und Frauen keine signifikanten Unterschiede feststellbar, jedoch bestätigen beide Gruppen diese Frage (Männer: 40 %; Frauen: 41 %). Dies liegt mit Sicherheit auch darin begründet, dass die Kinderhäuser abgeschafft wurden und die Familie heute mehr Zeit in ihren eigenen vier Wänden verbringt.

In Tuval (Abbildung 14b) war die Mehrzahl der Frauen (63,6 % = 7 Personen) nicht der Ansicht, dass sie früher reger am öffentlichen Leben teilgenommen hätten. Demgegenüber war die Antwort der Männer hierzu äußerst indifferent (41,7 % = 5 Personen mit

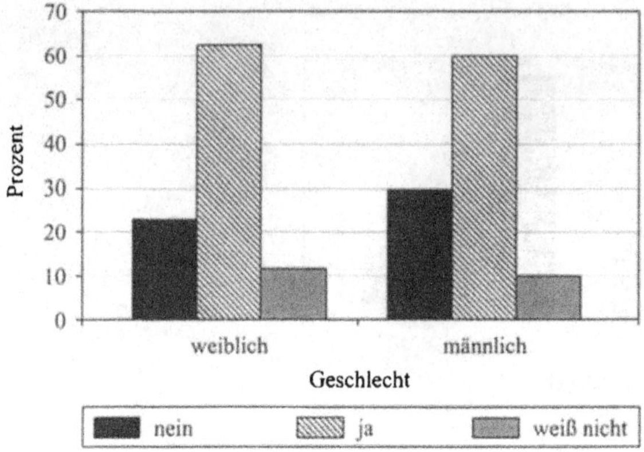

Abbildung 14a: Teilnahme der Frau am öffentlichen Leben – G. H. I. (V 113)

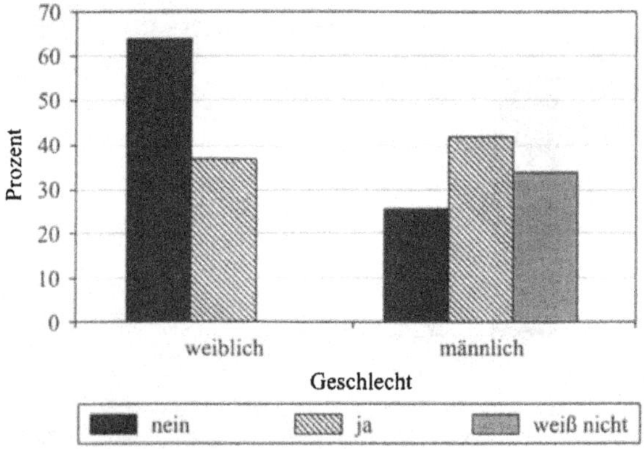

Abbildung 14b: Teilnahme der Frau am öffentlichen Leben – Tuval (V 113)

»Ja«. 25 % = 3 Personen, 33,3 % = 4 Personen mit »weiß nicht«. Dies liegt darin begründet, dass Tuval sich durch eine sehr junge Bevölkerungsstruktur auszeichnet und ein Großteil der Mitglieder sich schon vor dem Beitritt in den Kibbuz kannte bzw. miteinander befreundet war.

An dieser Stelle sollen nun wiederum einige Experten und Chawerim zu Wort kommen, die die bisherigen Ergebnisse dieses Abschnitts illustrieren.

Dass die meisten Leitungsfunktionen nach wie vor von Männern ausgeübt werden und Frauen lediglich im gesellschaftlichen und sozialen Bereich die Frauen Führungspositionen innehaben, begründet Muki Zur, Generalsekretär von Takam, wie folgt:

»Die Gemeinschaft hat es bislang nicht geschafft, wie in anderen Produktionsbereichen die ›einfachen‹ Tätigkeiten durch Lohnarbeiter zu ersetzen. Ebenfalls wurde die Arbeit der Frau nicht gezahlt, d. h. sie wurde zwar den Dienstleistungen zugerechnet, jedoch nicht als eine Kollektivleistung gezahlt. Hier sind aber Änderungen im Gange; es ist nicht mehr die Hausfrau, die im Kindergarten arbeitet, sondern diese Arbeit ist zum Beruf geworden. Aufgrund der Tatsache, dass Kinder von außerhalb den Kibbuz besuchen, ist somit eine weitere Einnahmequelle entstanden. Veränderungen zeigen somit an, dass etwas defekt war und diesbezüglich kein guter Zustand vorhanden war.«

Gidon Rappaport zur Frage, ob in den verschiedenen Arbeitsbereichen gleichermaßen Mann und Frau arbeiten:

»Die Arbeit im Industriesektor entspricht eher der Neigung von Männern, auch weil sie oftmals körperlich schwerer und durch Schichtarbeit gekennzeichnet ist. Jeder hat jedoch die Möglichkeit, in der Industrie zu arbeiten, wenn er möchte.«

Menachem Rosner differenziert hinsichtlich der Gleichberechtigung, indem er zwei Fragen unterscheidet:

»1. In welchen Gebieten arbeiten die Frauen? 2. Welche Positionen haben sie inne? In den Gebieten, in denen Frauen arbeiten, haben sie auch die verantwortungsvollen Positionen inne (z. B. im Erziehungsbereich). Eine andere Frage ergibt sich hieraus: Warum gibt es diese Polarisierung der Arbeitsbereiche, wo mehr Männer in der Produktion tätig sind und die Frauen im Erziehungsbereich?«

Diese Entwicklung ist schon vor vielen Jahren eingetreten, weil die Männer nicht bereit waren, in den frauentypischen Berufen zu arbeiten, bzw. Gleichberechtigung gewöhnlich darin gesehen wurde, dass Frauen in männertypischen Berufen tätig werden und nicht umgekehrt. Dies fand in der Gründerzeit noch häufig statt, da es wenig Kinder zu versorgen galt; außerdem war der Lebensstandard sehr niedrig, und demzufolge nahm die Arbeit im Dienstleistungssektor nicht so viel Zeit in Anspruch.

In den letzten Jahren allerdings bricht diese »traditionelle« geschlechtsspezifische Berufs- und Arbeitsteilung auf. Drei Gründe können dafür genannt werden.

1. Aufgrund der Expansion des Industriesektors sind heute in diesem Bereich mehr Frauen als in der Landwirtschaft beschäftigt, da Letzterer oft eine starke physische Belastung darstellte.
2. Da heute der Familie ein Großteil der Verantwortung für die Kinder übertragen wird, sind weniger Frauen im Erziehungsbereich tätig.
3. Die Tendenz, außerhalb des Kibbuz zu arbeiten, zieht für beide Geschlechter ein vergrößertes Berufsspektrum nach sich.

Amir Helman sieht die Arbeit der Frau eng mit dem Prinzip der Rotation verbunden:

»Frauen sollen im Kibbuz das tun, wozu sie Lust haben, auch wenn dies zur Folge hätte, dass für den Chadar ochel und die Kindererziehung Lohnarbeiter eingestellt werden würden. Ich möchte auch keinen Rechtsanwalt beispielsweise zwingen, im Kinderhaus zu arbeiten; jeder dort, wo er möchte, und nach Möglichkeit das Prinzip des Deckels vermeiden.«

Dan Jacobson hält die Tatsache, dass wenig Frauen in leitenden Stellen vorzufinden sind, für ein allgemeines Phänomen der Gesellschaftsform des Kibbuz, die, wie überhaupt in ganz Israel, sehr konservativ ist. Die Motivation der Frauen, hohe Jobs zu bekleiden, ist seiner Meinung nach im Kibbuz noch größer als außerhalb. Allerdings fehlt den Frauen häufig – wie mir des Öfteren vermittelt wurde – der letzte Anstoß, da sie ihnen angesichts der Verantwortung Zweifel kommen. Dementsprechend berichtet Lea, Psychologiestudentin aus G. H. I.:

> »Ich würde gerne mal einen zentralen Job im Kibbuz ausüben, aber dann kurz vor den Wahlen packt mich doch etwas die Angst: Wie werde ich das alles schaffen, die Kinder, die Freunde, wird mein gesellschaftliches Ansehen nicht in Konflikt mit meiner Führungsposition geraten?«

Joel aus G. H. I. hält Frauen immerhin für »schlauer als Männer«, aber dies reiche noch nicht aus:

> »Wir leben heutzutage immer noch in einer Männerwelt, und die Frauen sind aufgrund der Kinder eher ans Haus gebunden.«

Ähnlich äußert sich auch Jankale, zwar nicht ganz so chauvinistisch, indem er die Auffassung vertritt, dass die Frauen kein Interesse an verantwortungsvollen Berufen in der Wirtschaft hätten, sondern, wenn überhaupt, dann in sozialen Berufen. Pam hingegen, die selbst Direktorin der Avocadoplantage war, meint, dass einer Frau, die eine »Karriere« einschlagen möchte, kein Hindernis entgegenstünde – im Gegenteil.

Im jungen Kibbuz Tuval sieht die Rollenverteilung in den Jobs schon gänzlich anders aus: Beths Ansicht nach ist im Kibbuz eine generelle Emanzipation auch in den zentralen Positionen verwirklicht, und sowohl Männer als auch Frauen arbeiten in der Küche und im Kindergarten. Eine klassische Rollenverteilung ist somit nicht vorhanden.

Auch Neil, allein erziehender Vater eines Sohnes und Sekretär des Kibbuz, bestätigt dies und verneint eine geschlechtsorientierte Berufswahl. Als »Paradebeispiel« hierfür kann Susan dienen, die abwechselnd zentrale Jobs innehatte, wie jetzt z. B. den Posten der Direktorin des Kuhstalls, die wirtschaftlich erfolgreichste Quelle des Kibbuz. Als Mutter von zwei Kindern wird sie demnächst »Merakeset Meshek«, und sie weist eine typische Rollenverteilung in Tuval von sich.

Eine klare Linie bei der Einstellung hinsichtlich der Gleichheit der Geschlechter kann nicht für beide Kibbuzim gezogen werden. Während man in G. H. I. die Auffassung vertritt, dass eine strikte geschlechtsspezifische Polarisierung der Berufe stattgefunden hat, verneint man dies hingegen in Tuval vollkommen. Hier sind die Männer wie die Frauen im sozialen Bereich und in den Dienstleistungen tätig. Genauso verhält es sich bei den Funktionen im Produktionsbereich und leitenden Aufgaben: Es ist keine geschlechtsspezifische Verteilung der Aufgabenbereiche zu konstatieren.

10.3.1.2 Hierarchiebildung am Arbeitsplatz

Wie bereits des Öfteren erwähnt, existiert im Kibbuz theoretisch keine formale Hierarchie (*status incongruence*). Aufgrund der verschiedenen Berufe mit unterschiedlichen Kompetenzen sind jedoch Differenzierungen gegeben. Die Frage hierbei ist nicht, ob es Hierarchie gibt oder nicht, sondern es soll untersucht werden, wie die Basis der »Hierarchie« aussieht, d. h. ob sie demokratisch ist oder nicht.

Wie in Abschnitt 10.2.2 bereits im Interview mit Roni Pollak aus Givat Haim Ichud dargelegt (vgl. S. 107), kann man eher von einer »Hierarchie von Persönlichkeiten« sprechen, die ähnlich der Theorie der »Meinungsführer« ist, welche besagt, dass in jeder Gruppe (von mehr als drei Personen) eine Person die anderen führt, sei es aufgrund von Wissen, Talenten oder einer persönlichen Ausstrahlung (vgl. Staehle 1989, S. 602).

Unzufriedenheit darüber, nicht die gewünschte Arbeitsstelle zu erhalten, oder über das Ämterrotieren zwischen den leitenden Stellen konnte in nahezu allen Interviews nicht festgestellt werden. In G. H. I. ist man sogar im Vergleich zu Tuval überwiegend der Meinung, dass gewisse Hierarchiestufen wenn nicht formal, auf jeden Fall doch informell vorhanden sind. Dies wird aber nicht negativ beurteilt, sondern eher als eine Notwendigkeit, die ein effizienzorientiertes Unternehmen mit sich bringt; trotz der Gefährdung des Prinzips Gleichheit wird ein gutes Management, insbesondere seit dem Beginn der ökonomischen Krise, von allen Mitgliedern für die Existenz des Kibbuz als essentiell erachtet.

Für Juval, den Arbeitskoordinator aus G. H. I., drückt sich die seiner Ansicht nach auf jeden Fall vorhandene Hierarchie darin aus, dass einige der Chawerim stärker als andere integriert sind. Dies sind meist jene Chawerim, die mehr Verantwortung als die Übrigen zeigen. Auch Beth aus Tuval konstatiert eine unterschiedliche Verantwortungsbereitschaft der Kibbuz-Mitglieder:

»In einem jungen Kibbuz ist es schwer, schwach zu sein, denn es kommt auf jeden einzelnen an. Jeder soll sich gemäß seiner Fähigkeiten orientieren und entwickeln. Es gibt immer Personen, die wiederholt zentrale Jobs bekleiden, dies liegt aber auch daran, dass viele oftmals vor der Verantwortung zurückschrecken.«

In Tabelle 17 sind für beide Kibbuzim die Ergebnisse der Frage nach der Existenz von »Hierarchie« aufgelistet. Gleichzeitig ist ihr zu entnehmen, ob diese aufgrund von Wissen entstand oder sich geschlechtsspezifisch begründet (vgl. auch im Anhang V 120–122).

	Nein		Ja		Weiß nicht	
	G. H. I.	Tuval	G. H. I.	Tuval	G. H. I.	Tuval
Hierarchie	42,0	56,5	51,0	34,8	7,0	8,7
aufgrund von Wissen	56,0	39,1	34,0	47,8	9,0	13,0
aufgrund des Geschlechts	45,0	47,8	45,8	26,1	9,2	26,1

Tabelle 17: Die Hierarchie in G. H. I. und Tuval, in Prozent (Quelle: eigene Berechnungen).

Bei dem etablierten Kibbuz G. H. I. wird deutlich, dass eine Hierarchie als gegeben angesehen wird, jedoch aufgrund des Geschlechts und nicht aufgrund der Ausbildung. In Tuval dagegen ist die Mehrheit der Befragten der Ansicht, dass eine Hierarchie nicht besteht; wenn überhaupt Anzeichen einer etwaigen Hierarchiebildung festzustellen sind, beruhen diese auf dem Wissen und nicht dem Geschlecht.

10.3.2 Lohnarbeiter versus Kibbuznik

Die Lohnarbeit stellt im Kibbuz ein besonderes Problem dar: Zum einen widerspricht sie dem Prinzip des autarken Arbeitsmarktes, zum anderen ist man auf diese Personengruppe aus wirtschaftlichen Gründen angewiesen. Die Lohnarbeit wird jedoch nur in den Produktionssektoren praktiziert und nicht im Dienstleistungsbereich. Aber auch hier besteht vielfach der Wunsch, unbeliebte Arbeiten, für die sich schwer Freiwillige finden, ebenfalls durch Lohnarbeiter verrichten zu lassen.

»Theoretisch sind Konflikte sozialer Natur vorprogrammiert; praktisch gesehen haben wir nur Araber, die täglich kommen und hier arbeiten. Sie werden bei uns mehr integriert, als es sonst in Israel üblich ist. Die Lehrer arbeiten nur hier, aber wohnen außerhalb, die Krankenschwestern dagegen leben und arbeiten im Kibbuz.« (Sybill Heilbronn)

Die im theoretischen Teil beschriebene Problematik der unterschiedlichen Leistungsauffassung von Chawerim und Lohnarbeitern stellt ein großes Dilemma für die motivierte Zusammenarbeit dar. So sind die Führungspositionen stets von Chawerim ausgefüllt, und der Lohnarbeiter hat keine Chance, beruflich im Kibbuz weiterzukommen. Zudem ist die Motivation des Lohnarbeiters, der meist nur routinierte, relativ anspruchslose Tätigkeiten ausübt, meist lediglich monetär bestimmt; der Kibbuznik hingegen als Miteigentümer der Fabrik ist durch die Gemeinschaft und die dahinter stehende Idee motiviert. Darüber hinaus haben die im Kibbuz beschäftigten Lohnarbeiter in der Regel keine besonderen Qualifikationen aufzuweisen und sind daher nicht ungern im Kibbuz beschäftigt, der ihnen einen Arbeitsplatz bietet, den sie woanders nicht so leicht finden würden.

Für Gidon Rappaport erweist sich die Praxis der Beschäftigung von Lohnarbeitern für die wirtschaftliche Existenz des Kibbuz als überlebensnotwendig:

»Die Kibbuz-Industrie ist auf die Lohnarbeiter angewiesen, umgekehrt genauso. Man kann sich in der heutigen finanziellen Situation keine Engpässe leisten. Auch wenn durch die Beschäftigung von Lohnarbeitern das Prinzip des autarken Arbeitsmarktes in Bedrängnis gerät, so muss man sich vor Augen halten, dass diese Prinzipien zu Zeiten aufgestellt wurden, für die sie aktuell waren. Damals hatte der Kibbuz weder eine Industrie noch eine automatisierte Landwirtschaft. Um mit der Konkurrenz Schritt halten zu können, ist eine Beschäftigung von Lohnarbeitern unerlässlich.«

Der Kibbuz-Forscher Yaacov Gluck (Universität Haifa) sieht hierin auch einen Trend bestätigt, der für die westliche Welt üblich ist, nämlich die mehr und mehr freizeitorientierte Gesellschaft.

»Es wird immer schwerer, nach der regulären Arbeitszeit Freiwillige für anfallende Arbeiten zu finden. Vielleicht wäre hier auch die Einführung eines Geldbetrages für ›Überstunden‹ die Lösung, so kann ein jeder sich zwischen Geld oder Freizeit entscheiden. Dass die Freizeit zunehmend wichtiger wird, ist meines Erachtens die Konsequenz der Industrialisierung, die durch die Arbeit an Maschinen eine enorme Entfremdung des Menschen mit sich bringt.«

Dan Jacobson, Professor für Arbeits- und Organisationslehre an der Universität Tel Aviv, thematisiert allerdings die Einstellung von Lohnarbeiter als ein Problem der Hierarchie: Dieser befindet sich in einem hierarchischen System, das durch den Faktor Geld regiert wird, während der Chawer, der neben ihm arbeitet, ideelle Motive hat.

Aufgrund der Tatsache, dass einige größere Kibbuzim ein »Board of Directors« auf der obersten Führungsebene angesiedelt haben, ist die Lohnarbeit auch in den Leitungsstellen zu finden – jedoch mit dem gravierenden Unterschied, dass die Lohnarbeiter ähnlich einem Stab oder einer außen stehenden Unternehmensberatung fungieren und lediglich beratende und nicht entscheidende Funktionen bekleiden. Da der Kibbuz ca. 75 bis 80 % seines Einkommens (Ruven Friedman) aus dem Industriesektor bezieht, ist eine kompetente Beratung in Wirtschaftsfragen unerlässlich.

Roni Pollak aus G. H. I. kritisiert, dass – seiner Ansicht nach – für Lohnarbeiter die besseren Arbeitsbedingungen bestehen.

> »Oftmals wird den Lohnarbeitern von ›Gat‹ ein Wagen gestellt, es gibt oft Neid und Missgunst zwischen den Chawerim und den Angestellten.«

Lea aus G. H. I. spricht sich sogar gegen die Einstellung von Lohnarbeitern aus, da der Lebensstandard derjenigen Angestellten, die im Kibbuz wohnen, in keiner Relation zu dem der Chawerim stehe.

> »Sie beanspruchen alle Vorteile des Kibbuz-Lebens und müssen nur ein geringes Entgelt für die Wohnung zahlen. Außerdem sind sie oftmals im Besitz eines Autos, was ein heißbegehrtes Konsumgut des Kibbuz ist, und somit ist Neid vorprogrammiert. Ich hätte z. B. gerne ein Motorrad, aber der Kibbuz ist dagegen.«

Demgegenüber ist Avi, der Statistiker aus G. H. I., der Meinung, dass etwa 3 % der Arbeitsplätze in der Landwirtschaft überflüssig sind, da die Kapazitäten aufgrund des zur Verfügung stehenden Wasser- und Landbedarfes begrenzt sind.

> »Diese Leute könnten in der Fabrik arbeiten, und somit könnten einige der 120 Lohnarbeiter in der Fabrik eingespart werden.«

Dem steht die Äußerung von Giora, Direktor von »Gat«, gegenüber, der der Ansicht ist, dass sich die meisten der Lohnarbeiter wie Chawerim fühlen, da sie teilweise schon seit 30 Jahren in der Fabrik beschäftigt sind.

Die Problematik der Lohnarbeit ist in Tuval so nicht gegeben, da die Produktionsbereiche sehr klein sind und ein Großteil der Chawerim daher außerhalb arbeitet. Joni, einer der Direktoren aus Kotlav, würde aber die Einstellung von Lohnarbeitern begrüßen, denn aufgrund der geringen Größe entsteht beim Fortgang eines Chawer, sei es wegen Militärdienstes (jeder israelische Staatsbürger muss einen Monat im Jahr Wehrdienst leisten) oder aus Studiengründen, ein Engpass. Die Reinigung der Wäsche könnte, so Joni, auch von einem anderen Kibbuz übernommen werden; auf diese Weise würden Kosten für diesen Arbeitsbereich eingespart werden.

Beth hingegen ist strikt gegen die Einstellung von Lohnarbeitern:

> »Falls Not am Manne wäre, wäre ich bereit, vor meiner eigentlichen Arbeit auf dem Kiwifeld z. B. pflücken zu gehen. Wenn wir selbst nicht in der Lage sind, unsere Branchen zu pflegen, so müssen sie geschlossen werden. Ich spreche mich für die Beschäftigung von Lohnarbeit lediglich dann aus, wenn es eine notwendige Profession ist, die im Kibbuz nicht vorhanden ist [es wurde eine Krankenschwester eingestellt; S-FS].«

10.3.3 Ausbildung und Arbeitsplatz

Die Ausbildung und der Arbeitsplatz werden nun untersucht, denn der heutige Kibbuznik verfügt meist über eine überdurchschnittliche Ausbildung und hat Schwierigkeiten, seine gestiegenen Anforderungen an einem Arbeitsplatz im Kibbuz zu realisieren. Zum einen hat sich das generelle Berufsbild im Kibbuz von der landwirtschafts- hin zu einer industrieorientierten Richtung gewandelt. Zum anderen ist das zu Gründerzeit existierende Pionierethos, das die erdverbundene Arbeit auf dem Feld proklamierte, einer Arbeitsauffassung gewichen, die in der Arbeit selbst ihren zentralen Wert findet.

Im Folgenden wird nun der Frage nachgegangen, ob die Berufs- bzw. Ausbildungswahl geschlechtsspezifische Merkmale aufweist.

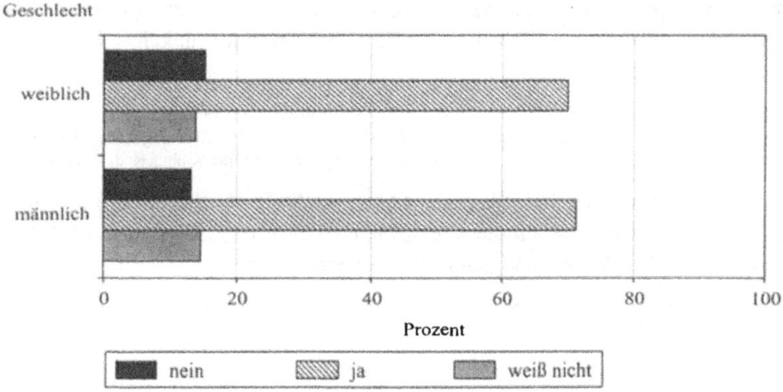

Abbildung 15a: Chancengleichheit für Frauen und Männer bezüglich Ausbildungs- bzw. Berufswahl – G. H. I. (V 78)

Über die Hälfte der befragten Männer und Frauen (69 % bzw. 69 %) aus G. H. I. (Abbildung 15a) verneint hier geschlechtsspezifische Merkmale und ist vielmehr der Meinung, dass jeder Chawer sich seine Ausbildung und seinen späteren Beruf selbst aussuchen darf, sofern im Kibbuz Bedarf besteht. Falls nicht, sei es immer noch möglich, außerhalb des Kibbuz zu arbeiten, was die Gemeinschaft aber zu vermeiden bestrebt ist.

In Tuval (Abbildung 15b) hingegen sind fast alle der befragten Männer (91,7 % = 11 Personen) der Auffassung, dass die Auswahl des Berufes oder der Ausbildung geschlechtsspezifisch bedingt ist, dies aber nicht für ihren Kibbuz zutrifft. Demgegenüber teilt nur knapp die Hälfte (45,5 % = 5 Personen) der befragten Frauen diese Meinung.

Auf die Frage, ob Ausbildung und Berufswahl identisch seien, gaben die Chawerim aus G. H. I. äußerst indifferente Antworten (Abbildung 16): So negierte bzw. bejahte jeweils knapp die Hälfte der Befragten diese Frage (46 % bzw. 47 %). In Tuval dagegen verneinte über die Hälfte der Befragten (56,5 % = 13 Personen) diese Frage. Allerdings ist die Tatsache, dass man nicht im erlernten Beruf arbeite, nicht unbedingt negativ zu

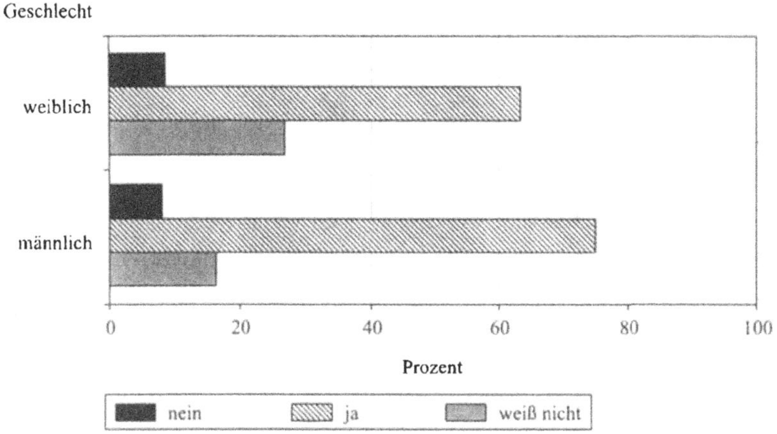

Abbildung 15b: Chancengleichheit für Frauen und Männer bezüglich Ausbildungs- bzw. Berufswahl – Tuval (V 78)

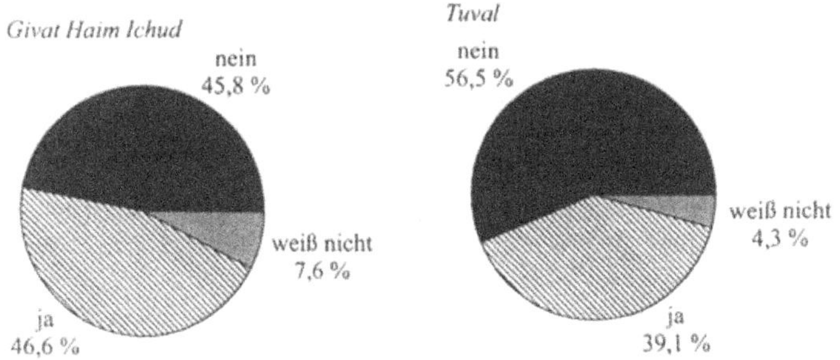

Abbildung 16: Sind Ausbildung und Berufswahl identisch? – G. H. I. und Tuval (V 87)

bewerten; Hauptsache sei, dass der auszuübende Job Spaß macht und auch gut durchgeführt wird – meint Jankale.

Hinsichtlich der Realisierung des Arbeitswunsches ist die Gruppe der 22- bis 25-Jährigen aus G. H. I. (Abbildung 17) noch am ehesten der Meinung, im »Wunschberuf« zu arbeiten; dies liegt aber auch daran, dass sie noch gar nicht in das Berufsleben eingetreten sind und nach Absolvieren des Militärdienstes sich nun in der Ausbildung befinden. In den anderen Altersgruppen (26- bis 60-Jährige) geben nahezu sämtliche Befragten an, nicht in den von ihnen gewünschten Berufen zu arbeiten (52 %, 52 % und 50 %). Lediglich die über 60-Jährigen weisen eine relative Zufriedenheit auf und sind nur zu knapp einem Drittel der Meinung, nicht dort zu arbeiten, wo sie es sich ehemals vorgestellt hatten. Diese vergleichsweise hohe Rate liegt aber wohl wiederum in der zuvor bereits beschriebenen anderen Arbeitsmoral dieser Generation begründet.

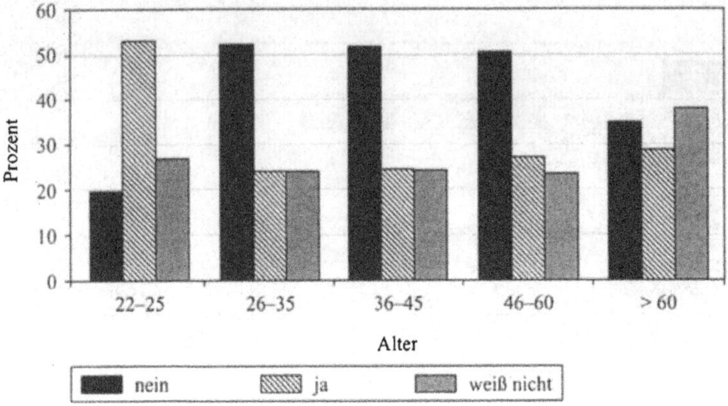

Abbildung 17: Realisierung des Arbeitswunsches – G. H. I. (V 126)

In Tuval ist immerhin knapp die Hälfte (40 %) der Befragten der Meinung, dort zu arbeiten, wo sie gerne möchte (vgl. V 79 im Anhang).

Heutzutage ist für die meisten Chawerim der Inhalt ihrer Tätigkeit vorrangig, und man strebt auch im Kibbuz im Berufsleben nach einer gewissen Selbstverwirklichung und persönlicher Befriedigung. Diese Entwicklung wird schon frühzeitig durch eine entsprechende Erziehung der Kibbuz-Kinder gefördert. Ebenfalls studieren immer mehr Chawerim, die anschließend auch in den erlernten Berufen tätig sein möchten. Dies und die im Zuge der Industrialisierung erforderlichen Qualifikationen führte zu einer enormen Diversifikation der Berufspalette im Kibbuz.

Allerdings sind die Kibbuzim immer etwas im zeitlichen Verzug, was ihre Ausbildung und ihre Arbeitsbereiche betrifft. So setzte die Industrialisierung im Vergleich zur übrigen israelischen Gesellschaft etwas später ein, analog verhält es sich mit der Einführung neuer Technologien und entsprechender (Aus-)Bildung.

»Früher musste der Chawer seine Ausbildung gemäß des Bedarfes der Gemeinschaft wählen, heute jedoch besteht im Kibbuz freie Wahl der Ausbildung, egal, ob später ein Arbeitsplatz im Kibbuz vorhanden ist oder nicht. Natürlich bemüht sich die Gemeinschaft, einen [Arbeitsplatz] zu finden, denn sonst würde man den qualifizierten Chawer verlieren. Diese Ausbildungen sind sehr kostspielig, und der Chawer verpflichtet sich, nach Beendigung seiner Studienzeit das in ihn investierte Geld ›abzuarbeiten‹; auch während des Studiums arbeitet er weiterhin einen Tag pro Woche im Kibbuz.« (Avi Gottlieb, Professor für Soziologie, Universität Tel Aviv)

Yeniv Ofer, Technischer Leiter von »Magach« in G. H. I., beschreibt seinen beruflichen Werdegang:

»Nachdem ich einige Jahre in den USA den Vertrieb für Magach übernommen habe, bin ich seit zwei Jahren wieder im Kibbuz. Ich werde jetzt anfangen zu studieren, das kostet in dem Sinne nichts für mich, da ich drei Jahre dem Kibbuz gegeben habe durch meine Arbeit für Magach. Der Kibbuz zahlt die Wohnung und das Studium der nächsten vier Jahre. Würde ich außerhalb des Kibbuz leben, hätte ich mit Sicherheit nicht diese Möglichkeiten gehabt.«

Dagegen ist Avi Gottlieb der Auffassung, dass man oftmals nicht den Beruf ausüben kann, den man erlernt hat; Lea bestätigt dies und berichtet weiter:

> »Ich studiere Sozialpädagogik im fünften Jahr und habe zu Anfang des Studiums in Tel Aviv in einer Wohngemeinschaft gelebt. Trotz der Hilfe aus dem Kibbuz war das Leben in der Stadt für mich zu teuer. Viele der studierenden Chawerim gehen ›schwarz‹ kellnern, um so ein bisschen den Lebensstandard für sich zu bessern. Ich sah mich aber mein Studium vernachlässigen und bin aus diesem Grund wieder in den Kibbuz zurückgezogen.«

In Tuval hatten die meisten Chawerim ein Studium absolviert, bevor sie in den Kibbuz eintraten. Doch sind die erlernten Berufe meist nicht die, in denen sie nun arbeiten. Susan, eine gelernte Sozialpädagogin, leitet den Kuhstall, Valerie arbeitet als Buchhalterin, obwohl sie eigentlich Jazzpianistin ist. Dazu Neil, Generalsekretär in Tuval:

> »Wir möchten den Chawer nicht in eine Schablone pressen, es kann immer passieren, dass man eines Tages entdeckt, dass der erlernte Beruf nicht die eigentliche Berufung darstellt, und durch die Teilnahme an speziellen Kursen können eventuelle Defizite im ›Traumjob‹ gedeckt werden.«

Joni aus Tuval vertritt eine gänzlich andere Auffassung, was die Kibbuz-Erziehung seiner Kinder betrifft:

> »Ich würde meiner Tochter gerne eine andere Erziehung geben, als dies vom Kibbuz gemacht wird, obwohl ich der Meinung bin, dass die Stunden nach der Schule die entscheidenden sind und die Eltern somit den Haupteinfluss auf ihre Kinder haben. Ich würde gerne auch ein persönliches Budget für die chugim [Aktivitätenkurse] erhalten, um somit frei wählen zu können, und vielleicht auch außerhalb des Kibbuz dem Kind etwas anbieten.«

Beth meint, dass die Kinder in eine »normale« Schule gehen sollten, es muss nicht unbedingt eine Kibbuz-Schule sein. In einer anderen Schule könnten außerdem Kontakte und Freundschaften zu Kindern von außerhalb hergestellt werden. Chedva beklagt in Tuval die Erziehung und ist der Meinung, dass lediglich die Kleinkinder eine gute Erziehung genießen (Tuval hat ein Babyhaus und einen Kindergarten).

10.3.4 Arbeitsmotivation und Arbeitszufriedenheit

Im Folgenden werden die Arbeitsmotivation und Arbeitszufriedenheit untersucht; diese werden nicht losgelöst voneinander betrachtet, sondern als interdependente Phänomene des Arbeitslebens angesehen, die eng miteinander zusammenhängen und einander bedingen, und zwar ausgehend von der These, dass durch motiviertes Arbeiten eine Zufriedenheit mit demselben entsteht.

Die Arbeitsmotivation ist – Muki Zur zufolge – das größte Problem der Arbeitskultur an sich. Da man im Kibbuz die Arbeitskultur an sich ohnehin aus einer eher anthropozentrischen Sichtweise heraus betrachtet, besteht keine Distanz zwischen den einzelnen Menschen. Dies schließt somit Kündigungen, Strafen bzw. Sanktionen und autoritäre Gesetze aus, es kommt lediglich auf die Teilnahme des Einzelnen an.

Die Arbeitsmotivation speist sich aus folgenden Quellen:

1. Die Arbeit entspricht dem Grundbedürfnis des Menschen.
2. Arbeit schafft ein Zusammengehörigkeitsgefühl.
3. Arbeit findet aufgrund von sozialem Druck statt.

Zwischen diesen drei Punkten muss ein Gleichgewicht vorhanden sein. Ist das nicht gegeben, geht die Motivation zur Arbeit verloren, und dementsprechend sieht das Arbeitsergebnis aus.

Die Mehrheit der befragten Mitglieder (71 %) in G. H. I. (vgl. V 79 im Anhang) ist zufrieden mit ihrem Arbeitsplatz. In Tuval (vgl. V 79 im Anhang) sieht das Ergebnis ähnlich aus; 16 von 23 befragten Personen bejahten die Frage: Sind Sie zufrieden mit Ihrem Arbeitsplatz?

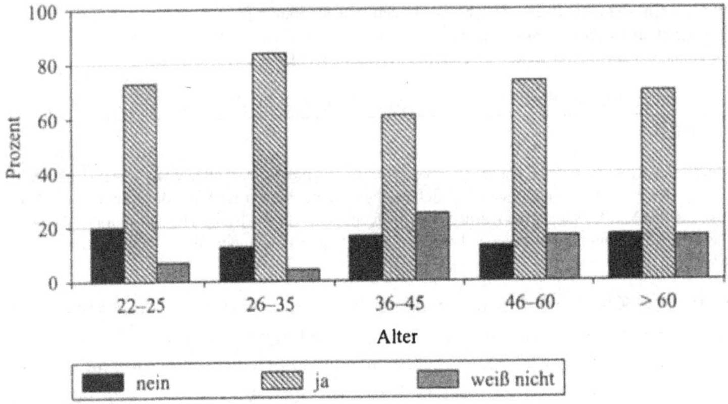

Abbildung 18: Arbeitszufriedenheit in G. H. I. (V 79)

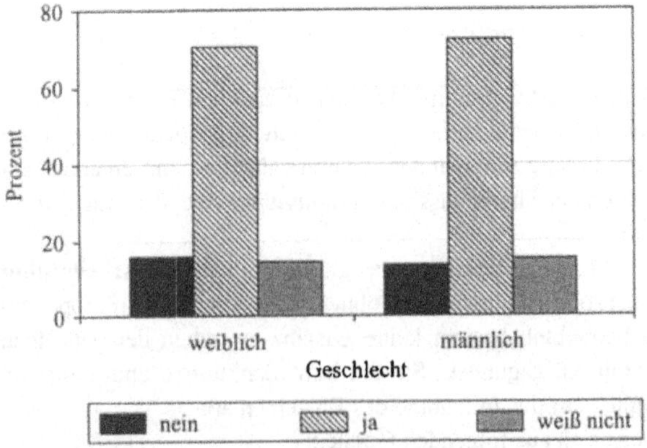

Abbildung 19a: Arbeitszufriedenheit von Frauen und Männern – G. H. I. (V 79)

Auch in den verschiedenen Altersgruppen konnte in G. H. I. (Abbildung 18) durchweg eine Zufriedenheit festgestellt (73 %, 84 %, 61 %, 73 % und 69 %).

In G. H. I. gibt es auch keine Unterschiede hinsichtlich der Arbeitszufriedenheit von Männern und Frauen (Abbildung 19a); mit 71,6 % der befragten Männer und 70,3 % der Frauen äußerten sich die meisten hier positiv über ihre Arbeit.

In Tuval (Abbildung 19b) wurden ähnliche Ergebnisse erzielt: 75 % der männlichen Chawerim (= 9 Personen) und 63,6 % der Frauen über die Hälfte der befragten Männer und Frauen = 7 Personen) mögen ihren Arbeitsplatz.

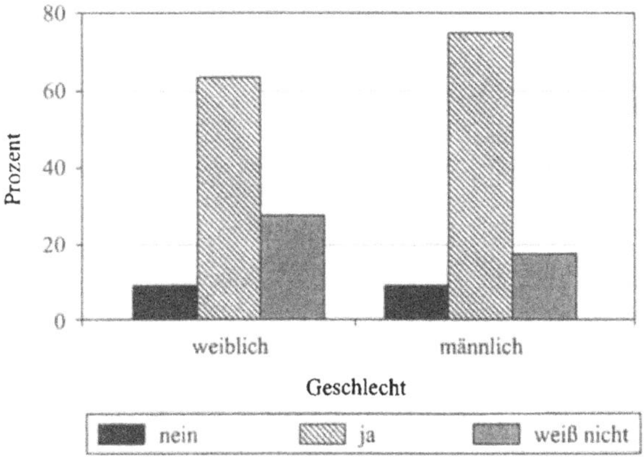

Abbildung 19b: Arbeitszufriedenheit von Frauen und Männern – Tuval (V 79)

Auf die Frage, ob der Grund für motiviertes und produktives Arbeiten seinen Ursprung in der Idee des Kibbuz an sich hat oder bei der Einführung von Gehältern die Arbeit effizienter wäre, stellte sich heraus, dass die Idee allein heute nicht mehr greift. Nur knapp die Hälfte der Befragten in G. H. I. (Abbildung 20) wies Letzteres (47 %) zurück, während zwei Drittel der Meinung waren, dass sie bei der Einführung von Gehältern besser arbeiten würden (64 %). Die Ergebnisse der mündlichen Befragung erbrachten ein genau entgegengesetztes Bild, nämlich die strikte Ablehnung des monetären Anreizes. Diese Unstimmigkeit könnte man zum einen durch die Anonymität der Fragebögen erklären, zum anderen aber auch dadurch, dass die generelle Bezahlung wegen eventueller Hierarchiebildung zwar abgelehnt wird, aber zu besonderen Anlässen wie der Ernte nichts gegen ein aufgebessertes »Taschengeld« einzuwenden wäre.

In Tuval (Abbildung 20) ist das gleiche Phänomen wie in G. H. I. zu beobachten: Knapp die Hälfte der Befragten (43,5 % = 10 Personen) spricht sich für eine Bezahlung aus. Die Kibbuz-Idee an sich ist hier ebenfalls nicht als Arbeitsmotivation vorhanden, und wieder gab fast die Hälfte der befragten Chawerim (43,5 % = 10 Personen) »weiß nicht« an, was möglicherweise auf ein Desinteresse zurückzuführen ist.

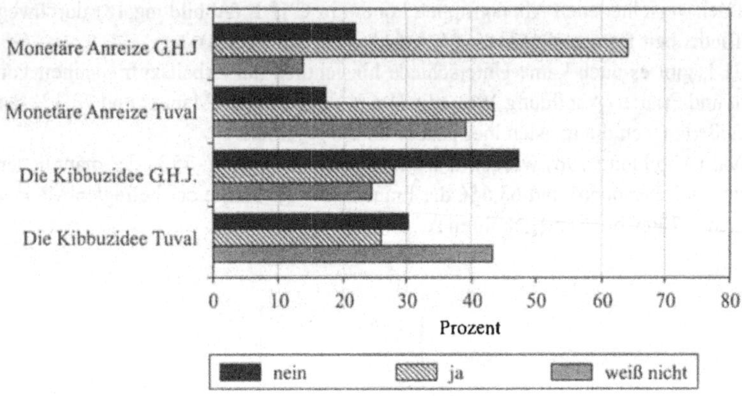

Abbildung 20: Motivation – G. H. I. und Tuval (V 123, 124)

Auf die Frage, ob bei sozialem Druck der Gemeinschaft effizienter gearbeitet werden würde, antwortete die Mehrzahl der Chawerim in G. H. I. (66 %) mit »Nein«. In Tuval wurde ein nahezu gleiches Ergebnis erzielt (69,6%) (Abbildung 21).

Wie auch in den Interviews zeigt sich, dass auch dann, wenn sozialer Druck im Kibbuz besteht, dieser durch die Gesellschaft nur bedingte Auswirkungen auf einen unmotivierten Chawer hat, zumal es keine

> »Kündigungen und Sanktionen als Strafmaßnahmen für nicht erbrachte Leistungen [gibt]; die ›Trittbrettfahrer‹ stellen ein echtes Problem in unserer Gemeinschaft dar.« (Neil aus Tuval)

Ähnlich äußert sich Sybill Heilbronn, wenn sie zur Frage nach den Gründen der Arbeitsmotivation ausführt:

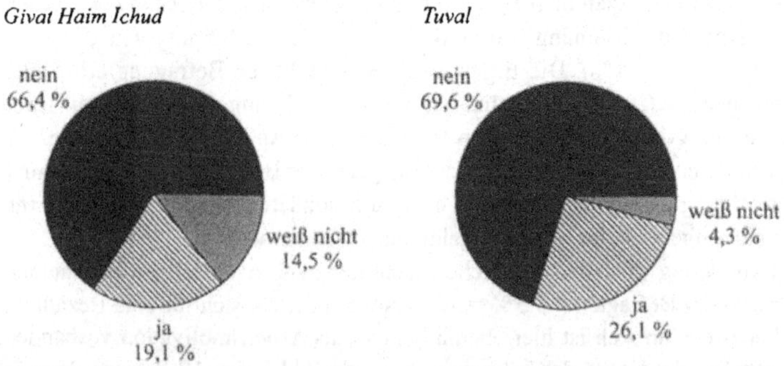

Abbildung 21: Leistungseffizienz durch gesellschaftlichen Druck – G. H. I. und Tuval (V 127)

»Die Motivation zur Arbeit hängt eng mit der Zufriedenheit am Arbeitsplatz zusammen, die sich aufgrund sozialer Kontakte oder der Arbeit an sich einstellt. Die Frage nach einer Gehaltseinführung, die sich in letzter Zeit immer mehr stellt, sehe ich sehr gespalten. Meiner Meinung nach führen monetäre Anreize zu keiner Befriedigung am Arbeitsplatz. Irgendwann erreicht man eine finanzielle Grenze, und dann entsteht ein Sättigungseffekt, der sich nur durch eine ausfüllende Tätigkeit kompensieren lässt. Bei einer Gehaltseinführung sehe ich das Ende der Kibbuz-Idee, denn somit wird Platz für Hierarchien gemacht. Das weitaus größte Problem in der Arbeitswelt liegt in den unmotivierten Leuten, die dem Kibbuz zur Last fallen und auf die Nerven gehen und die sich der Kibbuz auch nicht leisten kann.«

Die Motivation zur Arbeit im Kibbuz hat verschiedene Ursachen: Zum einen trägt die Arbeit in der Fabrik entscheidend zum Gesamtwohl der Chawerim bei, da diese zu einem Großteil die Gemeinschaft finanziert; es kann also von einer Art monetären Anreizes gesprochen werden. Ein anderer Aspekt ist die soziale Anerkennung durch die Kibbuz-Gemeinschaft, da die Fabrik eben die Haupteinnahmequelle darstellt. Darüber hinaus sind in der Fabrik diverse Elemente der Karriereförderung gegeben.

»Ich glaube, dass der Motivator zur Arbeit, der zur längerfristigen Befriedigung führt, im intrinsischen Bezug zum Aufgabengebiet liegt. In der qualitativen Arbeit, dem Interesse für das, was man tut, und in der Identifikation mit der Kibbuz-Idee und dem Glauben, etwas für die Gemeinschaft zu tun, liegen die Quellen des Antriebes; eine Bezahlung lehne ich vollkommen ab, zum einen weil der Lebensstandard dadurch nicht steigen würde, zum anderen weil man unmotivierte Menschen hierdurch nicht zu besserer Arbeit bewegen würde.« (Michal Palgi, Kibbuz-Forscherin, Universität Haifa)

Einen intrinsischen Arbeitsinhalt kann sich nach David Mittelberg nur der Kibbuz leisten, dem es wirtschaftlich gut geht. Bestehen finanzielle Probleme, leidet die gesellschaftliche Struktur darunter.

Uri Leviatan (Universität Haifa) zufolge liegt Arbeitsmotivation in der Selbstverwirklichungsmöglichkeit des Einzelnen und in der Identifikation mit der Kibbuz-Idee begründet. Die Identifikation mit dem Arbeitsplatz an sich sei das Idealste. Durch die Industrialisierung und die gewandelten Werte seien aber die Bedürfnisse gestiegen, so dass der Kibbuz auf jeden Fall ein hohes Maß an Arbeitszufriedenheit und Arbeitsmotivation benötige, um sich gegen die konkurrierende Wirtschaft außerhalb des Kibbuz abgrenzen zu können. So funktioniert heute die Idee als Substitut für Geld nur noch bedingt. Anstelle dessen ist die Motivation getreten, die die Selbstverwirklichung durch die Arbeit zum Ziel hat, das heißt, dass man dort arbeitet, wo man gerne möchte. Ein besonderes Problem stellen in größeren Kibbuzim jene Chawerim dar, die ihren Beitrag zur Gemeinschaft nicht leisten und gänzlich unmotiviert sind.

Einer unmotivierten Arbeitshaltung mit der Einführung von Gehältern entgegenzutreten ist meiner Ansicht nach der falsche Weg, da so eines der wichtigsten Kibbuz-Prinzipien, die Gleichheit, erheblich gefährdet werden würde. Außerdem stellt der Lebensstandard im Kibbuz an sich einen materiellen Anreiz dar, der zwar nicht direkter Natur ist, den sich jedoch die meisten der in der Stadt lebenden Menschen durch eine bezahlte Arbeit nicht leisten könnten (Studium, Erziehung der Kinder, Aktivitäten, Häuser mit Garten).

Roni Pollak schließt sich der allgemeinen Meinung an, dass die Einführung von Gehältern nicht zu besserer Arbeit motivieren würde:

»Dies wäre nur ein Mittel zur Überprüfung, das in anderen Gesellschaftsformen greift, die keine anderen Anreize haben, aber nicht im Kibbuz.«

Joel ist der Auffassung, dass die Zufriedenheit mit dem Arbeitsplatz individuell unterschiedlich ist; er für seinen Teil stellt sich jährliche Pläne, die er erfüllen möchte, und erfährt hierdurch eine Selbstbefriedigung. Yeniv befürchtet, dass durch eine Gehaltseinführung eine kalte Atmosphäre im Kibbuz entstehen würde und die Arbeit darunter leiden würde; gesellschaftliche Konflikte wären das Resultat. Motivation im Kibbuz begründet sich seiner Meinung nach durch ein Zusammengehörigkeitsgefühl, ein Teil des Ganzen zu sein.

Lea dagegen meint, dass der soziale Druck im Kibbuz enorm groß ist; dies manifestiere sich in den Arbeiten, die keiner gerne erledige, z. B. der Arbeit im Chadar ochel. Die Tatsache, dass lediglich die Arbeit in der Fabrik als Einnahme gerechnet wird und die Dienstleistungen Ausgaben darstellen, führt zu unterschiedlicher Anerkennung der verrichteten Arbeit.

In Tuval ist der Aspekt der Motivation zur Arbeit und die resultierende Zufriedenheit aufgrund einer ausgefüllten Tätigkeit ähnlich wie in G. H. I. Die Lavendelfelder, die bis dato noch keine Erträge erwirtschaftet haben, sind z. B. auf Initiative eines Chawers entstanden, dessen Traum es war, eine Lavendelfarm zu betreiben. Man bemüht sich außerdem, eine versteckte Arbeitslosigkeit zu vermeiden, wie dies oft in großen Kibbuzim der Fall ist; notfalls müssen die betreffenden Personen versetzt werden.

Susan ist ebenfalls der Ansicht, dass der soziale Druck im Kibbuz eine große Rolle spielt.

> »Es besteht Druck auf den Chawer, aber in einer gesunden Form, wir diskutieren über alle anstehenden Probleme offen miteinander. Früher gab es in Tuval oftmals Absentismus, Fluktuation und demotivierte Leute. Dies hat sich geändert, seitdem die meisten von uns Eltern geworden sind und sich ihrer Verantwortung bewusst sind. Das Interesse an der Arbeit und die Selbstverwirklichung, d. h. nach Möglichkeit eine Tätigkeit finden, die einen zufrieden stellt, sind von enormer Bedeutung. Jeder kann außerhalb des Kibbuz arbeiten, so lange das Gehalt, das er nach Hause bringt, stimmt. Ich für meinen Teil liebe es, im Kibbuz zu leben und zu arbeiten, es gibt nur öfters Schwierigkeiten, wenn Ehepaare nicht miteinander arbeiten können.«

Beth vertritt die Meinung, dass Arbeitszufriedenheit im hohen Maße von der Gesellschaftsstruktur abhängig ist. Das Individuum müsse Initiative zur Selbstverwirklichung zeigen, dann könne die Gemeinschaft unterstützend eingreifen. Falls jemand überhaupt zu nichts zu motivieren wäre, würde das Kollektiv besagter Person helfen, ein entsprechendes Betätigungsfeld zu finden. Auf jeden Fall würde enormer sozialer Druck auf diese Person ausgeübt werden.

Insgesamt kann festgehalten werden, dass bei der Mehrzahl der Befragten (über 30 von 36 Interviewpartnern) eine überdurchschnittlich hohe Arbeitsmotivation vorzufinden ist, was sich auch in den Produktionsergebnissen der beiden Kibbuzim ausdrückt, die im Vergleich zu Gesamtisrael sehr hoch sind. Bislang konnte diese Arbeitseffizienz ohne monetäre Anreize erreicht werden, so dass ich – wie letztendlich auch die meisten Chawerim in den Interviews – nicht dafür plädiere, zukünftig Gehälter einzuführen. Durch solche individuell differenzierten Gehälter würde das oberste Prinzip des Kibbuz, die Gleichheit, empfindlich gestört werden.

In Tuval ist man zwar dazu übergegangen, Gehälter differentialer Art einzuführen, die von der »Geschäftsseite« an die Gemeinschaft gezahlt werden. Der einzelne Chawer weiß aber nicht, wie hoch sein Gehaltsanteil dabei ist. Dieser Modus wurde lediglich der Kostenkontrolle bzw. des besseren Überblicks der Einnahmen und Ausgaben wegen eingeführt – als ein Mittel, um dem Kibbuz aus der wirtschaftlichen Krise zu helfen.

Als Hauptgründe für motiviertes Arbeiten und Arbeitszufriedenheit können die soziale Anerkennung durch die Gemeinschaft sowie die Tatsache benannt werden, dass effektive Arbeit sich im Lebensstandard des Kibbuz niederschlägt. Die Mehrzahl der Befragten ist darüber hinaus der Ansicht, dass die Teilnahme an Entscheidungsprozessen (Generalversammlung und Komitees) zur Identifikation mit dem Betrieb, seinen Zielen und Mitarbeitern führe. Der Erfolg des Betriebes wird somit zum persönlichen Interesse des einzelnen Chawer.

Intrinsische Motive sind somit für alle Befragten von essentieller Bedeutung für effiziente Arbeit: interessante Arbeit, gute Arbeitsbedingungen, nette Arbeitskollegen, Teamarbeit, Selbstverwirklichung, Mitspracherecht und qualifiziertes Weiterkommen. Entsprechend haben postmaterielle Bedürfnisse eine hohen Stellenwerte; an der ablehnenden Haltung gegen die Gehältereinführung lässt sich ablesen, dass auch heute noch – trotz der wirtschaftlichen Krise – die ideellen Werte eindeutig über den materiellen stehen.

Exkurs – Wege aus der wirtschaftlichen Krise

Korporation der Kibbuzim

Die Ursachen für die wirtschaftliche Krise im Kibbuz sind vielfältig, wie im theoretischen Teil ausführlich beschrieben wurde (vgl. Kapitel 3); sie liegen zu einem Großteil in der allgemein angespannten Wirtschaftslage Israels begründet: Im Jahre 1993 gab es 280 000 Arbeitslose, und in den letzten Jahren mussten etwa 10 000 Geschäfte Konkurs anmelden (Angaben beruhen auf ein Interview mit Shlomo Leshem, Merakes Meshek aller Kibbuzim). Die israelische Wirtschaft zeichnet sich durch ein Stagnieren aus, was in engem Zusammenhang mit der dortigen Politik steht.

Der Kibbuz hat sich in dieser schwierigen Zeit, die seit 1984 mit einer hohen Inflation einherging, relativ gut halten können; nur einige waren gezwungen, in Konkurs zu gehen. Ebenfalls konnte der Lebensstandard in den Kibbuzim aufrechterhalten werden, obwohl Sparmaßnahmen im Konsumbereich stattfanden.

Eine Alternative für bessere Wirtschaftsbedingungen der Kibbuzim wäre, den Weg der Korporation einzuschlagen. Teilweise gibt es bereits Fusionen zwischen einzelnen Kibbuzim, dies sollte sich jedoch auch auf ein Zusammengehen mit Privatfirmen ausweiten. Die Chawerim verfügen aufgrund ihrer guten Ausbildung und Qualifikation oftmals über ein überdurchschnittliches Know-how, was die fehlenden finanziellen Mittel für einen Zusammenschluss kompensiert.

Gidon Rappaport, Industrieleiter des Takam, sieht einen Ausweg aus der wirtschaftlichen Krise darin, mehr Absprache zwischen den Kibbuzim zu betreiben, das heißt, bei identischen Absatzmärkten und Produktionslinien sollten die Kibbuzim eine Vereinigung oder eine Monopolstärkung ins Auge fassen. Dies ist notwendig, da der Absatzmarkt Israels relativ klein ist; eine Absprache sollte bezüglich der Preiskonstellation und der Marktaufteilung (Länder, Regionen) stattfinden, selbstverständlich gemäß den Bedingungen der dortigen herrschenden Wettbewerbspolitik. Eine weitere Möglichkeit läge in der Intensivierung bzw. dem Aufbau von Verbindungen mit strategisch wichtigen ausländischen Partnern der gleichen Branche, um deren Absatzgebiete und Kontakte nutzen zu können. Im Bereich Distribution gibt es bereits zahlreiche Zusammenschlüsse, aber auch die Bereiche Forschung und Entwicklung, Produktion sowie Maschinen/Fuhrpark sollten zukünftig diese Möglichkeit ins Auge fassen.

»Es gibt z. B. eine Kibbuz-Fabrik, die Verpackungsmaterial für Eis herstellt (›Kama‹ vom Shomer Hazair), eine US-Firma produziert die gleichen Kartons. Hier fand ein 25%-iger Zusammenschluss statt. Eine andere, eine deutsche Firma, die weltweit führend in der Produktion von Plastik für Gipswände ist, war an einem 26%-igen Zusammenschluss mit einer Kibbuz-Fabrik interessiert, die das Gleiche produziert. Hierfür wurde dem Kibbuz Teilnahme am Weltmarkt versprochen. Der Kibbuz sah hierin eine Möglichkeit, über die deutsche Firma in die arabischen Länder einzusteigen. Ansonsten wird aber alles bislang noch auf kleinem Feuer gekocht.«

Der Kibbuz Tuval steht beispielhaft für die Korporation zwischen zwei Kibbuzim aufgrund von Know-how. Kotlav, die Plastikfabrik von Kibbuz Chanita, hat auf oberster Führungsebene die zentralen Stellen mit Chawerim aus Tuval besetzt; an einer Beschäftigung von Lohnarbeitern, die nicht dem Kibbuz angehören, war sie nicht interessiert. Tuval möchte nun zu 10 % in Kotlav einsteigen. Dies würde Tuval zwar 12 Millionen Schekel kosten, wäre aber eine Investition, die auch der Fabrik zugute käme.[2] Kotlav erwirtschaftete im Geschäftsjahr 1991 32 Millionen Schekel, hiervon waren 8 Millionen Schekel reiner Gewinn. Bei einer Beteiligung Tuvals von 10 % läge der entsprechende Gewinnanteil dieses jungen Kibbuz bei 800 000 Schekel (vgl. Bilanz des Takam vom Jahre 1992).

Sybill Heilbronn beschreibt die wirtschaftliche Lage der Kibbuzim wie folgt:

»Eine Korporation der Kibbuzim untereinander wird ebenfalls stark von den geldgebenden Kreditinstituten befürwortet, ein neues Gesetz besagt, dass den Kibbuzim 20 % der Schulden erlassen werden sollen. Dies ist sehr wenig, so dass die Banken uns über kurz oder lang Finanzierungspläne aufstellen werden, da sie alleine nicht tragfähig sind, eigene Ausgaben zu tilgen. Früher (bis 1985) wurden Kredite aufgenommen für Konsuminvestitionen (z. B. Bau eines neuen Chadar ochel), ohne dass man sich über die Zinskonditionen im klaren war. Der Zinssatz wurde zwar von 30 % auf 10 % und schließlich auf 4 % gesenkt, der Kredit hingegen blieb bei 20 % die ersten drei Monate stehen, d. h. man konnte die Zinslast nicht mehr zahlen. Heute steht der nominale Zinssatz bei 4 %, in Deutschland zum Vergleich liegt er bei 1 %. Dies hatte zur Folge, dass die Schulden enorm anstiegen.«

Amir Helman sieht die Probleme in der Landwirtschaft begründet:

»In ganz Israel ist die Landwirtschaft einem Monopol unterlegen, d. h. es gibt keine freie Wirtschaft. Durch die Monopole und die organisierten Kartelle wird es dem Kibbuz schwer gemacht, andere Abnehmer für seine Produkte auf dem Markt zu finden.«

2 Für junge Kibbuzim ist es weitaus einfacher als für etablierte Kibbuzim, Kredite von der Kibbuz-Bewegung zu bekommen, die diese wiederum von den jüdischen Agenturen bezieht.

Dem hält Jair Shepon entgegen, dass in der israelischen Wirtschaft keine strikte Monopolisierung vorhanden ist, sondern die Landwirtschaft wie überall in der Welt gewissen Restriktionen unterlegen ist.

Für die wirtschaftliche Misere können somit verschiedene Ursachen und ebenso unterschiedliche Lösungsansätze ausgemacht werden. Eine weitere Möglichkeit wäre, auf andere Einnahmequellen umzusteigen, z. B. den Tourismus. Diesen Weg beschritt »Shfayim«, ein Kibbuz in der Nähe von Tel Aviv, da er über keine gute Landwirtschaft verfügte und die Industriefabrik ebenfalls keine Existenz für alle gewährleistete. Aber nicht jeder Kibbuz sieht den Tourismus als Lösungsmöglichkeit an, viele Chawerim fühlen sich durch stets anwesende Besucher gestört. Außerdem haben die meisten Kibbuzim ohnehin die Umstellung von der Landwirtschaft auf die Industrie vollzogen; die Landwirtschaftszweige, die wirtschaftlich ineffizient waren, wurden eingestellt.

In letzter Zeit werden immer mehr Korporationen auch im Dienstleistungssektor und Konsumbereich realisiert. »Rationalisierung durch Regionalisierung« nennt Busch-Lüty dieses Phänomen, das auch aus Kostengründen eingeführt wurde: So können benachbarte Kibbuzim durch eine gemeinsam betriebene Wäscherei Ausgaben einsparen; ebenso der Erziehungsbereich, wenn die Kinder aus den umliegenden Kibbuzim in einer Schule untergebracht werden.

Takam und Kibbuz

Dem Takam als einer der drei Dachverbände der Kibbuz-Bewegung gehören beide untersuchten Kibbuzim an (vgl. auch Abschnitt 3.1). Der Takam, der seine Geschäftsräume zentral in Tel Aviv gelegen hat, ist ähnlich einem Kibbuz strukturiert; es gibt verschiedene Abteilungen und Komitees: die Arbeitsbereiche Landwirtschaft, Industrie und Dienstleistungen; Erziehung und Ausbildung; Kultur. Jeder Bereich verfügt über einen finanziellen Berater, eine Personalabteilung und eine für Forschung und Entwicklung. Eine »Vaadat Hameshek« zentralisiert die Abteilungen Industrie, Konsum, Tourismus und Steuern. Diese »Vaada« stellt einen ökonomischen Jahresplan für alle Takam-Kibbuzim auf und ist Repräsentant gegenüber den Kreditinstituten und öffentlichen Ministerien.

Während das Kibbuz-Center in der Universität von Haifa vom Takam gesponsert wird, ist das Ruppin-Institut eine unabhängige Vereinigung. Die im Takam tätigen Personen sind allesamt Chawerim aus den Kibbuzim, die dem Takam angehören. Die Stellen werden gemäß dem Rotationsprinzip alle vier bis fünf Jahre zur Wahl gestellt.

Shlomo Leshem, Leiter der »Vaadat Hameshek«, zur Beziehung zwischen Takam und Kibbuz:

> »Der Einfluss des Takam auf den Kibbuz ist eine Funktion des Willens und der Situation des Kibbuz. Geht es dem Kibbuz wirtschaftlich gut, so ist der Einfluss geringer als bei einem Kibbuz, dem es finanziell schlecht geht. Es kommt ebenfalls auf die persönliche Beziehung der Sekretäre und Schatzmeister der einzelnen Kibbuzim gegenüber dem Takam an. Einmal pro Jahr treffen sich die Vertreter der einzelnen Kibbuzim und präsentieren ihren Wirtschaftsplan für das kommende Geschäftsjahr. Einmal jährlich treffen sich die Repräsentanten des Takam mit den Banken; falls ein Kibbuz eine Anleihe von der Bank benötigt, so

macht der Takam seinen Einfluss geltend. In der Vaadat hameshek sitzen acht Verantwortliche, jedem von ihnen unterstehen ca. 20 Kibbuzim. Dadurch ist eine objektive Beobachtung als präventive Maßnahme bei eventuell auftretenden Schwierigkeiten gegeben.«

Der Einfluss auf interne Veränderungen im Kibbuz ist relativ. Solange die »Grundgesetze« des Kibbuz nicht beeinträchtigt werden, kann der Kibbuz ohne Zustimmung des Takam Veränderungen durchführen. Chadar ochel und das persönliche Budet gehören somit zu den Problemen, die der Kibbuz eigenständig lösen kann. Oft wird der Takam jedoch um Hilfe gebeten, z. B. bei der Umstellung auf das persönliche Budget. Die zur Debatte stehende Einführung von differentialen Gehältern kann jedoch kein Kibbuz allein entscheiden; falls er es doch tut, muss er mit dem Ausschluss aus der Bewegung und allen hiermit verbundenen Konsequenzen rechnen.

Gidon Rappaport zur Frage, welche Veränderungen auf den Kibbuz zukommen werden:

»In den nächsten zwei Jahren wird nichts Revolutionäres passieren, einige der Kibbuz-Fabriken werden schließen, neue (Fabriken) werden nicht entstehen. 90 % der bestehenden Fabriken werden ausgebaut, einige Korporationen bezüglich gemeinsamer Distribution sind ebenfalls im Gespräch. Es werden viele der russischen Neueinwanderer als Arbeitskräfte eingesetzt werden, da der Staat für ein Drittel ihrer Gehälter aufkommt. Ein Wachstum sehe ich besonders im Dienstleistungssektor, in der Industrie jedoch nur einen Anstieg um 2 %.«

Die Bewegung finanziert sich zum Großteil über prozentuale Abgaben der Kibbuzim, die im Verhältnis zu ihrem Gewinn und ihrer Bevölkerung geleistet werden müssen. Außerdem wird sie vom Staat finanziell unterstützt und erhält schließlich noch Spenden aus dem Ausland.

Der Takam ist weiterhin für die Gebietszuteilung bei Neugründungen von Kibbuzim verantwortlich. Meist werden Gebiete in der Nähe von arabischen Siedlungen gewählt, dies ist Ausdruck der Siedlungspolitik Israels. Zu Anfang werden die Produktionszweige des neu entstehenden Kibbuz in Absprache mit den Chawerim festgelegt. Man ist an gewisse Auflagen gebunden, z. B. wie viel dieser Wirtschaftszweige sind in der Umgebung vorhanden, rentiert sich das geplante Vorhaben auch usw. Bei neuen Produktionslinien muss der Takam ebenfalls zu Rate gezogen werden.

Die Gründer junger Kibbuzim werden in etablierten Kibbuzim auf ihre Tätigkeit durch Schulungen intensiv vorbereitet. Tuval z. B. möchte eine Kooperation mit einer Hühnerfarm im Golan eingehen, zu der bereits vier andere Kibbuzim gehören. Dies bringt erhebliche Kosten mit sich, und weil Tuval bereits eine Hühnerfarm besitzt, sind die Verhandlungen mit dem Takam bezüglich von Kreditaufnahmen für diesen Zweck äußerst schwierig. Neil, Sekretär aus Tuval, beschreibt eine solche Situation:

»Der Takam ist ein sehr bürokratisches und durchorganisiertes Gebilde. Der Kauf eines Autos z. B. ist eine nervenaufreibende Angelegenheit. Dutzende von Kostenvoranschlägen und Optionen müssen dem Takam vorgelegt werden, dann beginnt die eigentliche Arbeit: das Überzeugen der Notwendigkeit dieses Autos.«

Abschließend Muki Zur, Generalsekretär des Takam, zu desen Funktion:

»Der Takam hat aufgrund der wirtschaftlichen Situation an Bedeutung gewonnen; zuvor spielte er eine geringe Rolle für den Kibbuz und war wichtig in seiner ökonomischen Bedeutung als Einheit.«

10.4 Fazit

Anhand der mündlichen und schriftlichen Befragung konnten verschiedene Veränderungen und Trends in den Kibbuzim Givat Haim Ichud und Tuval festgestellt werden, die sich als exemplarisch für die Entwicklung von etablierten und jungen Kibbuzim erweisen:

1. Die Grundprinzipien sind in beiden Kibbuzim bis heute aktuell, sie haben sich aber in ihrer Auslegung und Anwendung der Entwicklung (Industrialisierung und Liberalisierung) angepasst.
   Das Prinzip der Gleichheit hat sich in beiden Kibbuzim von einer eher mechanischen Sichtweise zu einer bedürfnisorientierten Gleichheit der Chawerim gewandelt, gemäß dem Grundsatz »jeder nach seinen Möglichkeiten«.
   Die Solidarität unter den Mitgliedern, bezeichnend für die Gemeinschaft Kibbuz, ist nach wie vor vorhanden, nur im etablierten Kibbuz hat sich diesbezüglich ein Wandel vollzogen. Das Selbstverständnis des Individuums hat hier im Laufe der Zeit eine Veränderung erfahren: Stand früher das Kollektiv im Mittelpunkt, so ist das Kibbuz-Leben heute viel individueller ausgerichtet (Rückzug in die eigene Familie, die Kinder schlafen zu Hause).
   Im jungen Kibbuz sind solche Entwicklungen bislang nicht zu beobachten, denn hier besteht die Gemeinschaft nur aus ein bis zwei Generationen, so dass beispielsweise von Anfang an keine Kinderhäuser vorhanden waren.

2. Die Basisdemokratie wird relativiert durch die Verlagerung zahlreicher Entscheidungen in Ausschüsse sowie durch die Tatsache, dass viele auf die Fabrik bezogene Entscheidungen vom Management und nicht in der Generalversammlung von der Allgemeinheit getroffen werden. Ausnahmen bilden dabei größere Investitionsentscheidungen (z. B. Bau eines Chadar ochel) und das öffentliche Wohl betreffende Ausgaben.
   Ein signifikanter Unterschied zwischen etabliertem und jungem Kibbuz zeigt sich in der Teilnehmerzahl an der Generalversammlung: Im jungen Kibbuz besuchen bedeutend mehr Chawerim dieses Gremium als im etablierten. Anzunehmen ist, dass dies wahrscheinlich an der noch präsenten Stimmung, »Welten zu bewegen«, liegt, während man im Kibbuz G. H. I. diesbezüglich schon abgeklärter ist.
   Die Rotation wird in beiden Kibbuzim per Abstimmung in der Generalversammlung beschlossen. Aufgrund von Industrialisierung und des sich verschärfenden Wettbewerbs mit der israelischen Wirtschaft sind die Kibbuzim immer mehr zu einer effizienzausgerichteten Politik gezwungen, so dass die entsprechend qualifizierte Besetzung von Stellen im Vordergrund steht. In Tuval – wie in den meisten jungen Kibbuzim – gibt es darüber hinaus eine weitere arbeitsorganisatorische Neuerung, das »Board of Directors«, ein auf Managementebene angesiedeltes Beratungsorgan, das für wirtschaftliche Belange zuständig ist.

4. Einen autarken Arbeitsmarkt gibt es im etablierten Kibbuz G. H. I. nicht mehr. In Tuval hingegen werden keine Lohnarbeiter beschäftigt, was allerdings hauptsächlich auf

den weitaus kleineren Meshek zurückzuführen ist. Umgekehrt ist in größeren Kibbuzim das Prinzip des autarken Arbeitsmarkts nicht aufrechtzuerhalten, da sonst mit Personalengpässen gerechnet werden müsste, die für eine effiziente Betriebsführung nicht tragbar sind.
Auf der anderen Seite möchten viele Kibbuznikim aufgrund ihrer qualifizierten Ausbildung nicht mehr ausschließlich im Kibbuz arbeiten, sondern auch außerhalb, wenn kein entsprechender Arbeitsplatz für sie im Kibbuz vorhanden ist. Hier werden die Grenzen des Kibbuz immer offener, da man bestrebt ist, dass der Chawer in und mit seiner Arbeit zufrieden ist, und es ihm ermöglicht werden soll, dort zu arbeiten, wo er sich am ehesten verwirklichen kann. Nichtsdestotrotz sind beide Kibbuzim der Ansicht, dass der eigene Meshek essentiell wichtig für die Gemeinschaft ist und einen entscheidenden Beitrag für den Zusammenhalt der Gemeinschaft liefert.

5. Die starke wirtschaftliche Effizienzorientierung hat die prinzipielle Wertorientierung nicht außer Kraft gesetzt. Die Bedürfnisse haben sich zwar sehr gewandelt, was sich vor allem in der Hinwendung zum Individuum und in der Rückdrängung des Kollektivgedankens manifestiert. Aber gerade die macht deutlich, dass der Kibbuz aufgrund seiner Dynamik sich den veränderten Umständen anzupassen vermag.

6. Das Prinzip der Egalität, das sich im gemeinsamen Eigentum und in der gemeinsamen Kasse ausdrückt, hat sich insofern gewandelt, als dass in beiden Kibbuzim zwar nach wie vor die Produktionsanlagen allen Chawerim gleichermaßen gehören, die gemeinsame Kasse hinsichtlich des privaten Konsums aber durch das persönliche Budget ersetzt wurde. Die Trennung von Leistung und Konsum als Garant für die Egalität aller Kibbuz-Mitglieder wird in beiden untersuchten Kibbuzim aufrechterhalten, wobei in Tuval dieses Prinzip eine leichte Abänderung erfahren hat: Hier wurde die Gemeinschafts- von der Geschäftsseite finanziell abgekoppelt, um die ökonomische Situation besser überblicken zu können.

7. Die Gleichberechtigung von Mann und Frau im Arbeitsleben ist verwirklicht, auch wenn vor allem in G. H. I. die Frauen in der Regel im Erziehungsbereich und im Dienstleistungssektor beschäftigt sind, während die Männer hauptsächlich in den Geld einbringenden Bereichen arbeiten. Dagegen sind im jungen Kibbuz Tuval Männer und Frauen in allen Bereichen gleichermaßen tätig.

8. Negative Folgeerscheinungen der industriellen Arbeitswelt wie Monotonie und Unzufriedenheit mit der Arbeit konnten nicht festgestellt werden (allerdings eine Abnahme der Mitentscheidung und Mitverantwortung). Vielmehr begrüßen die Chawerim die »industrielle Revolution«, da hierdurch das Berufs- und Arbeitsangebot größer und auch qualifizierter geworden ist sowie (physische) Arbeitserleichterungen, besonders für die Älteren, realisiert werden konnten.
Obwohl eine Gehaltseinführung immer mehr Thema ist, wird sie von beiden Kibbuzim als Mittel der Steigerung der Arbeitsmotivation oder erhöhter Arbeitszufriedenheit abgelehnt. Nach wie vor ist die Arbeitsmotivation intrinsischer Natur und ideell gelenkt.

9. Gravierende Veränderungen haben besonders im etablierten Kibbuz stattgefunden, hier fand eine Umorientierung von der landwirtschaftlichen zur industriellen Arbeitswelt statt. Eine derartige Entwicklung hat der junge Kibbuz zwar nicht durchlaufen, er stellt jetzt aber ebenso wie der etablierte Kibbuz allmählich auf eine dienstleistungsorientierte Gesellschaft um. So erwägen zahlreiche Kibbuzim die Installierung von Anwaltskanzleien und Arztpraxen, um weitere Einnahmequellen für den Kibbuz zu schaffen. Ferner diskutiert man den Ausbau bereits bestehender Korporationen; unter anderem wird sich Tuval an der Fabrik von Chanita beteiligen.
   Die Landarbeit ist somit nicht mehr, wie dies in der Gründerzeit der Kibbuzim der Fall war, alleiniger Ausdruck der Identifikation mit »Arbeit im Kibbuz«.

Insgesamt kann gesagt werden, dass in beiden Kibuzzim trotz großer Veränderungen nach wie vor die Identifikation mit den Kibbuz-Ideen und -Werten vorrangig ist. Eine Grenze anzugeben, ab wann der Kibbuz keiner mehr ist, gestaltet sich dabei aber äußerst schwer. Die Mehrzahl der befragten Chawerim aus den jungen und etablierten Kibbuzim zieht eine klare Linie bei der Einführung von Gehältern, weil dadurch das Prinzip der Gleichheit unterlaufen würde, denn Egalität, d. h. die strikte Trennung von Leistung und Konsum, sowie das Fehlen von Hierarchien sind essentiell für das Weiterbestehen des Kibbuz. Auch der gleiche Lebensstandard und die gleichen Erziehungs- und Ausbildungsmöglichkeiten sind nach Meinung der meisten Befragten Kriterien, die den Kibbuz ausmachen und auf keinen Fall beschnitten werden dürfen.

Alles in allem unterscheiden sich die beiden Kibbuzim in ihren Wertvorstellungen und Präferenzen nicht sonderlich voneinander. In G. H. I. allerdings ist die Bevölkerungsstruktur gänzlich verschieden von der in Tuval, die sich durch eine besonders junge auszeichnet. Somit muss sich G. H. I. mit gesellschaftlichen Problemen auseinander setzen, die eine Vier-Generationen-Gemeinschaft in sich birgt, während Tuval noch am Anfang steht und gerade im Begriff ist, seine zweite Generation zu etablieren. Eine Generationengemeinschaft bringt natürlich auch Vorteile mit sich; so sind hier starke Familienbande vorhanden, die eine stabile Gesellschaftsstruktur ausmachen, wie sie in Tuval nicht vorhanden ist.

Hier wiederum liegt auch der Grund, dass G. H. I. oft Schwierigkeiten hat, Neuerungen durchzusetzen, da man bei den älteren Chawerim oftmals auf Granit stößt. Tuval hingegen zeichnet sich durch eine allen Änderungsvorschlägen offene Politik aus. Als Beispiel sei die Diskussion über Abschaffung der Kinderhäuser in G. H. I. genannt, die sich über zehn Jahre hinzog, da man die unterschiedlichen Meinungen einfach nicht auf einen Nenner bekam. Die älteren Chawerim sehen bei derart großen Veränderungen das Kibbuz-System in Gefahr und stehen ihnen dementsprechend zögernd gegenüber.

Der Zusammenhalt und die Solidarität innerhalb der Gemeinschaft sind in beiden Kibbuzim summa summarum sehr gut, was besonders für Tuval spricht, dem es finanziell nicht gut geht, und man bekanntlich sagt, dass eine schlechte wirtschaftliche Situation Konsequenzen für die Gemeinschaft mit sich bringt.

11. Resümee

Anhand der Erläuterungen aus dem theoretischen Teil und der Ergebnisse aus den empirischen Untersuchungen konnten verschiedene Wandlungen und Entwicklungen in der Kibbuz-Geschichte aufgezeigt werden.

Es haben funktionale Differenzierungen stattgefunden. Als zwangsläufige Folge der Industrialisierung sind im Kibbuz heute Ansätze zu einer Hierarchiebildung vorhanden – gemeint sind leitende und ausführende Tätigkeiten –, die der Notwendigkeit entspringen, ein Unternehmen, wie es der Kibbuz ist, zu führen. Qualifiziertes Management und eine dementsprechende Ausbildung sind unabdingbare Voraussetzungen, da die Entscheidungen, die zu fällen sind, Fachwissen erfordern und die Allgemeinheit überfordern.

Auch verfolgt man heutzutage nicht mehr so mechanisch die Auslegung der Prinzipien, die damals, als sie festgelegt wurden, aktuell waren, sondern ist hier offener geworden. Das Wichtigste im Kibbuz ist das Bemühen um Gleichheit, auch wenn man erfahren hat, dass die totale Gleichheit nicht realisierbar ist, da die Menschen verschieden sind und somit allein schon die Auslegung von einer Gleichheit unterschiedlich ist. Das Prinzip der Gleichheit beinhaltet auf jeden Fall den gleichen Lebensstandard und den gleichen Konsum, gleiche Ausgangsmöglichkeiten für alle sowie die demokratische Entscheidungsfindung und Partizipation.

Der Kibbuz hat sich den gewandelten Werten und Umständen seiner Umgebung angepasst, indem er es vermochte – und darin liegt seine Besonderheit –, durch seine Dynamik den neuen Bedürfnissen seiner Mitglieder Rechnung zu tragen. Trotzdem wird der Kibbuz weiterhin ein solcher sein, auch wenn seine Mitglieder außerhalb arbeiten oder die Arbeitsbereiche sich von der Landwirtschaft als Haupteinnahmequelle aus Gründen des Überlebens entfernt haben.

Muki Zur bemerkt treffend, dass der Wandel des Kibbuz sich darin ausdrücke, dass er früher einen Familienersatz darstellte und heute eher die Funktion einer Gemeinschaft habe. Zwangsläufig hat sich somit die Bedeutung der Familie gewandelt, die der Kibbuz zuerst ablehnte, aber um seiner Chawerim willen letztendlich akzeptiert.

Der heutige junge Kibbuz erinnert in mancher Hinsicht an die etablierten Kibbuzim zu Zeiten ihrer Gründung. Sie messen den Prinzipien meist einen weit höheren Stellenwert zu. Sie haben die Form des gemeinschaftlichen Lebens und Arbeitens frei gewählt und sind bewusst aus der den Kibbuz umgebenden »kapitalistischen« Welt ausgestiegen.

Die wirtschaftlichen Probleme der jungen Kibbuzim, die meistens in Zeiten der finanziellen Krise gegründet wurden, ziehen häufig gesellschaftliche Probleme nach sich, da die zukünftige Existenz nicht absehbar ist. Auf der »Positivseite« wiederum, so das Ergebnis, steht der Einfluss, den der Einzelne auf das Kibbuz-Geschehen insgesamt hat.

Der Kibbuz – egal, ob etabliert oder jung – wird weiterhin seine Kraft aus der gemeinsamen ideellen Weltanschauung schöpfen, wie gemeinsamer Besitz der Produktionsmittel, weitgehend direkte Demokratie, gemeinschaftlicher Konsum, gemeinsame Verantwortung für Erziehung sowie die Identifikation mit der Gruppe.

Der Untergang des Kibbuz, der schon vielfach heraufbeschworen wurde, ist also nicht absehbar. Im Gegenteil: Meiner Ansicht nach wird der Kibbuz, der beispielhaft für ein funktionierendes gemeinschaftliches Miteinander ist, in einer doch sonst sehr erkalteten Welt weiterhin existieren. Zwar wird er auf jeden Fall weitere Veränderungen durchmachen, die aber nicht sein Ende bedeuten, denn »Änderungen sind immer ein Zeichen für neue Hoffnungen und das Bestreben, schlechte Zustände in bessere zu wandeln« (Muki Zur).

So schließe ich mich Amos Oz an, der der Meinung ist, dass der Kibbuz für seine Umwelt und sich selbst Bedeutendes geleistet hat und auch weiterhin leisten wird:

> »Der Kibbuz wird immer überleben, Anonymität und Veränderungen sind ebenfalls ein Teil des Kibbuz-Lebens. Und dass der Kibbuz heute Züge eines kleinen Dorfes angenommen hat, hat auch seine Vorteile, was man daran sieht, dass mehr als ein Drittel der jüdischen, nichtstädtischen Bevölkerung im Kibbuz lebt.«

Literaturverzeichnis

Agasi, Y. (1986): *The Alternative Way of Life*. Norwood Edition.

Allerhand, J. (1989): *Das Judentum – Der Weg in die Moderne*, Bd. 3. Hrsg. vom Gründungsverein Zwi Perez Chajes Gym-Schule. Wien.

Avneri, S. (1981): *The Making of Modern Zionism*. London: Weidenfeld & Nicholson.

Avrahami, E. (1987): »Mass Media in Kibbuz.« In: *Kibbuz Studies*, Nr. 24. Haifa.

Baratz, J. (1955): *A Village by the Jordan*. Harvill Press.

Barkai, H. (1971): *The Kibbutz – an Experiment in Microsocialism*. The Hebrew University of Jerusalem, Department of Economics, Research Report Nr. 34. Jerusalem.

Barkai, H. (1977): *Growth Patterns of the Kibbutz Economy*. 1. Aufl. Amsterdam.

Barkai, H. (1978): *Incentives, Efficiency and Social Control: The Case of Kibbutz*. The Maurice Falk Institute for Economic Research in Israel, Discussion Paper Nr. 7815. Jerusalem.

Bartölke, K., T. Bergman und L. Liegle (1980): *Integrated Cooperatives in the Industrial Society: The Example of the Kibbuz*. Assen: Van Gorckum.

Ben-Gurion, D., und M. Pearlman (1965): *Ben Gurion Looks Back*. Cox & Wyman Limited. London: Fakenham and Reading.

Bermann, T. (1973): *Produktivierungsmythen und Antisemitismus*. Wien: Europaverlag.

Berliner, J. S. (1991): »Strategies for privatization in the USSR.« Paper für die Konferenz »Whiter Socialist Society«, 7.–11.4.1991, Hebrew University of Jerusalem.

Bettelheim, B. (1990): *Die Kinder der Zukunft*. 8. Aufl. Heidelberg: Roland Asanger Verlag.

Biberfeld, P. (1938): *Der jüdische Staat*. Frankfurt a. M.: Israelit und Hermon Jüdischer Buchverlag.

Blasi, J. (1987): *The Communal Experience of the Kibbuz*. New Brunswick, NJ: Transaction Books.

Bockenheim, P. (1978): »Struktur und Entwicklung ausgewählter Kibbuzim in Israel.« In: Hochschullehrer des geographischen Instituts der Justus-Liebig-Universität Gießen (Hg.): *Gießener Geographische Schriften*, Nr. 43. Gießen, S. 40–66.

Borochow, B. (1932): *Klasse und Nation*. »Hechaluz«.

Borochow, B. (1969): *Die Grundlagen des Poale-Zionismus*. Frankfurt a. M.: Borochov Press.

Brüggemann, H., und M. Weidinger (1984): »Der israelische Kibbuz – Modell eines alternativen Sozialismus.« In: K.-J. Scherer und F. Vilmar (Hg.): *Ein alternatives Sozialismuskonzept: Perspektiven des Ökosozialismus*. 3. Aufl. Berlin: Stadtbuchverlag.

Buber, M. (1958): *An Experiment that Did not Fail. Paths to Utopia*. Boston: Beacon Press.

Bücherei der Poalei-Zion: *Die blutigen Ereignisse in Palästina (1929)*. Bd. 2, erste Serie. Wien: Verlag Zukunft.

Bundeszentrale für politische Bildung (Hg.) (1981): Informationen zur politischen Bildung, Nr. 141: *Der Staat Israel*. 3. Aufl. Bonn.

Busch-Lüty, C. (1989): *Leben und Arbeiten im Kibbuz. Aktuelle Lehren aus einem achtzigjährigen Experiment*. Köln: Bund-Verlag.

Criden, J. (1986): »The year 2000 comes the millennium, comes the revolution.« In: *Shedemot*, Nr. 26.

Criden, Y. (1976): *The Kibbuz Experience*. New York: Schocken Books.

Daniel, A., und U. Shimoni (1989): *Kooperativen im Test*. Yad Tabenkin (hebr.).

Darin-Drabkin, H. (1967): *Der Kibbuz – die neue Gesellschaft in Israel*. 1. Aufl. Stuttgart.

Encyclopädia Judaica, Bd. 10.

Etzioni, A. W. (1980): *The Organizational Structure of the Kibbutz*. 1. Aufl. New York.

Feun, A. (2001): *Die Kibbuz-Bewegung*. Yad Tabenkin (hebr.).

Fölling-Albers, M. (1987): *Die Einheit vom Leben und Lernen in der Kibbuz – Erziehung*. Köln: Böhlau Verlag.

Fölling, W., und I. Haase (Hg.) (1987): *Kibbuz-Leitfaden*. Schriften, Bd. 14. Deutsch-israelischer Arbeitskreis für Frieden im Nahen Osten e. V. Berlin.

Gatz, S. (2000): *Kibbuz-Änderungen*. Haifa (hebr.).
Gerson, M. (1980): *Family, Women and Socialisation*. Lexington: Heath and Comp.
Gluck, J. (1980): *Individual Needs and Public Distribution in the Kibbutz*. University of Haifa, Institute for Study and Research. Haifa.
Gluck, J., M. Rosner und A. Avner (1982): *Kibbuz-Bedürfnisse*. University of Haifa, Institute for Study and Research. Haifa (übersetzt aus dem Hebräischen).
Gluck, J., M. Rosner und C. Goldenberg (o. J.): *Änderungen im Kibbuz*. University of Haifa, Institute for Study and Research. Haifa (übersetzt aus dem Hebräischen).
Golomb, N. (1968): »Managing without sanctions or rewards.« In: *Management of Personel Quarterly*, Bd. 7, Nr. 2, S. 1–30.
Golomb, N. (1982): *The Relations between the Kibbuz and its Industry. Quality of Working Life in the Kibbuz Experience*. Norwood, PA: Norwood Press.
Gordon, A. D. (1929): *Erlösung durch Arbeit*. Berlin: Jüdischer Verlag.
Gormi, Y., und D. Yaacov (1987): *Communal Life*. New Brunswick: Transaction Books.
Harael, Y. (1986): »The Kibbuz movement as a political entity.« In: *Kibbuz Studies*, Nr. 21.
Heinsohn, G. (Hg.) (1982): *Das Kibbuz-Modell*. 1. Aufl. Frankfurt a. M.: edition suhrkamp.
Helman, A. (1982): *Ungleichheit zwischen den Kibbuzim*. Degania: Institut Ruppin (hebr.).
Helman, A. (1986): *Horizontale Rotation?* Degania: Institut Ruppin (hebr.).
Helman, A. (1991a): *Kibbuz' Investment Policy – the Manager Propensity to Invest*. Degania: Institut Ruppin.
Helman, A. (1991b): *The Israeli Kibbuz as Socialist Model*. Degania: Institut Ruppin.
Helman, A. (1991c): *Kibbuz as a Heterogenous Cooperative*. Degania: Institut Ruppin.
Helman, A., J. Gluck und C. Goldberg (1988): *Wirtschaftliches Verhalten der Kibbuzim in Krisenzeiten*. University of Haifa, Institute for Study and Research. Haifa (hebr.).
Herderbücherei Initiative (1980): *Nestwärme in erkalteter Gesellschaft*. Hrsg. von K. Kaltenbrunner. München: Herder.
Herzl, T., und J. Schoeps (Hg.) (1985): *Wenn Ihr wollt, ist es kein Märchen*. 2. Aufl. Königsstein/Ts.: Athenäum.
Horowitz, D. (1973): »Economic Development in Israel.« In: *Israel Pocket Library*, Band »Economic«, 1. Aufl. Jerusalem, S. 1–101.
Hoyos, C. Graf, W. Kroeber-Riel, L. v. Rosenstiel und B. Strümpel (Hg.) (1990): *Wirtschaftspsychologie in Grundbegriffen*. 2. Aufl. München: Psychologie Verlags Union.
Institut Ruppin (1992): *Landwirtschaftsdebatte zu den Knesseth-Wahlen*. Degania (hebr.).
Jahresbericht aus Givat Haim Ihud (1992): *Zur finanziellen Situation*. Unveröff. Ms. (hebr.).
Jahresbericht Tuval (1992), unveröff. Ms.
Kafkaf, A. (o. J.): »The Limits of Politics (on Marx).« In: *Shdemot*.
Kanovsky, E. (1966): *The Economy of the Israeli Kibbutz*. 1. Aufl. Cambridge, MA.
Karmon, D. (1991): »The democratic Left and the Kibbuz.« In: *Kibbuz Trends*, Nr. 3/4, S. 80.
Kedem, E. (1986): »Key positions: Hierarchy in Kibbuz Industry.« In: *Shdemot*, Nr. 26, S. 66–70.
Kibbuz Givat Haim Ichud (2001): *Statistische Erhebungen* (hebr.).
»Kibbuz – Modell eines alternativen Sozialismus.« In: K.-J. Scherer und F. Vilmar (Hg.): *Ein alternatives Sozialismuskonzept: Perspektiven des Ökosozialismus*. 3. Aufl. Berlin: Stadtbuchverlag, S. 593.
Kibbuz Studies (1988, 1989): Hefte 26 und 30. Yad Tabenkin.
Kibbuz Studies (1989–1992): Hefte 2–6. Yad Tabenkin.
Kibbuz-Trends (1991–1992), Hefte 2–6. Yad Tabenkin.
Kibbuz Tuval (2001): *Statistische Erhebungen* (hebr.).
Krause, E. (1983): *The Sociology of the Kibbuz*. Studies of Israeli Society, Bd. 11. News Brunswick, London: Transaction Books.
Krupp, M. (1992): *Zionismus und Staat Israel*. Gütersloh: Gütersloher Verlag Haus Mohn.
Langer, M. (1980): »Family and ideology of Kibbuz.« In: *Shdemot*, Nr. 23.
Lanir, J. (1989): *The Kibbuz Movement, Survey and Data*. 3. verbesserte Aufl. Yad Tabenkin.

Lanir, Z. (1990): *Der junge Kibbuz in der Krise.* Yad Tabenkin (hebr.).

Leviatan, U. (1973): *The Process of Industrialization in the Israeli Kibbutzim.* 1. Aufl. Tel Aviv.

Leviatan, U. (1980): *Individual Effects of Managerial Rotation: The Case of the »Demoted« Office Holder.* University of Haifa, Institute for Study and Research. Haifa.

Leviatan, U. (1980): *Work and Age: Centrality of Work in the Life of Older Kibbuz Members.* University of Haifa, Kibbuz Center. Haifa.

Leviatan, U. (1981): *Die Rotation in der Führungsebene.* University of Haifa, Kibbuz Center. Haifa (hebr.).

Leviatan, U., und D. Eden (1980): *A Causal Flow Model Relating Organizational Structure, Organizational Climate, Members' Reactions and Organizational Effectiveness.* University of Haifa, Kibbuz Center. Haifa.

Lieblich, A. (1981): *The Kibbuz Makom.* New York: Pantheon Books.

Lumer, Hyman (1987): *What is Zionism?* Hrsg. von Daniel Rubin. New York: International Publishers.

Maron, S. (1987): *Kibbuz as a Communal Household.* Yad Tabenkin.

Maslow, A.-H. (1954): *Motivation and Responsibility.* New York: Harper and Brothers.

Melzer, W., und G. Neubauer, G. (Hg.) (1988): *Der Kibbuz als Utopie.* Weinheim: Beltz.

Merchav, P. (1972): *Die israelische Linke.* Frankfurt a. M.: Europäische Verlagsanstalt.

Meyer-Cronemeyer, H. (1969): *Kibbuzim-Geschichte, Geist und Gestalt,* 1. Teil. Hannover: Verlag für Literatur und Zeitgeschehen.

Michaeli, J. (1990): Ministry of Foreign Affairs (1985): *Facts about Israel.* Jerusalem.

Mittelberg, D. (1986): »The Kibbuz as a learning Society.« In: *Shdemot,* Nr. 25.

Near, H. (1986): *The Kibbuz – A History.* Kibbuz Beit Haemek. Ms.

Neues Lexikon des Judentums (1992), hrsg. von Julius H. Schoeps. Gütersloh.

Palgi, M. (1987): »Kibbuz women – Some questions to be answered.« In: *Communual Life.* Hrsg. von Oved Gorni. Yad Tabenkin.

Palgi, M. (o. J.): *High-Tech in Kibbutz-Industry.* University of Haifa, Institute for Study and Research. Haifa.

Palgi, M., und M. Rosner (1983): *Equality between the Sexes in the Kibbuz: Regression or Changed Meaning?* University of Haifa, Kibbuz Center. Haifa.

Pallmann, M. (1966): *Der Kibbuz. Zum Strukturwandel eines konkreten Kommunentyps in nichtsozialistischer Umwelt.* 1. Aufl. Tübingen.

Pfündl, D. (1981): »Israel = Kibbuz? Kibbuz = Israel?« In: Bayrisches Staatsministerium des Innern (Hg.): *Bau Intern,* Nr. 8. München, S. 144–146.

Poppel, S. M. (1976): *Zionism in Germany.* Philadelphia: The Jewish Publication Society of America.

Porat, R. (1986): *The History of the Kibbuz Communal Education.* Yad Tabenkin.

Preuss, W. (1969): *Die Arbeiterbewegung in Israel, Geschichte und Gegenwart.* Köln: Bund-Verlag.

Rayman, P. (1981): *The Kibbuz, Community and Nation Building.* Princeton, NJ: Princeton University Press.

Ring, I. (1987): *»Socialist Horizons« – Our Social Conception.* Hashomer Hazair.

Rosenzweig, R. N. (1989): *The Economic Consequences of Zionism.* Leiden: E. J. Brill.

Rosner, M. (o. J.): *Der Kibbuz und die Industrie.* University of Haifa, Kibbuz Center. Haifa (hebr.).

Rosner, M., und J. Blasi (1984): *Theories of Participatory Democracy and the Kibbutz.* University of Haifa, Kibbuz Center. Haifa.

Rosner, M., und U. Leviatan (1980): *Work and Organization in Kibbutz Industry.* New York: Norwood Editions.

Rosner, M., und U. Leviatan (1989): *Einführung des Leistungslohnes?* University of Haifa, Kibbuz Center. Haifa (hebr.).

Rosner, M., und L. Puttermann (o. J.): *Factors behind the Supply and Demand for Non-alienating Work and Some International Illustrations.* University of Haifa.

Rücker, B., und F. Vilmar (1988): *Kommunen aufbauen – vom Kibbuz lernen.* Arbeitsheft 5. Berlin.

Scherer, K.-J., und F. Vilmar (Hg.) (1984): *Ein alternatives Sozialismuskonzept: Perspektiven des Ökosozialismus.* Berlin: Stattbuch Verlag.

Seligman, C., und G. Madar (1981, 1987, 1992): *Kibbuz – ein Überblick.* Auslandsabteilung. Yad Tabenkin, Tel Aviv.

Sharif, R. (1983): *Non-Jewish Zionism.* London: Zed-Press.

Shkedi, A. (1991): *The Kibbuz as a Resource for Jewish Education for Diaspora Youth – An Educational and Organizational Policy Study.* Oranim: The School of Education of the Kibbuz Movement.

Staehle, W. (1989): *Management.* 4. Aufl. München: Franz Vahlen.

Statistiken der Kibbuzim Givat Haim Ichud und Tuval, 1992 (unveröff. Ms.).

Syrkin, H. (1976): »The Jewish problem and the socialist-jewish state.« In: A. Hertzber: *The Zionist Idea.* New York: Atheneum.

Tabenkin, Y. (1985): *The Kibbuz, a Non-utopian Commune.* Yad Tabenkin.

Takam (1984): *»Der Kibbuz«. Demokratie und Gleichheit* (hebr.) Tel Aviv.

Takam (1990): *Bericht zur finanziellen Stuation der Takamkibbuzim.* Unveröff. Ausgabe (hebr.). Tel Aviv.

Takam (1990): *Jubiläumsschrift zur 80jährigen Existenz der Kibbuzim* (hebr.). Tel Aviv.

Takam (1991): *Kibbuz Industries Associates.* Tel Aviv.

Takam (1992): *Jahreplan für die Vaada Hameshek der Takam-Kibbuzim* (hebr.).

Takanon (Verfassung von Kibbuz Givat Haim Ihud, Israel. Unveröff. Ms. (hebr.).

Tannenbaum, A. (1974): *Hierarchy in Organizations.* San Francisco: Jossey Bass.

Topal, M. (1990): *Wachstum und Produktivität in der Kooperative.* Yad Tabenkin.

Vilmar, F., und W. Godenschweger (1990): *Die rettende Kraft der Utopie. Deutsche Juden gründen den Kibbuz Hasora.* Frankfurt a. M.

Vilmar, F., und K.-J. Scherer (1984): *Ein alternatives Sozialismuskonzept: Perspektiven des Ökosozialismus.* 3. Aufl. Berlin: Stadtbuchverlag.

Weitz, R. (1973): »Settlement.« In: *Israel Pocket Library*, Band »Immigration and Settlement«, 1. Aufl. Jerusalem, S. 87–102.

Wurm, S. (1977): *Das Leben in den historischen Kommunen.* Köln: Bund-Verlag.

Yaar, M. (1984): »Uprooted symbols.« In: *Shedmot.*

Yad Tabenkin (1985): *Kibbuz and Communes – Past and Future.* Tel Aviv University.

Yad Tabenkin (1990): *Bulletin of the International Communal Studies Association.* Yad Tabenkin.

Yadlin, A. (1985): »Ideological and political trends in the Kibbuz movement.« In: *Kibbuz and Communes.* Internationale Konferenz, Mai 1985. Yad Tabenkin.

Yadlin, A. (1990): »Neuüberprüfung des Kibbuzsystems.« In: *Kibbuz Studies*, Nr. 3/4, S. 22–32.

Zamir, D. (1972): *Hired Labor and the Structure of the Plant in Kibbuz Industry.* Givat Havivia Publications (hebr.).

Zimmer, D. E. (1984): »Kibbuz: Farm des neuen Menschen? Israels Kommunen – Anschauungsunterricht für menschliches Verhalten.« In: zeit magazin, Nr. 42, S. 34.

Zizik, M. (o. J.): *Die Demokratie des Kibbuz in der Krise.* Universität Haifa (hebr.).

Zollschan, I. (1920): *Revision des jüdischen Nationalismus.* Wien und Leipzig: Wilhelm Braumüller.

Zur, M. (1979): »A bridge in both directions.« In: *Shedmot.*

Anhang

Gesprächsleitfaden

Arbeitswelt

1. Es ist festzustellen, dass im Management bzw. in Kommissionen der produktiven Arbeitsbereiche Männer stärker bereit sind, leitende Positionen einzunehmen.

2. Stimmt es, dass Frauen am gesellschaftlichen Leben im Kibbuz keine rege Anteilnahme zeigen?

3. In der Geschichte des Kibbuz ist zu beobachten, dass Frauen früher in vielen Bereichen dieselben oftmals schweren Tätigkeiten wie Männer ausgeübt haben. Heute jedoch sind die Frauen in den Bereichen Erziehung und Dienstleistungen vertreten, die Männer in den Geld einbringenden Bereichen. Sind die Mitglieder zufrieden mit dem jetzigen Zustand?

Motivation/Kontrolle

4. Was sind für Sie die wichtigsten Gründe für motiviertes Arbeiten und Leben im Kibbuz?

5. Sollte zwecks der Steigerung der Arbeitsmotivation Leistungslohn eingeführt werden, oder zerstört dies Ihrer Meinung nach die Idee des Kibbuz?

6. Ist gesellschaftlicher Druck im Kibbuz vorhanden? Wenn ja, motiviert er (der gesellschaftliche Druck) zu effektiver Leistung, oder sind hierfür andere Motive maßgeblich?

Elemente der Kibbuz-Organisation

7. Sind Sie der Auffassung, dass Sie im Kibbuz ausreichend mitbestimmen können? Besteht eine Entscheidungszentralisation in Ihrem Kibbuz, wenn ja, sind Sie dagegen?

8. Man hat festgestellt, dass ein Teil der Kibbuzmitglieder sich sehr aktiv an den Diskussionen und Entscheidungsprozessen beteiligt, andere hingegen ein großes Desinteresse diesbezüglich an den Tag legen. Wie ist Ihrer Meinung nach das Verhältnis der Entscheidungsbeteiligung in Ihrem Kibbuz?

9. Welche der grundlegenden Prinzipien des Kibbuz sind für Sie nach wie vor unantastbar, und welche sollten aufgegeben bzw. modifiziert werden?
   – gemeinsame Kasse
   – Trennung von Leistung und Konsum
   – Basisdemokratie
   – gemeinsames Eigentum an Produktionsmitteln

10. Halten Sie das Prinzip der Rotation für wirtschaftlich sinnvoll (hinsichtlich der Produktivität)?

11. Wird das Rotationsprinzip Ihrer Meinung nach konsequent durchgeführt?

12. Sind Ihre Vorgesetzten qualifiziert genug?

13. Falls Ihr Kibbuz Lohnarbeiter beschäftigt, gibt es Probleme bei der Zusammenarbeit von Chawerim und Fremdarbeitern?

Allgemein

14. Wie ist die Beziehung zwischen dem Takam und dem Kibbuz? Worin sehen Sie die Funktion der Dachverbände?

15. Was sind Ihrer Meinung nach die Hauptunterschiede zwischen etablierten und jungen Kibbuzim?

Erläuterungen zum Fragebogen

Thema: Das Leben im Kibbuz

An die Kibbuz-Mitglieder von Givat Haim Ichud und Tuval

Im Rahmen meiner Dissertation »Strukturwandel des Kibbuz – unter besonderer Berücksichtigung der Arbeitswelt« an der Freien Universität Berlin in der Bundesrepublik Deutschland möchte ich eine Repräsentativbefragung von Mitgliedern des Kibbuz durchführen. Ich bin deshalb auf Ihre Mithilfe angewiesen, und bitte Sie, mir die ausgefüllten Fragebögen abzugeben.
Der Fragebogen enthält 25 geschlossene Fragen (einige der Fragen sind nochmals untergliedert), die sich in drei Teilbereiche unterteilen lassen.
Der erste Bereich beinhaltet Fragen zum Arbeitsleben und zur allgemeinen Lebenseinstellung im Kibbuz, unter besonderer Berücksichtigung der Rolle der Frau.

Der zweite Bereich beinhaltet Fragen, die sich mit den Aspekten der organisationellen Struktur befassen und ferner die Ausbildungsbedingungen im Kibbuz hinterfragen.
Der dritte Bereich betrifft Elemente der Arbeitsorganisation, die Prinzipien allgemein, die Rotation, Mitbestimmung und Entscheidungsfindung sowie die Motivation zur Arbeit.
Auf jede Frage sind drei Antworten möglich (ja, weiß nicht, nein). Bitte entscheiden Sie sich für eine Antwort und markieren Sie ihre Wahl durch ein Kreuz.
Die Fragen sind absichtlich vermischt aufgestellt, um eine spontane Beantwortung zu gewährleisten.
Im Anschluss an den Fragebogen werden Angaben zu Ihrer Person erbeten.
Beispiel:
Ich lebe gern im Kibbuz nein ja weiß nicht

Die Auswertung der Fragebögen erfolgt anonym und dient lediglich Zwecken meiner Dissertation.

Vielen Dank
Ihre Shoshana Studnik

Fragen zum Leben im Kibbuz

I. Die Arbeitswelt

1. Was ist für Sie am wichtigsten im Kibbuz? (V 75–77)
   - die Arbeit
   - das Leben
   - die Idee

2. Besteht Chancengleichheit in der Ausbildungs- und Berufswahl zwischen Männern und Frauen? (V 78)

3. Gefällt Ihnen Ihr Arbeitsplatz? (V 79)

4. Wird es Ihnen schwer gemacht, bei Bedarf Ihren Arbeitsplatz zu wechseln? (V 80)

5. Sind Sie der Meinung, dass bei Einführen eines Leistungslohnes effizienter gearbeitet werden würde? (V 82)

6. Arbeiten Sie in dem Gebiet, in dem Sie ausgebildet wurden? (V 87)

7. Sollten mehr Frauen in den eher männertypischen Berufen arbeiten (z. B. Fabrik)? (V 90)

II. Organisation und Struktur

8. Sind Sie der Auffassung, dass es dabei bleiben sollte, dass alle wichtigen Entscheidungen von der Generalversammlung entschieden werden? (V 91)

9. Ist das Prinzip der »gemeinsamen Kasse« Ihrer Meinung nach (V 96–98):
   - unantastbar
   - sollte aufgegeben werden
   - modifizierungswürdig

10. Ist das Prinzip der »Trennung von Leistung und Konsum« Ihrer Meinung nach (V 99–101):
    - unantastbar
    - sollte aufgegeben werden
    - modifizierungswürdig

11. Ist das Prinzip der Basisdemokratie Ihrer Meinung nach (V 102–104):
    - unantastbar
    - sollte aufgegeben werden
    - modifizierungswürdig

12. Ist das Prinzip des »gemeinsamen Eigentums« Ihrer Meinung nach (V 105–107):
    - unantastbar
    - sollte aufgegeben werden
    - modifizierungswürdig

13. Ist die Generalversammlung effizient? (V 108)

14. Gehen Sie zur Generalversammlung? (V 109)

III. Elemente der Arbeitsorganisation

Die Rotation:

15. Ist das Prinzip der Rotation Ihrer Meinung nach verwirklicht? (V 110)

16. Sind Männer eher bereit, in Kommissionen und am Arbeitsplatz Leitungsfunktionen auszuüben? (V 112)

17. Haben Frauen früher stärker am öffentlichen Leben teilgenommen? (V 113)

Mitbestimmung und Entscheidungsfindung:

18. Ist die Leitung des Kibbuz auf wenige Leute zentralisiert? (V 115)

19. Liegt die Hauptentscheidung meist bei Spezialisten oder Verantwortlichen der jeweiligen Abteilung? (V 118)

20. Besteht Ihrer Meinung nach die Gefahr einer Hierarchiebildung? (V 120)

Motivation zur Arbeit:

21. Sind Sie der Meinung, dass bei Bezahlung effizienter gearbeitet werden würde? (V 123)

22. Sind Sie zu effektiver Arbeit aufgrund der Kibbuz-Idee motiviert? (V 124)

23. Sind Ihre Vorgesetzten Ihrer Meinung nach entsprechend qualifiziert? (v 125)

24. Sind Ihre persönlichen Vorstellungen von Arbeit im Kibbuz realisiert? (V 126)

25. Arbeiten Sie effizient aufgrund von gesellschaftlichem Druck? (V 127)

Die in den Klammern stehenden »V« beziehen sich auf die entsprechend der Fragen verwandten Codezahlen in der Auswertung der Fragebögen.

29 Mar 93 SPSS for MS WINDOWS Release 5.0

ALTERSGR Altersgruppe

Value Label	Value	Frequency	Percent	Valid Percent	Cum Percent
	1	15	11,5	11,5	11,5
	2	25	19,1	19,1	30,5
	3	33	25,2	25,2	55,7
	4	26	19,8	19,8	75,6
	5	32	24,4	24,4	100,0
	Total	131	100,0	100,0	

Valid cases 131 Missing cases 0

- -

GESCHLEC Geschlecht

Value Label	Value	Frequency	Percent	Valid Percent	Cum Percent
	0	67	51,1	51,1	51,1
	1	64	48,9	48,9	100,0
	Total	131	100,0	100,0	

Valid cases 131 Missing cases 0

- -

V100 aufgegeben

Value Label	Value	Frequency	Percent	Valid Percent	Cum Percent
	0	114	87,0	87,0	87,0
	1	17	13,0	13,0	100,0
	Total	131	100,0	100,0	

Valid cases 131 Missing cases 0

V101 modifiziert

Value Label	Value	Frequency	Percent	Valid Percent	Cum Percent
	0	89	67,9	67,9	67,9
	1	42	32,1	32,1	100,0
	Total	131	100,0	100,0	

Valid cases 131 Missing cases 0

- -

V103 aufgegeben

Value Label	Value	Frequency	Percent	Valid Percent	Cum Percent
	0	119	90,8	90,8	90,8
	1	12	9,2	9,2	100,0
	Total	131	100,0	100,0	

Valid cases 131 Missing cases 0

- -

V104 modifiziert

Value Label	Value	Frequency	Percent	Valid Percent	Cum Percent
	0	83	63,4	63,4	63,4
	1	48	36,6	36,6	100,0
	Total	131	100,0	100,0	

Valid cases 131 Missing cases 0

V105 Prinzip gemeineigentum - unantastbar

Value Label	Value	Frequency	Percent	Valid Percent	Cum Percent
	0	64	48,9	48,9	48,9
	1	67	51,1	51,1	100,0
	Total	131	100,0	100,0	

Valid cases 131 Missing cases 0

- -

V106 aufgegeben

Value Label	Value	Frequency	Percent	Valid Percent	Cum Percent
	0	109	83,2	83,2	83,2
	1	22	16,8	16,8	100,0
	Total	131	100,0	100,0	

Valid cases 131 Missing cases 0

- -

V107 modifiziert

Value Label	Value	Frequency	Percent	Valid Percent	Cum Percent
	0	89	67,9	67,9	67,9
	1	42	32,1	32,1	100,0
	Total	131	100,0	100,0	

Valid cases 131 Missing cases 0

V108 GV effizient

Value Label	Value	Frequency	Percent	Valid Percent	Cum Percent
	0	39	29,8	29,8	29,8
	1	50	38,2	38,2	67,9
	2	42	32,1	32,1	100,0
	Total	131	100,0	100,0	

Valid cases 131 Missing cases 0

- -

V109 Gehen Sie zur GV

Value Label	Value	Frequency	Percent	Valid Percent	Cum Percent
	0	81	61,8	61,8	61,8
	1	28	21,4	21,4	83,2
	2	22	16,8	16,8	100,0
	Total	131	100,0	100,0	

Valid cases 131 Missing cases 0

- -

V110 Rotationsprinzip verwirklicht?

Value Label	Value	Frequency	Percent	Valid Percent	Cum Percent
	0	18	13,7	13,7	13,7
	1	91	69,5	69,5	83,2
	2	22	16,8	16,8	100,0
	Total	131	100,0	100,0	

Valid cases 131 Missing cases 0

V112 Maenner eher bereit leit. Positionen?

Value Label	Value	Frequency	Percent	Valid Percent	Cum Percent
	0	76	58,0	58,0	58,0

	1	32	24,4	24,4	82,4
	2	23	17,6	17,6	100,0
	Total	131	100,0	100,0	

Valid cases 131 Missing cases 0

V113 Frauen frueher mehr gemeinsames Leben

Value Label	Value	Frequency	Percent	Valid Percent	Cum Percent
	0	35	26,7	26,7	26,7
	1	81	61,8	61,8	88,5
	2	15	11,5	11,5	100,0
	Total	131	100,0	100,0	

Valid cases 131 Missing cases 0

V115 Leitung des Kib. wenig Leute zentralisie

Value Label	Value	Frequency	Percent	Valid Percent	Cum Percent
	0	18	13,7	13,7	13,7
	1	97	74,0	74,0	87,8
	2	16	12,2	12,2	100,0
	Total	131	100,0	100,0	

Valid cases 131 Missing cases 0

V117 Mitbestimmung?

Value Label	Value	Frequency	Percent	Valid Percent	Cum Percent
	0	52	39,7	39,7	39,7
	1	50	38,2	38,2	77,9
	2	29	22,1	22,1	100,0
	Total	131	100,0	100,0	

Valid cases 131 Missing cases 0

V118 Hauptentscheidung durch Spezialisten?

Value Label	Value	Frequency	Percent	Valid Percent	Cum Percent
	0	65	49,6	49,6	49,6
	1	35	26,7	26,7	76,3
	2	31	23,7	23,7	100,0

Total	131	100,0	100,0

Valid cases 131 Missing cases 0

V120 Hierarchiebild. im Kib.- Gefahr?

Value Label	Value	Frequency	Percent	Valid Percent	Cum Percent
	0	56	42,7	42,7	42,7
	1	67	51,1	51,1	93,9
	2	8	6,1	6,1	100,0
	Total	131	100,0	100,0	

Valid cases 131 Missing cases 0

V123 Bei Bezahlung - effizientere Arbeit?

Value Label	Value	Frequency	Percent	Valid Percent	Cum Percent
	0	29	22,1	22,1	22,1
	1	84	64,1	64,1	86,3
	2	18	13,7	13,7	100,0
	Total	131	100,0	100,0	

Valid cases 131 Missing cases 0

V124 Motivation durch Kibbuzidee

Value Label	Value	Frequency	Percent	Valid Percent	Cum Percent
	0	62	47,3	47,3	47,3
	1	37	28,2	28,2	75,6
	2	32	24,4	24,4	100,0
	Total	131	100,0	100,0	

Valid cases 131 Missing cases 0

V125 Vorgesetzter qualifiziert genug?

Value Label	Value	Frequency	Percent	Valid Percent	Cum Percent
	0	51	38,9	38,9	38,9
	1	30	22,9	22,9	61,8
	2	50	38,2	38,2	100,0
	Total	131	100,0	100,0	

Valid cases 131 Missing cases 0

V126 pers. Vorstellung von Arbeit im Kibbuz r

Value Label	Value	Frequency	Percent	Valid Percent	Cum Percent
	0	57	43,5	43,5	43,5
	1	38	29,0	29,0	72,5
	2	36	27,5	27,5	100,0
	Total	131	100,0	100,0	

Valid cases 131 Missing cases 0

- -

V127 Effizienter durch ges. Druck?

Value Label	Value	Frequency	Percent	Valid Percent	Cum Percent
	0	87	66,4	66,4	66,4
	1	25	19,1	19,1	85,5
	2	19	14,5	14,5	100,0
	Total	131	100,0	100,0	

Valid cases 131 Missing cases 0

- -

V74 im Kibbutz bleiben

Value Label	Value	Frequency	Percent	Valid Percent	Cum Percent
	0	18	13,7	13,7	13,7
	1	85	64,9	64,9	78,6
	2	28	21,4	21,4	100,0
	Total	131	100,0	100,0	

Valid cases 131 Missing cases 0

V75 Wichtigste - Arbeit

Value Label	Value	Frequency	Percent	Valid Percent	Cum Percent
	0	116	88,5	88,5	88,5
	1	15	11,5	11,5	100,0
	Total	131	100,0	100,0	

Valid cases 131 Missing cases 0

- -

V76 Wichtigsten - Leben

Value Label	Value	Frequency	Percent	Valid Percent	Cum Percent
	0	100	76,3	76,3	76,3
	1	31	23,7	23,7	100,0
	Total	131	100,0	100,0	

Valid cases 131 Missing cases 0

- -

V77 Wichtigsten - IDEE

Value Label	Value	Frequency	Percent	Valid Percent	Cum Percent
	0	46	35,1	35,1	35,1
	1	85	64,9	64,9	100,0
	Total	131	100,0	100,0	

Valid cases 131 Missing cases 0

V78 Chancengleichheit

Value Label	Value	Frequency	Percent	Valid Percent	Cum Percent
	0	41	31,3	31,3	31,3
	1	83	63,4	63,4	94,7
	2	7	5,3	5,3	100,0
	Total	131	100,0	100,0	

Valid cases 131 Missing cases 0

- -

V79 gefällt Arbeitsplatz

Value Label	Value	Frequency	Percent	Valid Percent	Cum Percent
	0	19	14,5	14,5	14,5
	1	93	71,0	71,0	85,5
	2	19	14,5	14,5	100,0
	Total	131	100,0	100,0	

Valid cases 131 Missing cases 0

- -

V80 Arbeitsplatzwechsel schwer?

Value Label	Value	Frequency	Percent	Valid Percent	Cum Percent
	0	72	55,0	55,0	55,0
	1	35	26,7	26,7	81,7
	2	24	18,3	18,3	100,0
	Total	131	100,0	100,0	

Valid cases 131 Missing cases 0

V82 Leistungsprinzip effizienter?

Value Label	Value	Frequency	Percent	Valid Percent	Cum Percent
	0	36	27,5	27,5	27,5
	1	84	64,1	64,1	91,6
	2	11	8,4	8,4	100,0
	Total	131	100,0	100,0	

Valid cases 131 Missing cases 0

- -

V87 Arbeitsgebiettreue?

Value Label	Value	Frequency	Percent	Valid Percent	Cum Percent
	0	60	45,8	45,8	45,8
	1	61	46,6	46,6	92,4
	2	10	7,6	7,6	100,0
	Total	131	100,0	100,0	

Valid cases 131 Missing cases 0

- -

V89 gelderwitschaftende Bereiche - Bildung E

Value Label	Value	Frequency	Percent	Valid Percent	Cum Percent
	0	18	13,7	13,7	13,7
	1	90	68,7	68,7	82,4
	2	23	17,6	17,6	100,0
	Total	131	100,0	100,0	

Valid cases 131 Missing cases 0

V90 mehr Frauen in Plantagenarbeit, Viehzuch

Value Label	Value	Frequency	Percent	Valid Percent	Cum Percent
	0	12	9,2	9,2	9,2

	1	99	75,6	75,6	84,7
	2	20	15,3	15,3	100,0
	Total	131	100,0	100,0	

Valid cases 131 Missing cases 0

- -

V91 wichtige Entscheidungen auf GV?

Value Label	Value	Frequency	Percent	Valid Percent	Cum Percent
	0	37	28,2	28,2	28,2
	1	67	51,1	51,1	79,4
	2	27	20,6	20,6	100,0
	Total	131	100,0	100,0	

Valid cases 131 Missing cases 0

- -

V96 Prinzip Kasse - unantastbar

Value Label	Value	Frequency	Percent	Valid Percent	Cum Percent
	0	70	53,4	53,4	53,4
	1	61	46,6	46,6	100,0
	Total	131	100,0	100,0	

Valid cases 131 Missing cases 0

V97 aufgegeben

Value Label	Value	Frequency	Percent	Valid Percent	Cum Percent
	0	103	78,6	78,6	78,6
	1	28	21,4	21,4	100,0
	Total	131	100,0	100,0	

Valid cases 131 Missing cases 0

- -

V98 modifiziert

Value Label	Value	Frequency	Percent	Valid Percent	Cum Percent
	0	90	68,7	68,7	68,7
	1	41	31,3	31,3	100,0
	Total	131	100,0	100,0	

Valid cases 131 Missing cases 0

V99 prinzip Trennung Leist. Konsum - unantas

Value Label	Value	Frequency	Percent	Valid Percent	Cum Percent
	0	59	45,0	45,0	45,0
	1	72	55,0	55,0	100,0
	Total	131	100,0	100,0	

Valid cases 131 Missing cases 0

V102 Prinzip Basisdemokratie - unantastbar

Value Label	Value	Frequency	Percent	Valid Percent	Cum Percent
	0	60	45,8	45,8	45,8
	1	71	54,2	54,2	100,0
	Total	131	100,0	100,0	

Valid cases 131 Missing cases 0

ALTER

Value Label	Value	Frequency	Percent	Valid Percent	Cum Percent
	1	2	8,7	8,7	8,7
	2	20	87,0	87,0	95,7
	3	1	4,3	4,3	100,0
	Total	23	100,0	100,0	

Valid cases 23 Missing cases 0

- -

GESCHLEC

Value Label	Value	Frequency	Percent	Valid Percent	Cum Percent
	1	12	52,2	52,2	52,2
	2	11	47,8	47,8	100,0
	Total	23	100,0	100,0	

Valid cases 23 Missing cas s 0

- -

V100

Value Label	Value	Frequency	Percent	Valid Percent	Cum Percent
	0	19	82,6	82,6	82,6
	1	4	17,4	17,4	100,0
	Total	23	100,0	100,0	

Valid cases 23 Missing case 0

V101

Value Label	Value	Frequency	Percent	Valid Percent	Cum Percent
	0	15	65,2	65,2	65,2
	1	8	34,8	34,8	100,0
	Total	23	100,0	100,0	

Valid cases 23 Missing cases 0

- -

V102

Value Label	Value	Frequency	Percent	Valid Percent	Cum Percent
	0	12	52,2	52,2	52,2
	1	11	47,8	47,8	100,0
	Total	23	100,0	100,0	

Valid cases 23 Missing cases 0

- -

V103

Value Label	Value	Frequency	Percent	Valid Percent	Cum Percent
	0	18	78,3	78,3	78,3
	1	5	21,7	21,7	100,0
	Total	23	100,0	100,0	

Valid cases 23 Missing cases 0

V104

Value Label	Value	Frequency	Percent	Valid Percent	Cum Percent
	0	14	60,9	60,9	60,9
	1	9	39,1	39,1	100,0
	Total	23	100,0	100,0	

Valid cases 23 Missing cases 0

- -

V105

Value Label	Value	Frequency	Percent	Valid Percent	Cum Percent
	0	16	69,6	69,6	69,6
	1	7	30,4	30,4	100,0
	Total	23	100,0	100,0	

Valid cases 23 Missing cases 0

- -

V106

Value Label	Value	Frequency	Percent	Valid Percent	Cum Percent
	0	18	78,3	78,3	78,3
	1	4	17,4	17,4	95,7

Value Label	Value	Frequency	Percent	Valid Percent	Cum Percent
	2	1	4,3	4,3	100,0
	Total	23	100,0	100,0	

Valid cases 23 Missing cases 0

V107

Value Label	Value	Frequency	Percent	Valid Percent	Cum Percent
	0	11	47,8	47,8	47,8
	1	12	52,2	52,2	100,0
	Total	23	100,0	100,0	

Valid cases 23 Missing cases 0

- -

V108

Value Label	Value	Frequency	Percent	Valid Percent	Cum Percent
	0	10	43,5	43,5	43,5
	1	9	39,1	39,1	82,6
	2	4	17,4	17,4	100,0
	Total	23	100,0	100,0	

Valid cases 23 Missing cases 0

- -

V109

Value Label	Value	Frequency	Percent	Valid Percent	Cum Percent
	0	7	30,4	30,4	30,4
	1	13	56,5	56,5	87,0
	2	3	13,0	13,0	100,0
	Total	23	100,0	100,0	

Valid cases 23 Missing cases 0

V110

Value Label	Value	Frequency	Percent	Valid Percent	Cum Percent
	0	3	13,0	13,0	13,0
	1	9	39,1	39,1	52,2
	2	11	47,8	47,8	100,0
	Total	23	100,0	100,0	

Valid cases 23 Missing cases 0

- -

V112

Value Label	Value	Frequency	Percent	Valid Percent	Cum Percent
	0	16	69,6	69,6	69,6
	1	6	26,1	26,1	95,7
	2	1	4,3	4,3	100,0
	Total	23	100,0	100,0	

Valid cases 23 Missing cases 0

- -

V113

Value Label	Value	Frequency	Percent	Valid Percent	Cum Percent
	0	10	43,5	43,5	43,5
	1	9	39,1	39,1	82,6
	2	4	17,4	17,4	100,0
	Total	23	100,0	100,0	

Valid cases 23 Missing cases 0

V115

Value Label	Value	Frequency	Percent	Valid Percent	Cum Percent
	0	1	4,3	4,3	4,3
	1	20	87,0	87,0	91,3
	2	2	8,7	8,7	100,0
	Total	23	100,0	100,0	

Valid cases 23 Missing cases 0

- -

V117

Value Label	Value	Frequency	Percent	Valid Percent	Cum Percent
	0	3	13,0	13,0	13,0
	1	16	69,6	69,6	82,6
	2	4	17,4	17,4	100,0
	Total	23	100,0	100,0	

Valid cases 23 Missing cases 0

- -

V118

Value Label	Value	Frequency	Percent	Valid Percent	Cum Percent
	0	9	39,1	39,1	39,1
	1	7	30,4	30,4	69,6
	2	7	30,4	30,4	100,0
	Total	23	100,0	100,0	

Valid cases 23 Missing cases 0

V120

Value Label	Value	Frequency	Percent	Valid Percent	Cum Percent
	0	13	56,5	56,5	56,5
	1	8	34,8	34,8	91,3
	2	2	8,7	8,7	100,0
	Total	23	100,0	100,0	

Valid cases 23 Missing cases 0

- -

V123

Value Label	Value	Frequency	Percent	Valid Percent	Cum Percent
	0	4	17,4	17,4	17,4
	1	10	43,5	43,5	60,9
	2	9	39,1	39,1	100,0
	Total	23	100,0	100,0	

Valid cases 23 Missing cases 0

- -

V124

Value Label	Value	Frequency	Percent	Valid Percent	Cum Percent
	0	7	30,4	30,4	30,4
	1	6	26,1	26,1	56,5
	2	10	43,5	43,5	100,0
	Total	23	100,0	100,0	

Valid cases 23 Missing cases 0

V125

Value Label	Value	Frequency	Percent	Valid Percent	Cum Percent
	0	8	34,8	34,8	34,8
	1	5	21,7	21,7	56,5
	2	10	43,5	43,5	100,0
	Total	23	100,0	100,0	

Valid cases 23 Missing cases 0

- -

V126

Value Label	Value	Frequency	Percent	Valid Percent	Cum Percent
	0	4	17,4	17,4	17,4
	1	9	39,1	39,1	56,5
	2	10	43,5	43,5	100,0
	Total	23	100,0	100,0	

Valid cases 23 Missing cases 0

- -

V127

Value Label	Value	Frequency	Percent	Valid Percent	Cum Percent
	0	16	69,6	69,6	69,6
	1	6	26,1	26,1	95,7
	2	1	4,3	4,3	100,0
	Total	23	100,0	100,0	

Valid cases 23 Missing cases 0

V74

Value Label	Value	Frequency	Percent	Valid Percent	Cum Percent
	0	1	4,3	4,3	4,3
	1	13	56,5	56,5	60,9
	2	9	39,1	39,1	100,0
	Total	23	100,0	100,0	

Valid cases 23 Missing cases 0

- -

V75

Valid Cum

Value Label	Value	Frequency	Percent	Percent	Percent
	0	20	87,0	87,0	87,0
	1	3	13,0	13,0	100,0
	Total	23	100,0	100,0	

Valid cases 23 Missing cases 0

V76

Value Label	Value	Frequency	Percent	Valid Percent	Cum Percent
	0	9	39,1	39,1	39,1
	1	14	60,9	60,9	100,0
	Total	23	100,0	100,0	

Valid cases 23 Missing cases 0

V77

Value Label	Value	Frequency	Percent	Valid Percent	Cum Percent
	0	10	43,5	43,5	43,5
	1	13	56,5	56,5	100,0
	Total	23	100,0	100,0	

Valid cases 23 Missing cases 0

V78

Value Label	Value	Frequency	Percent	Valid Percent	Cum Percent
	0	4	17,4	17,4	17,4
	1	16	69,6	69,6	87,0
	2	3	13,0	13,0	100,0
	Total	23	100,0	100,0	

Valid cases 23 Missing cases 0

V79

Value Label	Value	Frequency	Percent	Valid Percent	Cum Percent
	0	2	8,7	8,7	8,7
	1	16	69,6	69,6	78,3
	2	5	21,7	21,7	100,0

		-------	-------	-------	
	Total	23	100,0	100,0	

Valid cases 23 Missing cases 0

V80

Value Label	Value	Frequency	Percent	Valid Percent	Cum Percent
	0	14	60,9	60,9	60,9
	1	5	21,7	21,7	82,6
	2	4	17,4	17,4	100,0
		-------	-------	-------	
	Total	23	100,0	100,0	

Valid cases 23 Missing cases 0

\- -

V82

Value Label	Value	Frequency	Percent	Valid Percent	Cum Percent
	0	13	56,5	56,5	56,5
	1	6	26,1	26,1	82,6
	2	4	17,4	17,4	100,0
		-------	-------	-------	
	Total	23	100,0	100,0	

Valid cases 23 Missing cases 0

\- -

V87

Value Label	Value	Frequency	Percent	Valid Percent	Cum Percent
	0	13	56,5	56,5	56,5
	1	9	39,1	39,1	95,7
	2	1	4,3	4,3	100,0
		-------	-------	-------	
	Total	23	100,0	100,0	

Valid cases 23 Missing cases 0

V89

Value Label	Value	Frequency	Percent	Valid Percent	Cum Percent
	0	10	43,5	43,5	43,5
	1	10	43,5	43,5	87,0
	2	3	13,0	13,0	100,0
		-------	-------	-------	
	Total	23	100,0	100,0	

Valid cases 23 Missing cases 0

V90

Value Label	Value	Frequency	Percent	Valid Percent	Cum Percent
	0	2	8,7	8,7	8,7
	1	18	78,3	78,3	87,0
	2	3	13,0	13,0	100,0
	Total	23	100,0	100,0	

Valid cases 23 Missing cases 0

V91

Value Label	Value	Frequency	Percent	Valid Percent	Cum Percent
	0	1	4,3	4,3	4,3
	1	17	73,9	73,9	78,3
	2	5	21,7	21,7	100,0
	Total	23	100,0	100,0	

Valid cases 23 Missing cases 0

V96

Value Label	Value	Frequency	Percent	Valid Percent	Cum Percent
	0	15	65,2	65,2	65,2
	1	8	34,8	34,8	100,0
	Total	23	100,0	100,0	

Valid cases 23 Missing cases 0

V97

Value Label	Value	Frequency	Percent	Valid Percent	Cum Percent
	0	13	56,5	56,5	56,5
	1	10	43,5	43,5	100,0
	Total	23	100,0	100,0	

Valid cases 23 Missing cases 0

V98

Value Label	Value	Frequency	Percent	Valid Percent	Cum Percent
	0	17	73,9	73,9	73,9
	1	6	26,1	26,1	100,0
	Total	23	100,0	100,0	

Valid cases 23 Missing cases 0

V99

Value Label	Value	Frequency	Percent	Valid Percent	Cum Percent
	0	14	60,9	60,9	60,9
	1	9	39,1	39,1	100,0
	Total	23	100,0	100,0	

Valid cases 23 Missing cases 0

29 Mar 93 SPSS for MS WINDOWS Release 5.0

ALTERSGR Altersgruppe by V100 aufgegeben

V100 Page 1 of 1

ALTERSGR (Count)	V100: 0	V100: 1	Row Total
1	12	3	15
			11,5
2	21	4	25
			19,1
3	27	6	33
			25,2
4	24	2	26
			19,8
5	30	2	32
			24,4
Column Total	114	17	131
	87,0	13,0	100,0

Number of Missing Observations: 0

ALTERSGR Altersgruppe by V102 Prinzip Basisdemokratie - unantastbar

V102 Page 1 of 1

ALTERSGR (Count)	V102: 0	V102: 1	Row Total
1	10	5	15
			11,5
2	11	14	25
			19,1
3	17	16	33
			25,2
4	13	13	26
			19,8
5	9	23	32
			24,4
Column Total	60	71	131
	45,8	54,2	100,0

Number of Missing Observations: 0

ALTERSGR Altersgruppe by V103 aufgegeben

V103 Page 1 of 1

Count |

ALTERSGR	0	1	Row Total
1	13	2	15 11,5
2	22	3	25 19,1
3	30	3	33 25,2
4	26		26 19,8
5	28	4	32 24,4
Column Total	119 90,8	12 9,2	131 100,0

Number of Missing Observations: 0

ALTERSGR Altersgruppe by V104 modifiziert

V104 Page 1 of 1

ALTERSGR (Count)	0	1	Row Total
1	7	8	15 11,5
2	17	8	25 19,1
3	19	14	33 25,2
4	13	13	26 19,8
5	27	5	32 24,4
Column Total	83 63,4	48 36,6	131 100,0

Number of Missing Observations: 0

ALTERSGR Altersgruppe by V105 Prinzip gemeineigentum - unantastbar

V105 Page 1 of 1

ALTERSGR (Count)	0	1	Row Total
1	11	4	15 11,5
2	13	12	25 19,1

3	17	16	33 25,2
4	13	13	26 19,8
5	10	22	32 24,4
Column Total	64 48,9	67 51,1	131 100,0

Number of Missing Observations: 0

ALTERSGR Altersgruppe by V106 aufgegeben

V106 Page 1 of 1

ALTERSGR (Count)	0	1	Row Total
1	12	3	15 11,5
2	20	5	25 19,1
3	29	4	33 25,2
4	22	4	26 19,8
5	26	6	32 24,4
Column Total	109 83,2	22 16,8	131 100,0

Number of Missing Observations: 0

ALTERSGR Altersgruppe by V107 modifiziert

V107 Page 1 of 1

ALTERSGR (Count)	0	1	Row Total
1	7	8	15 11,5
2	17	8	25 19,1
3	20	13	33 25,2
4	17	9	26 19,8
5	28	4	32 24,4
Column	89	42	131

Total	67,9	32,1	100,0	

Number of Missing Observations: 0

ALTERSGR Altersgruppe by V108 GV effizient

V108 Page 1 of 1

ALTERSGR (Count)	0	1	2	Row Total
1	4	7	4	15 11,5
2	5	11	9	25 19,1
3	13	12	8	33 25,2
4	10	9	7	26 19,8
5	7	11	14	32 24,4
Column Total	39 29,8	50 38,2	42 32,1	131 100,0

Number of Missing Observations: 0

ALTERSGR Altersgruppe by V109 Gehen Sie zur GV

V109 Page 1 of 1

ALTERSGR (Count)	0	1	2	Row Total
1	9	5	1	15 11,5
2	17	5	3	25 19,1
3	26	4	3	33 25,2
4	12	9	5	26 19,8
5	17	5	10	32 24,4
Column Total	81 61,8	28 21,4	22 16,8	131 100,0

Number of Missing Observations: 0

ALTERSGR Altersgruppe by V110 Rotationsprinzip verwirklicht?

V110 Page 1 of 1

Count |

ALTERSGR	0	1	2	Row Total
1	2	11	2	15 11,5
2	4	16	5	25 19,1
3	4	25	4	33 25,2
4	2	19	5	26 19,8
5	6	20	6	32 24,4
Column Total	18 13,7	91 69,5	22 16,8	131 100,0

Number of Missing Observations: 0

ALTERSGR Altersgruppe by V112 Maenner eher bereit leit. Positionen?

V112 Page 1 of 1

ALTERSGR / Count	0	1	2	Row Total
1	6	6	3	15 11,5
2	10	6	9	25 19,1
3	17	12	4	33 25,2
4	22	2	2	26 19,8
5	21	6	5	32 24,4
Column Total	76 58,0	32 24,4	23 17,6	131 100,0

Number of Missing Observations: 0

ALTERSGR Altersgruppe by V113 Frauen frueher mehr gemeinsames Leben

V113 Page 1 of 1

ALTERSGR / Count	0	1	2	Row Total
1	3	7	5	15 11,5
2	5	17	3	25 19,1
3	9	22	2	33

ALTERSGR				Row Total
				25,2
4	7	16	3	26 19,8
5	11	19	2	32 24,4
Column Total	35 26,7	81 61,8	15 11,5	131 100,0

Number of Missing Observations: 0

ALTERSGR Altersgruppe by V115 Leitung des Kib. wenig Leute zentralisie

V115 Page 1 of 1

Count

ALTERSGR	0	1	2	Row Total
1	3	11	1	15 11,5
2	1	19	5	25 19,1
3	4	27	2	33 25,2
4	3	21	2	26 19,8
5	7	19	6	32 24,4
Column Total	18 13,7	97 74,0	16 12,2	131 100,0

Number of Missing Observations: 0

ALTERSGR Altersgruppe by V117 Mitbestimmung?

V117 Page 1 of 1

Count

ALTERSGR	0	1	2	Row Total
1	2	7	6	15 11,5
2	10	10	5	25 19,1
3	16	9	8	33 25,2
4	11	10	5	26 19,8
5	13	14	5	32 24,4
Column Total	52 39,7	50 38,2	29 22,1	131 100,0

GESCHLEC	0	1	2	Row Total
0	9	48	10	67 51,1
1	10	45	9	64 48,9
Column Total	19 14,5	93 71,0	19 14,5	131 100,0

Number of Missing Observations: 0

GESCHLEC Geschlecht by V80 Arbeitsplatzwechsel schwer?

V80 Page 1 of 1

Count GESCHLEC	0	1	2	Row Total
0	39	15	13	67 51,1
1	33	20	11	64 48,9
Column Total	72 55,0	35 26,7	24 18,3	131 100,0

Number of Missing Observations: 0

GESCHLEC Geschlecht by V82 Leistungsprinzip effizienter?

V82 Page 1 of 1

Count GESCHLEC	0	1	2	Row Total
0	18	45	4	67 51,1
1	18	39	7	64 48,9
Column Total	36 27,5	84 64,1	11 8,4	131 100,0

Number of Missing Observations: 0

GESCHLEC Geschlecht by V87 Arbeitsgebiettreue?

V87 Page 1 of 1

Count GESCHLEC	0	1	2	Row Total
0	34	26	7	67 51,1
1	26	35	3	64

	0	1	2	Row Total
				48,9
Column Total	60 45,8	61 46,6	10 7,6	131 100,0

Number of Missing Observations: 0

GESCHLEC Geschlecht by V89 gelderwitschaftende Bereiche - Bildung E

V89 Page 1 of 1

GESCHLEC Count	0	1	2	Row Total
0	11	46	10	67 51,1
1	7	44	13	64 48,9
Column Total	18 13,7	90 68,7	23 17,6	131 100,0

Number of Missing Observations: 0

GESCHLEC Geschlecht by V90 mehr Frauen in Plantagenarbeit, Viehzuch

V90 Page 1 of 1

GESCHLEC Count	0	1	2	Row Total
0	5	50	12	67 51,1
1	7	49	8	64 48,9
Column Total	12 9,2	99 75,6	20 15,3	131 100,0

Number of Missing Observations: 0

GESCHLEC Geschlecht by V91 wichtige Entscheidungen auf GV?

V91 Page 1 of 1

GESCHLEC Count	0	1	2	Row Total
0	25	25	17	67 51,1
1	12	42	10	64 48,9
Column Total	37 28,2	67 51,1	27 20,6	131 100,0

Number of Missing Observations: 0

```
GESCHLEC  Geschlecht  by  V96  Prinzip Kasse - unantastbar

                   V96            Page 1 of 1
           Count  |
                  |
                  |                     Row
                  |        0|       1|  Total
GESCHLEC  --------+--------+--------+
               0  |   36   |   31   |    67
                  |        |        |  51,1
                  +--------+--------+
               1  |   34   |   30   |    64
                  |        |        |  48,9
                  +--------+--------+
           Column      70       61       131
            Total    53,4     46,6     100,0

Number of Missing Observations:  0


GESCHLEC  Geschlecht  by  V97  aufgegeben

                   V97            Page 1 of 1
           Count  |
                  |
                  |                     Row
                  |        0|       1|  Total
GESCHLEC  --------+--------+--------+
               0  |   53   |   14   |    67
                  |        |        |  51,1
                  +--------+--------+
               1  |   50   |   14   |    64
                  |        |        |  48,9
                  +--------+--------+
           Column     103       28       131
            Total    78,6     21,4     100,0

Number of Missing Observations:  0


GESCHLEC  Geschlecht  by  V98  modifiziert

                   V98            Page 1 of 1
           Count  |
                  |
                  |                     Row
                  |        0|       1|  Total
GESCHLEC  --------+--------+--------+
               0  |   45   |   22   |    67
                  |        |        |  51,1
                  +--------+--------+
               1  |   45   |   19   |    64
                  |        |        |  48,9
                  +--------+--------+
           Column      90       41       131
            Total    68,7     31,3     100,0

Number of Missing Observations:  0


GESCHLEC  Geschlecht  by  V99  prinzip Trennung Leist. Konsum - unantas

                   V99            Page 1 of 1
           Count  |
                  |
                  |                     Row
                  |        0|       1|  Total
GESCHLEC  --------+--------+--------+
```

```
        0  |   26   |   41   |   67
           |        |        |  51,1
           +--------+--------+
        1  |   33   |   31   |   64
           |        |        |  48,9
           +--------+--------+
   Column      59       72      131
    Total    45,0     55,0    100,0
```

Number of Missing Observations: 0

GESCHLEC Geschlecht by V101 modifiziert

```
              V101          Page 1 of 1
      Count  |
             |
             |                    Row
             |       0|       1| Total
GESCHLEC     --------+--------+--------+
        0  |   48   |   19   |   67
           |        |        |  51,1
           +--------+--------+
        1  |   41   |   23   |   64
           |        |        |  48,9
           +--------+--------+
   Column      89       42      131
    Total    67,9     32,1    100,0
```

Number of Missing Observations: 0

ALTER by V100

```
              V100          Page 1 of 1
      Count  |
             |
             |              Row
             |     0|     1| Total
ALTER        -------+------+------+
        1  |     2|      |     2
           |      |      |   8,7
           +------+------+
        2  |    17|     3|    20
           |      |      |  87,0
           +------+------+
        3  |      |     1|     1
           |      |      |   4,3
           +------+------+
   Column     19      4     23
    Total   82,6   17,4  100,0
```

Number of Missing Observations: 0

ALTER by V101

```
              V101          Page 1 of 1
      Count  |
             |
             |              Row
             |     0|     1| Total
ALTER        -------+------+------+
        1  |      |     2|     2
           |      |      |   8,7
           +------+------+
        2  |    14|     6|    20
           |      |      |  87,0
```

ALTER	0	1	Row Total
3	1		1 4,3
Column Total	15 65,2	8 34,8	23 100,0

Number of Missing Observations: 0

ALTER by V102

V102 Page 1 of 1

ALTER / Count	0	1	Row Total
1	2		2 8,7
2	10	10	20 87,0
3		1	1 4,3
Column Total	12 52,2	11 47,8	23 100,0

Number of Missing Observations: 0

ALTER by V103

V103 Page 1 of 1

ALTER / Count	0	1	Row Total
1	2		2 8,7
2	15	5	20 87,0
3	1		1 4,3
Column Total	18 78,3	5 21,7	23 100,0

Number of Missing Observations: 0

ALTER by V104

V104 Page 1 of 1

ALTER / Count	0	1	Row Total
1		2	2 8,7
2	13	7	20

			Row Total
			87,0
3	1		1
			4,3
Column Total	14	9	23
	60,9	39,1	100,0

Number of Missing Observations: 0

ALTER by V105

V105 Page 1 of 1

ALTER / Count	0	1	Row Total
1		2	2
			8,7
2	15	5	20
			87,0
3	1		1
			4,3
Column Total	16	7	23
	69,6	30,4	100,0

Number of Missing Observations: 0

ALTER by V106

V106 Page 1 of 1

ALTER / Count	0	1	2	Row Total
1	2			2
				8,7
2	16	3	1	20
				87,0
3		1		1
				4,3
Column Total	18	4	1	23
	78,3	17,4	4,3	100,0

Number of Missing Observations: 0

ALTER by V107

V107 Page 1 of 1

ALTER / Count	0	1	Row Total
1	2		2
			8,7

ALTER			Row Total
2	8	12	20 87,0
3	1		1 4,3
Column Total	11 47,8	12 52,2	23 100,0

Number of Missing Observations: 0

ALTER by V108

V108 Page 1 of 1

ALTER (Count) \ V108	0	1	2	Row Total
1	2			2 8,7
2	8	8	4	20 87,0
3		1		1 4,3
Column Total	10 43,5	9 39,1	4 17,4	23 100,0

Number of Missing Observations: 0

ALTER by V109

V109 Page 1 of 1

ALTER (Count) \ V109	0	1	2	Row Total
1		2		2 8,7
2	7	10	3	20 87,0
3		1		1 4,3
Column Total	7 30,4	13 56,5	3 13,0	23 100,0

Number of Missing Observations: 0

ALTER by V110

V110 Page 1 of 1

ALTER (Count) \ V110	0	1	2	Row Total
1		2		2 8,7

2	3	6	11	20 87,0
3		1		1 4,3
Column Total	3 13,0	9 39,1	11 47,8	23 100,0

Number of Missing Observations: 0

ALTER by V112

V112 Page 1 of 1

ALTER / Count	0	1	2	Row Total
1		2		2 8,7
2	16	3	1	20 87,0
3		1		1 4,3
Column Total	16 69,6	6 26,1	1 4,3	23 100,0

Number of Missing Observations: 0

ALTER by V113

V113 Page 1 of 1

ALTER / Count	0	1	2	Row Total
1		2		2 8,7
2	10	6	4	20 87,0
3		1		1 4,3
Column Total	10 43,5	9 39,1	4 17,4	23 100,0

Number of Missing Observations: 0

ALTER by V115

V115 Page 1 of 1

ALTER / Count	0	1	2	Row Total
1		2		2

```
                 |      |      |      |   8,7
                 +------+------+------+
        2        |     1|    17|     2|   20
                 |      |      |      |  87,0
                 +------+------+------+
        3        |      |     1|      |    1
                 |      |      |      |   4,3
                 +------+------+------+
          Column      1     20      2     23
           Total    4,3   87,0    8,7  100,0

Number of Missing Observations:  0
```

```
ALTER  by  V117

                 V117                 Page 1 of 1
          Count  |
                 |
                 |                      Row
                 |     0|     1|     2| Total
ALTER    --------+------+------+------+
        1        |      |     2|      |    2
                 |      |      |      |   8,7
                 +------+------+------+
        2        |     3|    13|     4|   20
                 |      |      |      |  87,0
                 +------+------+------+
        3        |      |     1|      |    1
                 |      |      |      |   4,3
                 +------+------+------+
          Column      3     16      4     23
           Total   13,0   69,6   17,4  100,0

Number of Missing Observations:  0
```

```
ALTER  by  V118

                 V118                 Page 1 of 1
          Count  |
                 |
                 |                      Row
                 |     0|     1|     2| Total
ALTER    --------+------+------+------+
        1        |      |      |     2|    2
                 |      |      |      |   8,7
                 +------+------+------+
        2        |     9|     6|     5|   20
                 |      |      |      |  87,0
                 +------+------+------+
        3        |      |     1|      |    1
                 |      |      |      |   4,3
                 +------+------+------+
          Column      9      7      7     23
           Total   39,1   30,4   30,4  100,0

Number of Missing Observations:  0
```

```
ALTER  by  V120

                 V120                 Page 1 of 1
          Count  |
                 |
                 |                      Row
                 |     0|     1|     2| Total
ALTER    --------+------+------+------+
```

ALTER	0	1	2	Row Total
1		2		2 8,7
2	13	5	2	20 87,0
3		1		1 4,3
Column Total	13 56,5	8 34,8	2 8,7	23 100,0

Number of Missing Observations: 0

ALTER by V123

V123 Page 1 of 1

ALTER (Count)	0	1	2	Row Total
1		2		2 8,7
2	4	8	8	20 87,0
3			1	1 4,3
Column Total	4 17,4	10 43,5	9 39,1	23 100,0

Number of Missing Observations: 0

ALTER by V124

V124 Page 1 of 1

ALTER (Count)	0	1	2	Row Total
1		2		2 8,7
2	7	4	9	20 87,0
3			1	1 4,3
Column Total	7 30,4	6 26,1	10 43,5	23 100,0

Number of Missing Observations: 0

ALTER by V125

V125 Page 1 of 1

Count	0	1	2	Row Total

ALTER				Row Total
1			2	2 8,7
2	7	5	8	20 87,0
3	1			1 4,3
Column Total	8 34,8	5 21,7	10 43,5	23 100,0

Number of Missing Observations: 0

ALTER by V126

V126 Page 1 of 1

ALTER / Count	0	1	2	Row Total
1			2	2 8,7
2	4	8	8	20 87,0
3		1		1 4,3
Column Total	4 17,4	9 39,1	10 43,5	23 100,0

Number of Missing Observations: 0

ALTER by V127

V127 Page 1 of 1

ALTER / Count	0	1	2	Row Total
1	2			2 8,7
2	14	5	1	20 87,0
3		1		1 4,3
Column Total	16 69,6	6 26,1	1 4,3	23 100,0

Number of Missing Observations: 0

ALTER by V74

V74 Page 1 of 1

Count

Row

ALTER	0	1	2	Total
1			2	2 8,7
2		13	7	20 87,0
3	1			1 4,3
Column Total	1 4,3	13 56,5	9 39,1	23 100,0

Number of Missing Observations: 0

ALTER by V75

V75 Page 1 of 1

ALTER (Count)	0	1	Row Total
1		2	2 8,7
2	19	1	20 87,0
3	1		1 4,3
Column Total	20 87,0	3 13,0	23 100,0

Number of Missing Observations: 0

ALTER by V76

V76 Page 1 of 1

ALTER (Count)	0	1	Row Total
1		2	2 8,7
2	9	11	20 87,0
3		1	1 4,3
Column Total	9 39,1	14 60,9	23 100,0

Number of Missing Observations: 0

ALTER by V77

V77 Page 1 of 1

Count

Number of Missing Observations: 0

ALTERSGR Altersgruppe by V118 Hauptentscheidung durch Spezialisten?

V118 Page 1 of 1

ALTERSGR (Count)	0	1	2	Row Total
1	9	1	5	15 11,5
2	10	8	7	25 19,1
3	16	8	9	33 25,2
4	14	10	2	26 19,8
5	16	8	8	32 24,4
Column Total	65 49,6	35 26,7	31 23,7	131 100,0

Number of Missing Observations: 0

ALTERSGR Altersgruppe by V120 Hierarchiebild. im Kib.- Gefahr?

V120 Page 1 of 1

ALTERSGR (Count)	0	1	2	Row Total
1	6	6	3	15 11,5
2	11	12	2	25 19,1
3	13	20		33 25,2
4	12	13	1	26 19,8
5	14	16	2	32 24,4
Column Total	56 42,7	67 51,1	8 6,1	131 100,0

Number of Missing Observations: 0

ALTERSGR Altersgruppe by V123 Bei Bezahlung - effizientere Arbeit?

V123 Page 1 of 1

Count

Row

ALTERSGR	0	1	2	Total
1		10	5	15 11,5
2	5	16	4	25 19,1
3	12	17	4	33 25,2
4	5	19	2	26 19,8
5	7	22	3	32 24,4
Column Total	29 22,1	84 64,1	18 13,7	131 100,0

Number of Missing Observations: 0

ALTERSGR Altersgruppe by V124 Motivation durch Kibbuzidee

V124 Page 1 of 1

Count / ALTERSGR	0	1	2	Row Total
1	9	2	4	15 11,5
2	8	11	6	25 19,1
3	19	9	5	33 25,2
4	15	3	8	26 19,8
5	11	12	9	32 24,4
Column Total	62 47,3	37 28,2	32 24,4	131 100,0

Number of Missing Observations: 0

ALTERSGR Altersgruppe by V125 Vorgesetzter qualifiziert genug?

V125 Page 1 of 1

Count / ALTERSGR	0	1	2	Row Total
1	8	4	3	15 11,5
2	13	4	8	25 19,1
3	11	8	14	33 25,2

4	8	6	12	26 19,8
5	11	8	13	32 24,4
Column Total	51 38,9	30 22,9	50 38,2	131 100,0

Number of Missing Observations: 0

ALTERSGR Altersgruppe by V126 pers. Vorstellung von Arbeit im Kibbuz r

V126 Page 1 of 1

ALTERSGR (Count)	0	1	2	Row Total
1	3	8	4	15 11,5
2	13	6	6	25 19,1
3	17	8	8	33 25,2
4	13	7	6	26 19,8
5	11	9	12	32 24,4
Column Total	57 43,5	38 29,0	36 27,5	131 100,0

Number of Missing Observations: 0

ALTERSGR Altersgruppe by V127 Effizienter durch ges. Druck?

V127 Page 1 of 1

ALTERSGR (Count)	0	1	2	Row Total
1	9	5	1	15 11,5
2	14	4	7	25 19,1
3	24	3	6	33 25,2
4	20	3	3	26 19,8
5	20	10	2	32 24,4
Column Total	87 66,4	25 19,1	19 14,5	131 100,0

Number of Missing Observations: 0

ALTERSGR Altersgruppe by V74 im Kibbutz bleiben

V74 — Page 1 of 1

ALTERSGR (Count)	0	1	2	Row Total
1	4	6	5	15 11,5
2	5	11	9	25 19,1
3	2	20	11	33 25,2
4		24	2	26 19,8
5	7	24	1	32 24,4
Column Total	18 13,7	85 64,9	28 21,4	131 100,0

Number of Missing Observations: 0

ALTERSGR Altersgruppe by V75 Wichtigste - Arbeit

V75 — Page 1 of 1

ALTERSGR (Count)	0	1	Row Total
1	13	2	15 11,5
2	21	4	25 19,1
3	30	3	33 25,2
4	22	4	26 19,8
5	30	2	32 24,4
Column Total	116 88,5	15 11,5	131 100,0

Number of Missing Observations: 0

ALTERSGR Altersgruppe by V76 Wichtigsten - Leben

V76 — Page 1 of 1

Count	0	1	Row Total

ALTERSGR			Row Total	
1	10	5	15	11,5
2	21	4	25	19,1
3	23	10	33	25,2
4	22	4	26	19,8
5	24	8	32	24,4
Column Total	100 76,3	31 23,7	131 100,0	

Number of Missing Observations: 0

ALTERSGR Altersgruppe by V77 Wichtigsten - IDEE

V77 Page 1 of 1

ALTERSGR / Count	0	1	Row Total	
1	6	9	15	11,5
2	8	17	25	19,1
3	14	19	33	25,2
4	6	20	26	19,8
5	12	20	32	24,4
Column Total	46 35,1	85 64,9	131 100,0	

Number of Missing Observations: 0

ALTERSGR Altersgruppe by V78 Chancengleichheit

V78 Page 1 of 1

ALTERSGR / Count	0	1	2	Row Total	
1	5	10		15	11,5
2	9	16		25	19,1
3	13	16	4	33	25,2

ALTERSGR	0	1	2	Row Total
4	8	16	2	26 19,8
5	6	25	1	32 24,4
Column Total	41 31,3	83 63,4	7 5,3	131 100,0

Number of Missing Observations: 0

ALTERSGR Altersgruppe by V79 gefällt Arbeitsplatz

V79 Page 1 of 1

ALTERSGR (Count)	0	1	2	Row Total
1	3	11	1	15 11,5
2	3	21	1	25 19,1
3	5	20	8	33 25,2
4	3	19	4	26 19,8
5	5	22	5	32 24,4
Column Total	19 14,5	93 71,0	19 14,5	131 100,0

Number of Missing Observations: 0

ALTERSGR Altersgruppe by V80 Arbeitsplatzwechsel schwer?

V80 Page 1 of 1

ALTERSGR (Count)	0	1	2	Row Total
1	4	6	5	15 11,5
2	15	4	6	25 19,1
3	13	13	7	33 25,2
4	18	6	2	26 19,8
5	22	6	4	32 24,4
Column Total	72 55,0	35 26,7	24 18,3	131 100,0

Number of Missing Observations: 0

ALTERSGR Altersgruppe by V82 Leistungsprinzip effizienter?

V82 Page 1 of 1

ALTERSGR (Count)	0	1	2	Row Total
1	6	8	1	15 11,5
2	8	16	1	25 19,1
3	10	22	1	33 25,2
4	3	19	4	26 19,8
5	9	19	4	32 24,4
Column Total	36 27,5	84 64,1	11 8,4	131 100,0

Number of Missing Observations: 0

ALTERSGR Altersgruppe by V87 Arbeitsgebiettreue?

V87 Page 1 of 1

ALTERSGR (Count)	0	1	2	Row Total
1	7	7	1	15 11,5
2	9	15	1	25 19,1
3	18	14	1	33 25,2
4	10	14	2	26 19,8
5	16	11	5	32 24,4
Column Total	60 45,8	61 46,6	10 7,6	131 100,0

Number of Missing Observations: 0

ALTERSGR Altersgruppe by V89 gelderwitschaftende Bereiche - Bildung E

V89 Page 1 of 1

ALTERSGR (Count)	0	1	2	Row Total

1	3	9	3	15 11,5
2	2	16	7	25 19,1
3	2	24	7	33 25,2
4	4	21	1	26 19,8
5	7	20	5	32 24,4
Column Total	18 13,7	90 68,7	23 17,6	131 100,0

Number of Missing Observations: 0

ALTERSGR Altersgruppe by V90 mehr Frauen in Plantagenarbeit, Viehzuch

V90 Page 1 of 1

ALTERSGR / Count	0	1	2	Row Total
1	1	11	3	15 11,5
2	2	20	3	25 19,1
3	3	26	4	33 25,2
4	2	20	4	26 19,8
5	4	22	6	32 24,4
Column Total	12 9,2	99 75,6	20 15,3	131 100,0

Number of Missing Observations: 0

ALTERSGR Altersgruppe by V91 wichtige Entscheidungen auf GV?

V91 Page 1 of 1

ALTERSGR / Count	0	1	2	Row Total
1	4	10	1	15 11,5
2	6	17	2	25 19,1
3	9	17	7	33 25,2
4	9	10	7	26

ALTERSGR				Row Total
				19,8
5	9	13	10	32 24,4
Column Total	37 28,2	67 51,1	27 20,6	131 100,0

Number of Missing Observations: 0

ALTERSGR Altersgruppe by V96 Prinzip Kasse - unantastbar

V96 Page 1 of 1

ALTERSGR (Count)	0	1	Row Total
1	8	7	15 11,5
2	17	8	25 19,1
3	22	11	33 25,2
4	12	14	26 19,8
5	11	21	32 24,4
Column Total	70 53,4	61 46,6	131 100,0

Number of Missing Observations: 0

ALTERSGR Altersgruppe by V97 aufgegeben

V97 Page 1 of 1

ALTERSGR (Count)	0	1	Row Total
1	12	3	15 11,5
2	18	7	25 19,1
3	23	10	33 25,2
4	25	1	26 19,8
5	25	7	32 24,4
Column Total	103 78,6	28 21,4	131 100,0

Number of Missing Observations: 0

ALTERSGR Altersgruppe by V98 modifiziert

V98 Page 1 of 1

ALTERSGR (Count)	0	1	Row Total
1	10	5	15 11,5
2	15	10	25 19,1
3	22	11	33 25,2
4	15	11	26 19,8
5	28	4	32 24,4
Column Total	90 68,7	41 31,3	131 100,0

Number of Missing Observations: 0

ALTERSGR Altersgruppe by V99 prinzip Trennung Leist. Konsum - unantas

V99 Page 1 of 1

ALTERSGR (Count)	0	1	Row Total
1	9	6	15 11,5
2	12	13	25 19,1
3	16	17	33 25,2
4	13	13	26 19,8
5	9	23	32 24,4
Column Total	59 45,0	72 55,0	131 100,0

Number of Missing Observations: 0

ALTERSGR Altersgruppe by V101 modifiziert

V101 Page 1 of 1

ALTERSGR (Count)	0	1	Row Total
1	9	6	15

			11,5
2	17	8	25
			19,1
3	23	10	33
			25,2
4	15	11	26
			19,8
5	25	7	32
			24,4
Column Total	89	42	131
	67,9	32,1	100,0

Number of Missing Observations: 0

GESCHLEC Geschlecht by V100 aufgegeben

V100 Page 1 of 1

GESCHLEC / Count	0	1	Row Total
0	60	7	67
			51,1
1	54	10	64
			48,9
Column Total	114	17	131
	87,0	13,0	100,0

Number of Missing Observations: 0

GESCHLEC Geschlecht by V102 Prinzip Basisdemokratie - unantastbar

V102 Page 1 of 1

GESCHLEC / Count	0	1	Row Total
0	28	39	67
			51,1
1	32	32	64
			48,9
Column Total	60	71	131
	45,8	54,2	100,0

Number of Missing Observations: 0

GESCHLEC Geschlecht by V103 aufgegeben

V103 Page 1 of 1

GESCHLEC / Count	0	1	Row Total

GESCHLEC	0	1	Total
1	8	4	12 52,2
2	9	2	11 47,8
Column Total	17 73,9	6 26,1	23 100,0

Number of Missing Observations: 0

GESCHLEC by V99

V99 Page 1 of 1

Count GESCHLEC	0	1	Row Total
1	9	3	12 52,2
2	5	6	11 47,8
Column Total	14 60,9	9 39,1	23 100,0

Number of Missing Observations: 0

0	63	4	67
			51,1
1	56	8	64
			48,9
Column Total	119	12	131
	90,8	9,2	100,0

Number of Missing Observations: 0

GESCHLEC Geschlecht by V104 modifiziert

V104 Page 1 of 1

GESCHLEC / Count	0	1	Row Total
0	43	24	67
			51,1
1	40	24	64
			48,9
Column Total	83	48	131
	63,4	36,6	100,0

Number of Missing Observations: 0

GESCHLEC Geschlecht by V105 Prinzip gemeineigentum - unantastbar

V105 Page 1 of 1

GESCHLEC / Count	0	1	Row Total
0	32	35	67
			51,1
1	32	32	64
			48,9
Column Total	64	67	131
	48,9	51,1	100,0

Number of Missing Observations: 0

GESCHLEC Geschlecht by V106 aufgegeben

V106 Page 1 of 1

GESCHLEC / Count	0	1	Row Total
0	54	13	67
			51,1
1	55	9	64
			48,9
Column Total	109	22	131
	83,2	16,8	100,0

Number of Missing Observations: 0

GESCHLEC Geschlecht by V107 modifiziert

V107 Page 1 of 1

GESCHLEC (Count)	V107: 0	1	Row Total
0	48	19	67 51,1
1	41	23	64 48,9
Column Total	89 67,9	42 32,1	131 100,0

Number of Missing Observations: 0

GESCHLEC Geschlecht by V108 GV effizient

V108 Page 1 of 1

GESCHLEC (Count)	V108: 0	1	2	Row Total
0	22	23	22	67 51,1
1	17	27	20	64 48,9
Column Total	39 29,8	50 38,2	42 32,1	131 100,0

Number of Missing Observations: 0

GESCHLEC Geschlecht by V109 Gehen Sie zur GV

V109 Page 1 of 1

GESCHLEC (Count)	V109: 0	1	2	Row Total
0	42	11	14	67 51,1
1	39	17	8	64 48,9
Column Total	81 61,8	28 21,4	22 16,8	131 100,0

Number of Missing Observations: 0

GESCHLEC Geschlecht by V110 Rotationsprinzip verwirklicht?

V110 Page 1 of 1

Count

GESCHLEC	0	1	2	Row Total
0	10	47	10	67 51,1
1	8	44	12	64 48,9
Column Total	18 13,7	91 69,5	22 16,8	131 100,0

Number of Missing Observations: 0

GESCHLEC Geschlecht by V112 Maenner eher bereit leit. Positionen?

V112 Page 1 of 1

GESCHLEC (Count)	0	1	2	Row Total
0	37	20	10	67 51,1
1	39	12	13	64 48,9
Column Total	76 58,0	32 24,4	23 17,6	131 100,0

Number of Missing Observations: 0

GESCHLEC Geschlecht by V113 Frauen frueher mehr gemeinsames Leben

V113 Page 1 of 1

GESCHLEC (Count)	0	1	2	Row Total
0	20	40	7	67 51,1
1	15	41	8	64 48,9
Column Total	35 26,7	81 61,8	15 11,5	131 100,0

Number of Missing Observations: 0

GESCHLEC Geschlecht by V115 Leitung des Kib. wenig Leute zentralisie

V115 Page 1 of 1

GESCHLEC (Count)	0	1	2	Row Total
0	8	50	9	67 51,1
1	10	47	7	64

				48,9
Column Total	18	97	16	131
	13,7	74,0	12,2	100,0

Number of Missing Observations: 0

GESCHLEC Geschlecht by V117 Mitbestimmung?

V117 Count — Page 1 of 1

GESCHLEC	0	1	2	Row Total
0	30	20	17	67
				51,1
1	22	30	12	64
				48,9
Column Total	52	50	29	131
	39,7	38,2	22,1	100,0

Number of Missing Observations: 0

GESCHLEC Geschlecht by V118 Hauptentscheidung durch Spezialisten?

V118 Count — Page 1 of 1

GESCHLEC	0	1	2	Row Total
0	34	17	16	67
				51,1
1	31	18	15	64
				48,9
Column Total	65	35	31	131
	49,6	26,7	23,7	100,0

Number of Missing Observations: 0

GESCHLEC Geschlecht by V120 Hierarchiebild. im Kib.- Gefahr?

V120 Count — Page 1 of 1

GESCHLEC	0	1	2	Row Total
0	26	36	5	67
				51,1
1	30	31	3	64
				48,9
Column Total	56	67	8	131
	42,7	51,1	6,1	100,0

Number of Missing Observations: 0

GESCHLEC Geschlecht by V123 Bei Bezahlung - effizientere Arbeit?

V123 — Count — Page 1 of 1

GESCHLEC	0	1	2	Row Total
0	14	45	8	67 51,1
1	15	39	10	64 48,9
Column Total	29 22,1	84 64,1	18 13,7	131 100,0

Number of Missing Observations: 0

GESCHLEC Geschlecht by V124 Motivation durch Kibbuzidee

V124 — Count — Page 1 of 1

GESCHLEC	0	1	2	Row Total
0	39	11	17	67 51,1
1	23	26	15	64 48,9
Column Total	62 47,3	37 28,2	32 24,4	131 100,0

Number of Missing Observations: 0

GESCHLEC Geschlecht by V125 Vorgesetzter qualifiziert genug?

V125 — Count — Page 1 of 1

GESCHLEC	0	1	2	Row Total
0	25	13	29	67 51,1
1	26	17	21	64 48,9
Column Total	51 38,9	30 22,9	50 38,2	131 100,0

Number of Missing Observations: 0

GESCHLEC Geschlecht by V126 pers. Vorstellung von Arbeit im Kibbuz r

V126 — Count — Page 1 of 1

GESCHLEC	0	1	2	Row Total

0	28	20	19	67 51,1
1	29	18	17	64 48,9
Column Total	57 43,5	38 29,0	36 27,5	131 100,0

Number of Missing Observations: 0

GESCHLEC Geschlecht by V127 Effizienter durch ges. Druck?

V127 Page 1 of 1

GESCHLEC / Count	0	1	2	Row Total
0	46	13	8	67 51,1
1	41	12	11	64 48,9
Column Total	87 66,4	25 19,1	19 14,5	131 100,0

Number of Missing Observations: 0

GESCHLEC Geschlecht by V74 im Kibbutz bleiben

V74 Page 1 of 1

GESCHLEC / Count	0	1	2	Row Total
0	13	39	15	67 51,1
1	5	46	13	64 48,9
Column Total	18 13,7	85 64,9	28 21,4	131 100,0

Number of Missing Observations: 0

GESCHLEC Geschlecht by V75 Wichtigste - Arbeit

V75 Page 1 of 1

GESCHLEC / Count	0	1	Row Total
0	62	5	67 51,1
1	54	10	64 48,9
Column Total	116 88,5	15 11,5	131 100,0

Number of Missing Observations: 0

GESCHLEC Geschlecht by V76 Wichtigsten - Leben

V76 Count — Page 1 of 1

GESCHLEC	0	1	Row Total
0	46	21	67 51,1
1	54	10	64 48,9
Column Total	100 76,3	31 23,7	131 100,0

Number of Missing Observations: 0

GESCHLEC Geschlecht by V77 Wichtigsten - IDEE

V77 Count — Page 1 of 1

GESCHLEC	0	1	Row Total
0	27	40	67 51,1
1	19	45	64 48,9
Column Total	46 35,1	85 64,9	131 100,0

Number of Missing Observations: 0

GESCHLEC Geschlecht by V78 Chancengleichheit

V78 Count — Page 1 of 1

GESCHLEC	0	1	2	Row Total
0	25	38	4	67 51,1
1	16	45	3	64 48,9
Column Total	41 31,3	83 63,4	7 5,3	131 100,0

Number of Missing Observations: 0

GESCHLEC Geschlecht by V79 gefällt Arbeitsplatz

V79 Page 1 of 1

Count

ALTER	0	1	Row Total
1		2	2 8,7
2	9	11	20 87,0
3	1		1 4,3
Column Total	10 43,5	13 56,5	23 100,0

Number of Missing Observations: 0

ALTER by V78

V78 Page 1 of 1

ALTER / Count	0	1	2	Row Total
1		2		2 8,7
2	4	13	3	20 87,0
3		1		1 4,3
Column Total	4 17,4	16 69,6	3 13,0	23 100,0

Number of Missing Observations: 0

ALTER by V79

V79 Page 1 of 1

ALTER / Count	0	1	2	Row Total
1		2		2 8,7
2	2	13	5	20 87,0
3		1		1 4,3
Column Total	2 8,7	16 69,6	5 21,7	23 100,0

Number of Missing Observations: 0

ALTER by V80

V80 Page 1 of 1

Count

ALTER	0	1	2	Row Total
1			2	2 8,7
2	14	4	2	20 87,0
3		1		1 4,3
Column Total	14 60,9	5 21,7	4 17,4	23 100,0

Number of Missing Observations: 0

ALTER by V82

V82 Page 1 of 1

ALTER / Count	0	1	2	Row Total
1	2			2 8,7
2	11	6	3	20 87,0
3			1	1 4,3
Column Total	13 56,5	6 26,1	4 17,4	23 100,0

Number of Missing Observations: 0

ALTER by V87

V87 Page 1 of 1

ALTER / Count	0	1	2	Row Total
1	2			2 8,7
2	11	8	1	20 87,0
3		1		1 4,3
Column Total	13 56,5	9 39,1	1 4,3	23 100,0

Number of Missing Observations: 0

ALTER by V89

V89 Page 1 of 1

Count	0	1	2	Row Total
ALTER 1	2			2 8,7
2	8	10	2	20 87,0
3			1	1 4,3
Column Total	10 43,5	10 43,5	3 13,0	23 100,0

Number of Missing Observations: 0

ALTER by V90

V90 Page 1 of 1

Count	0	1	2	Row Total
ALTER 1		2		2 8,7
2	1	16	3	20 87,0
3	1			1 4,3
Column Total	2 8,7	18 78,3	3 13,0	23 100,0

Number of Missing Observations: 0

ALTER by V91

V91 Page 1 of 1

Count	0	1	2	Row Total
ALTER 1		2		2 8,7
2		15	5	20 87,0
3	1			1 4,3
Column Total	1 4,3	17 73,9	5 21,7	23 100,0

Number of Missing Observations: 0

ALTER by V96

V96 Page 1 of 1

ALTER (Count)	0	1	Row Total
1	2		2 8,7
2	12	8	20 87,0
3	1		1 4,3
Column Total	15 65,2	8 34,8	23 100,0

Number of Missing Observations: 0

ALTER by V97

V97 Page 1 of 1

ALTER (Count)	0	1	Row Total
1	2		2 8,7
2	11	9	20 87,0
3		1	1 4,3
Column Total	13 56,5	10 43,5	23 100,0

Number of Missing Observations: 0

ALTER by V98

V98 Page 1 of 1

ALTER (Count)	0	1	Row Total
1		2	2 8,7
2	16	4	20 87,0
3	1		1 4,3
Column Total	17 73,9	6 26,1	23 100,0

Number of Missing Observations: 0

ALTER by V99

```
                V99          Page 1 of 1
       Count  |
              |
              |                Row
              |      0|      1| Total
ALTER         --------+-------+-------+
          1   |      2|       |     2
              |       |       |   8,7
              +-------+-------+
          2   |     11|      9|    20
              |       |       |  87,0
              +-------+-------+
          3   |      1|       |     1
              |       |       |   4,3
              +-------+-------+
       Column      14       9      23
        Total    60,9    39,1   100,0

Number of Missing Observations:  0


GESCHLEC  by  V100

                V100         Page 1 of 1
       Count  |
              |
              |                Row
              |      0|      1| Total
GESCHLEC      --------+-------+-------+
          1   |      8|      4|    12
              |       |       |  52,2
              +-------+-------+
          2   |     11|       |    11
              |       |       |  47,8
              +-------+-------+
       Column      19       4      23
        Total    82,6    17,4   100,0

Number of Missing Observations:  0


GESCHLEC  by  V101

                V101         Page 1 of 1
       Count  |
              |
              |                Row
              |      0|      1| Total
GESCHLEC      --------+-------+-------+
          1   |      7|      5|    12
              |       |       |  52,2
              +-------+-------+
          2   |      8|      3|    11
              |       |       |  47,8
              +-------+-------+
       Column      15       8      23
        Total    65,2    34,8   100,0

Number of Missing Observations:  0


GESCHLEC  by  V102

                V102         Page 1 of 1
       Count  |
              |
              |                Row
```

GESCHLEC	0	1	Row Total
1	5	7	12 52,2
2	7	4	11 47,8
Column Total	12 52,2	11 47,8	23 100,0

Number of Missing Observations: 0

GESCHLEC by V103

V103 Page 1 of 1

GESCHLEC (Count)	0	1	Row Total
1	9	3	12 52,2
2	9	2	11 47,8
Column Total	18 78,3	5 21,7	23 100,0

Number of Missing Observations: 0

GESCHLEC by V104

V104 Page 1 of 1

GESCHLEC (Count)	0	1	Row Total
1	10	2	12 52,2
2	4	7	11 47,8
Column Total	14 60,9	9 39,1	23 100,0

Number of Missing Observations: 0

GESCHLEC by V105

V105 Page 1 of 1

GESCHLEC (Count)	0	1	Row Total
1	8	4	12 52,2
2	8	3	11 47,8

Column Total	16 69,6	7 30,4	23 100,0

Number of Missing Observations: 0

GESCHLEC by V106

V106 Page 1 of 1

GESCHLEC / Count	0	1	2	Row Total
1	9	2	1	12 52,2
2	9	2		11 47,8
Column Total	18 78,3	4 17,4	1 4,3	23 100,0

Number of Missing Observations: 0

GESCHLEC by V107

V107 Page 1 of 1

GESCHLEC / Count	0	1	Row Total
1	6	6	12 52,2
2	5	6	11 47,8
Column Total	11 47,8	12 52,2	23 100,0

Number of Missing Observations: 0

GESCHLEC by V108

V108 Page 1 of 1

GESCHLEC / Count	0	1	2	Row Total
1	4	6	2	12 52,2
2	6	3	2	11 47,8
Column Total	10 43,5	9 39,1	4 17,4	23 100,0

Number of Missing Observations: 0

GESCHLEC by V109

V109 Page 1 of 1

GESCHLEC (Count)	V109: 0	1	2	Row Total
1	2	7	3	12 52,2
2	5	6		11 47,8
Column Total	7 30,4	13 56,5	3 13,0	23 100,0

Number of Missing Observations: 0

GESCHLEC by V110

V110 Page 1 of 1

GESCHLEC (Count)	V110: 0	1	2	Row Total
1		6	6	12 52,2
2	3	3	5	11 47,8
Column Total	3 13,0	9 39,1	11 47,8	23 100,0

Number of Missing Observations: 0

GESCHLEC by V112

V112 Page 1 of 1

GESCHLEC (Count)	V112: 0	1	2	Row Total
1	10	2		12 52,2
2	6	4	1	11 47,8
Column Total	16 69,6	6 26,1	1 4,3	23 100,0

Number of Missing Observations: 0

GESCHLEC by V113

V113 Page 1 of 1

GESCHLEC (Count)	V113: 0	1	2	Row Total
1	3	5	4	12 52,2

2	7	4		11 47,8
Column Total	10 43,5	9 39,1	4 17,4	23 100,0

Number of Missing Observations: 0

GESCHLEC by V115

V115 Page 1 of 1

GESCHLEC / Count	0	1	2	Row Total
1		12		12 52,2
2	1	8	2	11 47,8
Column Total	1 4,3	20 87,0	2 8,7	23 100,0

Number of Missing Observations: 0

GESCHLEC by V117

V117 Page 1 of 1

GESCHLEC / Count	0	1	2	Row Total
1	3	8	1	12 52,2
2		8	3	11 47,8
Column Total	3 13,0	16 69,6	4 17,4	23 100,0

Number of Missing Observations: 0

GESCHLEC by V118

V118 Page 1 of 1

GESCHLEC / Count	0	1	2	Row Total
1	5	5	2	12 52,2
2	4	2	5	11 47,8
Column Total	9 39,1	7 30,4	7 30,4	23 100,0

Number of Missing Observations: 0

GESCHLEC by V120

V120 Page 1 of 1

GESCHLEC / Count	0	1	2	Row Total
1	9	2	1	12 52,2
2	4	6	1	11 47,8
Column Total	13 56,5	8 34,8	2 8,7	23 100,0

Number of Missing Observations: 0

GESCHLEC by V123

V123 Page 1 of 1

GESCHLEC / Count	0	1	2	Row Total
1	4	4	4	12 52,2
2		6	5	11 47,8
Column Total	4 17,4	10 43,5	9 39,1	23 100,0

Number of Missing Observations: 0

GESCHLEC by V124

V124 Page 1 of 1

GESCHLEC / Count	0	1	2	Row Total
1	3	3	6	12 52,2
2	4	3	4	11 47,8
Column Total	7 30,4	6 26,1	10 43,5	23 100,0

Number of Missing Observations: 0

GESCHLEC by V125

V125 Page 1 of 1

Count

Row

Column Total	1 4,3	13 56,5	9 39,1	23 100,0

Number of Missing Observations: 0

GESCHLEC by V75

V75 Page 1 of 1

GESCHLEC (Count)	0	1	Row Total
1	12		12 52,2
2	8	3	11 47,8
Column Total	20 87,0	3 13,0	23 100,0

Number of Missing Observations: 0

GESCHLEC by V76

V76 Page 1 of 1

GESCHLEC (Count)	0	1	Row Total
1	5	7	12 52,2
2	4	7	11 47,8
Column Total	9 39,1	14 60,9	23 100,0

Number of Missing Observations: 0

GESCHLEC by V77

V77 Page 1 of 1

GESCHLEC (Count)	0	1	Row Total
1	4	8	12 52,2
2	6	5	11 47,8
Column Total	10 43,5	13 56,5	23 100,0

Number of Missing Observations: 0

GESCHLEC by V78

V78 — Page 1 of 1

GESCHLEC (Count)	0	1	2	Row Total
1	1	11		12 52,2
2	3	5	3	11 47,8
Column Total	4 17,4	16 69,6	3 13,0	23 100,0

Number of Missing Observations: 0

GESCHLEC by V79

V79 — Page 1 of 1

GESCHLEC (Count)	0	1	2	Row Total
1	1	9	2	12 52,2
2	1	7	3	11 47,8
Column Total	2 8,7	16 69,6	5 21,7	23 100,0

Number of Missing Observations: 0

GESCHLEC by V80

V80 — Page 1 of 1

GESCHLEC (Count)	0	1	2	Row Total
1	8	4		12 52,2
2	6	1	4	11 47,8
Column Total	14 60,9	5 21,7	4 17,4	23 100,0

Number of Missing Observations: 0

GESCHLEC by V82

V82 — Page 1 of 1

GESCHLEC (Count)	0	1	2	Row Total
1	7	3	2	12 52,2

GESCHLEC	0	1	2	Row Total
2	6	3	2	11 47,8
Column Total	13 56,5	6 26,1	4 17,4	23 100,0

Number of Missing Observations: 0

GESCHLEC by V87

V87 Page 1 of 1

GESCHLEC (Count)	0	1	2	Row Total
1	6	5	1	12 52,2
2	7	4		11 47,8
Column Total	13 56,5	9 39,1	1 4,3	23 100,0

Number of Missing Observations: 0

GESCHLEC by V89

V89 Page 1 of 1

GESCHLEC (Count)	0	1	2	Row Total
1	7	3	2	12 52,2
2	3	7	1	11 47,8
Column Total	10 43,5	10 43,5	3 13,0	23 100,0

Number of Missing Observations: 0

GESCHLEC by V90

V90 Page 1 of 1

GESCHLEC (Count)	0	1	2	Row Total
1	1	9	2	12 52,2
2	1	9	1	11 47,8
Column Total	2 8,7	18 78,3	3 13,0	23 100,0

Number of Missing Observations: 0

GESCHLEC by V91

V91 Page 1 of 1

GESCHLEC (Count)	0	1	2	Row Total
1	1	10	1	12 52,2
2		7	4	11 47,8
Column Total	1 4,3	17 73,9	5 21,7	23 100,0

Number of Missing Observations: 0

GESCHLEC by V96

V96 Page 1 of 1

GESCHLEC (Count)	0	1	Row Total
1	6	6	12 52,2
2	9	2	11 47,8
Column Total	15 65,2	8 34,8	23 100,0

Number of Missing Observations: 0

GESCHLEC by V97

V97 Page 1 of 1

GESCHLEC (Count)	0	1	Row Total
1	9	3	12 52,2
2	4	7	11 47,8
Column Total	13 56,5	10 43,5	23 100,0

Number of Missing Observations: 0

GESCHLEC by V98

V98 Page 1 of 1

Count

Row

Liste der Interviewpartnerinnen und -partner

Experten

1. Amos Oz, israelischer Schriftsteller
2. Muki Zur, Sekretär des Takam
3. Shlomo Leshem, Vaadat Hameshek, Takam
4. Gidon Rappaport, Industriebeauftragter aus dem Takam
5. Prof. Menachem Rosner, University of Haifa (Research of Kibbuz)
6. Prof. Yaacov Gluck, University of Haifa (Research of Kibbuz)
7. Prof. Uri Leviatan, University of Haifa (Research of Kibbuz)
8. Prof. Michal Palgi, University of Haifa (Research of Kibbuz)
9. David Mittelberg, Projekt Oren
10. Yaacov Sharmir, Direktor von Yad Tabenkin
11. Prof. Amir Helman, Institut Ruppin (Management des Kibbuz)
12. Sybill Heilbronn, Dozentin am Ruppin Institute
13. Prof. Dan Jacobson, University of Tel Aviv (Arbeitsorganisation)
14. Prof. Avi Gottlieb, University of Tel Aviv (Soziologie)
15. Jair Shepon, Direktor von Bank Hapoalim, Tel-Aviv
16. Nachum Ginzburg, Außenministerium a. D.
17. Ruven Friedman, Aufnahmeleitung für Neumitglieder der Takam-Kibbuzim

Mitglieder von Givat Haim Ichud

1. Jankale, Sekretär von G. H. I.
2. Giora, Direktor der Fabrik »Gat«
3. Joel, Direktor der Fabrik »Meigat«
4. Yeniv, technische Leitung der Fabrik »Magach«
5. Avi, statistische Leitung in G. H. I.
6. Juval, Arbeitskoordinator
7. Ephraim Frank, Rechtsausschuss
8. Pam, Leiterin der Avocadoplantage
9. Roni, Leitung des Kommunikationswesens
10. Lea, Studentin
11. Garry, Gründer von G. H. I.

Mitglieder von Tuval

1. Neil, Sekretär von Tuval
2. Joni, Direktor der Fabrik »Kotlav«
3. Melanie, Schatzmeisterin des Community Pool
4. Lion, Direktor der Fabrik »Kotlav«
5. Susan, Leiterin des Kuhstalls
6. Beth, Graphikerin
7. Shimi, Computerfachmann
8. Chedva, Angestellte des Takam-Museums im »Misgav«

Glossar

Aliyah (Plural: Aliyot)
Wörtlich »Aufstieg«, gemeint ist die Einwanderung der Juden nach Israel. Es gab acht Einwanderungswellen.

Asifa
Wörtlich »Versammlung«, gemeint ist die Tagung der Generalversammlung.

Balfour-Deklaration
Eine schriftliche Erklärung, die den Juden erstmals ein Recht auf Israel zugesteht. Diese Erklärung wurde in Form eines Briefes am 2.11.1917 vom britischen Außenminister Arthur J. Balfour an Baron Lionel W. Rothschild abgegeben.

Berur
Klärung, Beweisführung.

Chadar ochel
Speisesaal des Kibbuz.

Chawer (Plural: Chawerim)
Wörtlich »Freund«, »Genosse«, Bezeichnung für Mitglieder des Kibbuz.

Chug (Plural: Chugim)
Ähnlich dem »Workshop«.

Degania
Name des ersten Kibbuz.

Diaspora
Bezeichnung der Juden, die im »Exil«, also nicht in Israel leben.

Dunam
1 Dunam entspricht 1 000 qm.

Gdud Havoda
»Arbeiterverband«.

Hakibbutz Haartzi
Wörtlich »Landes-Kibbuz«, links-sozialistischer Kibbuz-Verband (1927 gegründet).

Hakibbutz Hadati
Religiöser Kibbuz-Verband (1930 gegründet).

Hakibbutz Hameuchad
Wörtlich »der vereinigte Kibbuz« (1927 gegründeter Verband), früher links-sozialistisch«, heute eher gemäßigt; seit 1980 Wiedervereinigung mit dem »Ichud« zum Takam.

Hakibbutz Haichud
Liberal-sozialistischer Kibbuz-Verband, der nach der Spaltung von Hakibbuz Hameuchad 1951 hervorgegangen ist (seit 1980 Zusammenschluss; siehe »Hakibbuz Hameuchad«).

Haluz
Wörtlich »der Eifrige«, gemeint ist der Kibbuznik zu Beginn dieses Jahrhunderts, ausgezeichnet durch seine »Pionierattüden«.

Histadrut
Wörtlich »Organisation«, Bezeichnung für die allgemeine Arbeitergewerkschaft Israels.

Jewish Agency (JA)
»Jewish Agency for Palestine« (gegründet 1992), ein Organ der Zionistischen Weltorganisation, das 1929 durch Aufnahme von Nicht-Zionisten erweitert wurde (paritätische Besetzung); seit 1948 »Jewish Agency for Israel«. Die JA vertrat die Interessen der Juden vor der britischen Mandatsregierung, vor dem Völkerbund und ab 1947 vor den Vereinten Nationen.
Bis heute versteht sich die JA als Bindeglied zwischen den in Israel und den in der Diaspora lebenden Juden.

Jewish Colonization Assocation
Gegründet 1891 von Baron M. Hirsch zu dem Zweck, Mittel für die Schaffung jüdischer Ackerbaukolonien in Argentinien bereitzustellen.

Keren Kayemet Leisrael (Jüdischer Nationalfonds – JNF, »Ölbaumspende«) und PLDC (Palestine Land Development Company):
1907 in Großbritannien gegründete Gesellschaft, Institution für Bodenkauf und Wiederaufforstung in Palästina/Israel. Die Gesellschaft geht auf eine beim 1. Zionistenkongress in Basel vorgetragene Idee Herrmann Shapiras zurück, die besagte, dass vom JNF zu kaufende Land in Palästina nicht weiterveräußert werden dürfe, sondern im Besitz des jüdischen Volkes bleiben müsse (wurde den jüdischen Siedlern in Form einer erneuerbaren Pacht zur Verfügung gestellt.).
Seit Beginn des Zweiten Weltkrieges wurde der JNF hauptsächlich von amerikanischen Juden unterstützt; seit Staatsgründung ist Hauptanliegen des JNF die Erschließung, Urbarmachung und Wiederaufforstung des Bodens.

Kalfi
Aus dem Hebräischen: »geheime Wahl«.

Kibbuz (Plural: Kibbuzim)
Wörtlich »Versammlung«, Lebens- und Arbeitsgemeinschaft.

Kibbuznik (Plural: Kibbuznikim):
Mitglied eines Kibbuz.

Kwuza (Plural: Kwuzot)
Wörtlich »Versammlung«, »Gruppe«, Vorläufer des Kibbuz; unterscheidet sich nur durch die höhere Mitgliederzahl im Kibbuz.

Likud
Name des konservativen Parteienblocks in Israel.

Maarach
Name des linksorientierten Parteienblocks in Israel.

Merakes(-et) Meshek
Leiter der kibbuzinternen Arbeitsbereiche.

Meshek
Kibbuzinterne Arbeitsbereiche.

Moaza
Aus dem Hebräischen: Ausschuss, der gewählt wird.

Moshav (Plural: Moshavim)
Wörtlich »Siedlung«, kooperative landwirtschaftliche Siedlung; sonst: privates Leben.

Negev
Wüste im Süden Israels.

Osmanisches Reich
Türkisches Reich bis zum Jahre 1922, das auch Palästina einschloss.

Palmach
Vorläufer der israelischen Armee, eine jüdische Verteidigungsorganisation zu Zeiten des britischen Mandats.

Poalei Zion
Zionistische Arbeiterpartei zu Beginn des 20. Jahrhunderts.

Schekel (NIS)
Israelische Währung, ein Schekel entspricht ca. 1,40 DM (Stand 15. April 1994) bzw. ca. 0,21 Euro (Stand 12. Oktober 2002).

Sicha
Wörtlich »das Gespräch«, gemeint ist die dezentrale Entscheidungsfindung der Komitees.

Takam
Abkürzung für »Tenuah hakibbuzit hameuchedet«, Zusammenschluss der Verbände »Ichud« und »Meuchad« (1980); umfasst zwei Drittel aller Kibbuzim.

Vaada
Kommission.

Takanon
Verfassung des Kibbuz.

Vaada (Plural Vaadot)
Komitee der einzelnen Arbeitsbereiche des Kibbuz.

Zwah Haganah Leisrael, Abkürzung: Zahal
Armee Israels seit der Staatsgründung im Jahre 1948.

Zionistischer Weltkongress
Gegründet von Theodor Herzl, eine alle zwei Jahre tagende Versammlung der demokratisch gewählten Vertreter zionistischer Organisationen, die die oberste gesetzgebende Instanz bildeten. Der erste Kongress fand in Basel vom 29. bis 31.8.1897 statt.